通途：
四川铁道职业学院
新生入学指南

主编／朱 俐 李 旗

电子科技大学出版社
University of Electronic Science and Technology of China Press

·成都·

图书在版编目(CIP)数据

通途：四川铁道职业学院新生入学指南/朱俐，李旗主编. — 成都：成都电子科大出版社，2024.6
ISBN 978-7-5770-0981-0

Ⅰ.①通… Ⅱ.①朱… ②李… Ⅲ.①高等职业教育—入学教育 Ⅳ.①G718.5

中国国家版本馆 CIP 数据核字（2024）第 062560 号

通途：四川铁道职业学院新生入学指南
TONGTU：SICHUAN TIEDAO ZHIYE XUEYUAN XINSHENG RUXUE ZHINAN

朱 俐 李 旗 主编

策划编辑	段 勇 胡永南
责任编辑	龚 煜
责任校对	仲 谋
责任印制	段晓静

出版发行　电子科技大学出版社
　　　　　成都市一环路东一段159号电子信息产业大厦九楼　邮编 610051
主　　页　www.uestcp.com.cn
服务电话　028-83203399
邮购电话　028-83201495

印　　刷	成都金龙印务有限责任公司
成品尺寸	185 mm×260 mm
印　　张	13.25
字　　数	304千字
版　　次	2024年6月第1版
印　　次	2024年6月第1次印刷
书　　号	ISBN 978-7-5770-0981-0
定　　价	42.00元

版权所有，侵权必究

编委会

主　编　　朱　俐　　李　旗

副主编　　刘　奇　　唐　恬

编　委　　（按姓氏笔画排序）

　　　　　　马　琴　　方国春　　叶　莎　　刘小杨

　　　　　　杨　雪　　胡皓月　　段雪梅　　赖　敏

前 言

欢迎各位新同学来到四川铁道职业学院,希望你们在这里开启一段不负韶华的大学时光。

初入大学,同学们将面对新的学习和生活环境、新的人际关系、新的教学管理模式等。为了帮助同学们尽快熟悉学校环境,学生工作部的各位老师和各学院的辅导员共同编写了本书。

本书包括职业教育、大学概况、国防教育、大学学习、党团组织、奖助政策、丰富多彩的校园生活、大学生礼仪修养、安全教育、健康体质、心理健康、大学生职业生涯规划、大学生就业创业指南等方面的内容,以期帮助同学们了解大学生活,及时完成从中学生到大学生的角色转换,更快地融入大学的学习和生活。

本书紧贴学校的实际和同学们的认知特点,深入浅出,内容丰富。为便于同学们理解,编者在每章开篇设置了"学习目标",在每章结尾设置了"问题思考",来引导同学们有针对性地阅读思考,提升了本书的可读性。

本书由朱俐、李旗担任主编。参加编写的人员有朱俐(第七章)、李旗(前言、第一章、第九章)、刘奇(第三章)、唐恬(第十章)、刘小杨(第八章)、马琴(第四章)、方国春(第九章)、叶莎(第六章)、杨雪(第二章)、胡皓月(第十一章)、段雪梅(第十二章、第十三章)、赖敏(第五章)等。

在本书的编写过程中,编者参考并引用了有关学者的著作,在此,对相关学者表示由衷的感谢。由于编者水平有限,疏漏之处在所难免。敬请各位专家及广大读者提出宝贵意见,以便在修订时进一步完善本书。

目 录

第一章　职业教育……1
第一节　职业与职业教育……1
第二节　我国职业教育的发展历程……4
第三节　坚定职业教育自信……6

第二章　大学概况……10
第一节　学校的基本情况……10
第二节　专业简介……15
第三节　学校职能部门设置……29

第三章　国防教育……31
第一节　军训强体，强国有我……31
第二节　参军入伍，报效国家……35

第四章　大学学习……38
第一节　大学学习的特点与方法……38
第二节　大学课堂学习……41
第三节　大学的课外学习……44
第四节　走进学校图书馆……46

第五章　党团组织……50
第一节　坚定理想信念……50
第二节　入党的基础知识……53
第三节　共青团的基础知识……63

第六章　奖助政策 ·· 69
第一节　奖学金攻略 ·· 69
第二节　资助指南 ··· 73

第七章　丰富多彩的校园生活 ··· 75
第一节　学生组织与学生干部 ·· 75
第二节　社会实践与志愿服务 ·· 87
第三节　校园文化活动 ··· 92

第八章　大学生礼仪修养 ·· 96
第一节　大学生个人形象礼仪 ·· 96
第二节　大学生交往礼仪 ··· 104
第三节　校园公共场合礼仪 ·· 109

第九章　安全教育 ·· 115
第一节　国家安全 ·· 115
第二节　网络安全 ·· 118
第三节　财产安全 ·· 125
第四节　交通安全 ·· 127
第五节　消防安全 ·· 129
第六节　预防毒品 ·· 132
第七节　防灾减灾 ·· 133
第八节　大学生兼职安全 ··· 135

第十章　健康体质 ·· 138
第一节　运动与健康 ··· 138
第二节　常见疾病的预防知识 ··· 145
第三节　就医用药常识 ·· 151
第四节　艾滋病防治知识 ··· 156

第十一章　心理健康 ··· 159
第一节　心理健康概述 ·· 159
第二节　大学新生心理适应 ·· 160

第三节　培养健康心理的途径和方法 163
第四节　正确认识心理咨询 166

第十二章　大学生职业生涯规划 174
第一节　职业生涯规划概述 174
第二节　职业能力的培养与提升 179

第十三章　大学生就业创业指南 184
第一节　大学生就业 184
第二节　大学生自主创业 192

参考文献 198

第一章　职业教育

学习目标

1. 了解职业教育的内涵、特点、发展历程。
2. 了解我国职业教育的发展历程及前景，树立自信。

第一节　职业与职业教育

一、职业

（一）职业的内涵

"职业"一词由"职"和"业"两个字组合而成："职"字有责任、工作中担当的职务等意思，"业"字有行业、业务、事业等意思。职业一般指人们在社会生活中所从事的，以获得物质报酬作为自己主要生活来源为目的，并能满足自己精神需求的，在社会分工中具有专门技能的工作。职业是人类经济发展以及社会劳动分工的结果。

（二）职业的特点

（1）社会性。职业的社会性是指劳动者承担生产任务，履行公民义务。职业并非人类一出现就存在，而是社会分工的结果。每一种职业的产生都体现了社会分工的细化，体现了社会生产力的提高和社会的不断进步。因此，职业是劳动者获取的一种社会分工角色，是个人与社会结合的体现。社会成员通过从事职业活动为社会作出自己的贡献，社会也以全体成员的劳动作为积累而持续发展和进步。

（2）经济性。职业的经济性是指劳动者从社会劳动中取得收入。劳动者利用专门的知识和技能从事职业活动，以获取一定的收入作为物质生活的来源，这就是职业的经济性。获取一定的收入既是劳动者从事职业活动的基本动机，也是其从事职业活动的结果。可以说，职业直到现在仍然是人们谋生的手段，是维持个人和家庭生存的基础。

（3）技术性。职业的技术性指劳动者在职业活动中需要具备一定的才能和专长。职业的技术性揭示了职业的专业性。不同职业虽然对技术的要求有所不同，但都需要劳动者具有一定的技术。可以说，自职业产生起，就不存在一种没有技术要求的职业。目前，许多职业都对学历、专业、职业资格等有明确的要求。

（4）多样性。职业的多样性指不同职业之间有很大差异。职业不仅种类繁多，而且不同种类职业的劳动内容、生产工具、知识与技能要求等都存在着很大差异。俗话说"隔行如隔山"，职业间的差异会给人们的职业转换带来一定的障碍，但也使社会分工更加细化，有利于提高工作效率。

（5）层次性。职业的层次性指不同职业之间、同种职业之间存在高低层次的区别。职业不仅种类多样，各类职业之间和各类职业内部还存在不同的层次。虽然职业无贵贱之分，但由于职业对从事者的素质要求不同、社会对职业的评价不同，职业也就有了层次之分。职业层次性的根源在于不同职业要求劳动者体力与脑力劳动形式的差别、工作复杂程度的不同、工作素质要求的差异、工作自主性的不同和收入水平的差异等。

（6）稳定性。职业的稳定性指劳动者从事的职业活动是相对稳定，非中断的。职业一直处在不断发展变化之中，随着生产力和社会分工的发展，新的职业不断出现。但是，某种职业一旦形成便会在较长的一段时期内存在和发展。职业的生命周期具有相对的稳定性，职业的稳定性使人们学习、掌握专业知识和技能成为可能。

二、职业教育

（一）职业教育的内涵

职业教育的概念有广义和狭义之分，无统一界定的概念。广义的职业教育与普通文化教育相对应，涵盖针对职业的所有专门教育，也包括高等教育；狭义的职业教育是技术教育、职业教育和培训的总称。

2022年5月，施行的《中华人民共和国职业教育法》（简称新《职业教育法》）进一步指出，职业教育是为了培养高素质技术技能人才，使受教育者具备从事某种职业或者实现职业发展所需要的职业道德、科学文化与专业知识、技术技能等职业综合素质和行动能力而实施的教育。同时，新《职业教育法》还进一步明确，职业教育包括职业学校教育和职业培训。其中，职业学校教育分为中等职业学校教育、高等职业学校教育；职业培训包括就业前培训、在职培训、再就业培训及其他职业性培训。这是关于职业教育的最新界定。

（二）职业教育的特点

新《职业教育法》规定："职业教育是与普通教育具有同等重要地位的教育类型。"新《职业教育法》明确了职业教育是一个教育类型，而不是教育层次的定位。职业教育与普通教育的关系，如图1-1所示。

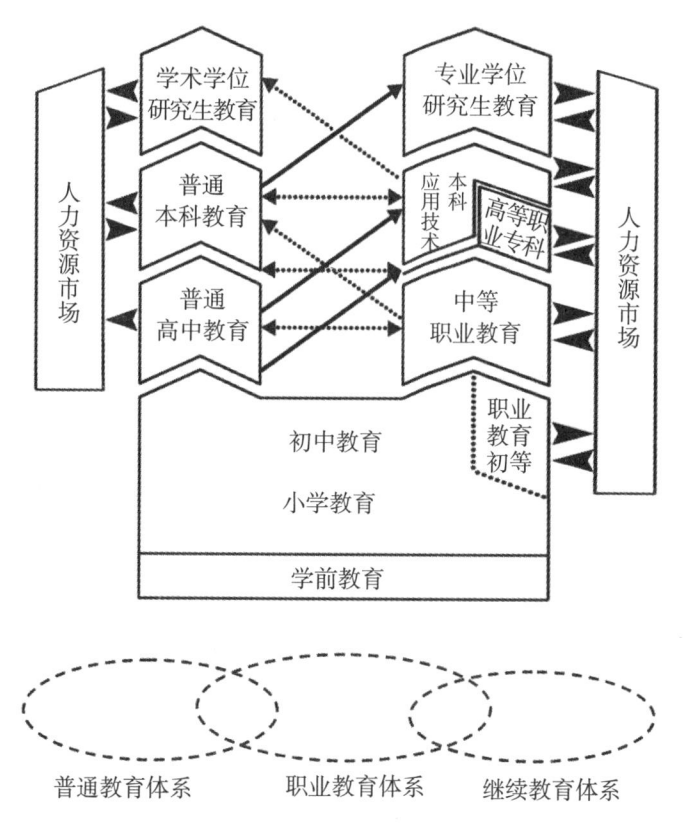

图1-1　教育体系的基本框架示意图

作为教育类型，职业教育主要具有下列特征。

（1）跨界性。职业教育作为一种教育类型，天然具有教育的特征，具有教育的共性；另外，作为一种教育类型，它又不只具有教育的特征和属性。职业教育人才培养并不是只由教育行业推动完成，而是由不同行业在跨界合作中完成的。所以，跨界性是职业教育作为一种教育类型的主要特征。这种跨界性决定了我们不能用对待普通教育的方式来对待职业教育，而要站在经济运行、产业发展、民生就业的高度来看待职业教育。2022年12月27日，教育部召开新闻发布会介绍《关于深化现代职业教育体系建设改革的意见》时指出，教育部将持续推动职业教育的改革重心由"教育"转向"产教"，服务场域由"区域"转向"全局"，发展路径由"分类"转向"协同"，办学主体由"单一"转向"多元"。这种转变是对跨界性的最好诠释。

（2）职业性。职业性是指职业教育针对某个（种）特定职业（群）展开相对较为系统的教育。职业性是职业教育作为教育类型的根本属性，与普通教育相比，职业教育在培养目标、课程教学等方面更加显现出应用性的特征，也是职业教育作为教育类型与普通教育的根本区别。职业性决定了职业教育必须根据劳动就业市场对技术技能人才需求的变化来适时调整自身的教育教学策略，具有一定的灵活性和开放性。

（3）多样性。职业教育的多样性主要体现在以下两个方面。一是形式及层次的多样性。职业教育包括职业学校教育和职业培训。职业学校教育分为中等职业学校教育、高等职业学校教育，职业培训包括就业前培训、在职培训、再就业培训及其他职业性培训。二是功能的多样性。不能把职业教育与学历教育简单画等号，职业教育除了具有培养技术技能型人才的基本功能外，还有多样化的非学历教育职能，如技术技能研发、职业培训服务、社区服务、创新创业教育、文化传承创新、国际交流与服务等。

（4）终身性。职业教育作为教育类型，具有终身性特征。习近平总书记在党的二十大报告中强调"健全终身职业技能培训制度""建设全民终身学习的学习型社会、学习型大国"。2022年12月出台的《关于深化现代职业教育体系建设改革的意见》重申了职业教育的定位，指出要服务人的全面发展，建立健全多形式衔接、多通道成长、可持续发展的梯度职业教育和培训体系，推动职普协调发展、相互融通，让不同禀赋和需要的学生能够多次选择、多样化成才。职业教育将能在人生的每一个阶段都提供相应的教育服务，支撑个体和社会发展。

（5）普惠性。作为一种社会需求量巨大、普及性的教育，职业教育是国民教育体系和人力资源开发的重要组成部分，是培养多样化人才、传承技术技能、促进就业创业的重要途径，是"面向人人"的教育，具有普惠性特征。数据显示，近年来，职业教育招生规模大幅增长，中职、高职学校每年为国家培养约1000万名高素质技术技能人才，为我国经济发展作出了突出贡献。

第二节　我国职业教育的发展历程

一、中华人民共和国成立前的起步阶段

我国职业教育起始于清末，源于近现代特殊的社会需要，其前身是清末的实业教育。19世纪60年代，洋务派开办了福建船政学堂这一技术性教育机构。这一游离于当时教育体制之外的技术型学堂不像传统的官学一样，以应科举、求官位为目的，而是以实用为中心，给予学生相应的职位。但在一定程度上，它也具有实业学堂的性质。但是，这种囿于一才一艺的技术型学堂还不能算作真正意义上的实业教育。

19世纪70年代，实业教育开始真正传入中国，逐渐被国人认识。而在实业教育改革的过程中，随着中外交流的日益广泛，职业教育开始传入中国。一大批爱国的教育家和先进的知识分子怀抱"实业救国""教育救国"的信念，立足现实，以"职教救国"为人生理想、抱负和追求，批判性地汲取西方先进的职业教育理论，致力于探索中国职业教育发展之路，并成立中华职业教育社等团体，对职业教育进行宣传、理论探讨和实践。在他们的努力下，职业教育本身及其在社会发展和国家建设中的重要意义，逐渐被政府和越来越多的民众认识和理解。

二、中华人民共和国成立后至改革开放前的确立阶段

中华人民共和国成立初期，百废待兴，制造业的快速发展急需大量的技术工人。因此，对原有的职业教育进行全面改造显得十分重要。

一是举办技术教育，培养国家经济建设需要的技术人才，重点是重工业和国防建设需要的中等技术人员。1951年，教育部在北京召开第一次全国中等技术教育会议；1952年，《关于整顿和发展中等技术教育的指示》《中等技术学校暂行实施办法》相继出台。

二是建立起以中等职业教育和技工学校教育为主体（包括农业中学和职业中学），各种培训相结合的中等职业教育制度。1953年，劳动部根据生产发展需要培养技术工人的要求，对原来以训练失业人员就业为主的技工训练班、技工学校进行调整，发展了以培养中级技术工人为目标的技工学校；1958年9月，中共中央、国务院发布《关于教育工作的指示》，提出"两条腿走路"的办学方针，加速培养各行各业的急需人才，在全国各地陆续办起了农业中学。针对当时城市大量初中毕业生不能升学，而又缺乏就业思想准备和职业训练难以就业的情况，以及城市和农村都缺乏各项劳动后备力量和技术后备力量的问题，中共中央、国务院要求在城市举办各种类型的职业学校，包括改普通中学为职业学校，依靠工厂、企业、事业单位举办职业学校。

三、改革开放以来至上世纪末的发展阶段

1985年5月，中共中央发布《中共中央关于教育体制改革的决定》；1991年10月，国务院发布《国务院关于大力发展职业技术教育的决定》；1993年2月，中共中央、国务院印发《中国教育改革和发展纲要》；1996年5月，具有里程碑意义的《中华人民共和国职业教育法》颁布实施。随着经济的发展，社会对技术人才的需求不断提升，于1986年、1991年、1996年，分别召开三次全国职业技术教育工作会议，中等职业教育经历了结构调整，高等职业教育诞生。职业教育政策建设取得了前所未有的成就，国家制定了一系列保证职业教育发展的政策法规，完成了职业教育发展初期阶段法治建设的目标任务，营造了大力发展职业教育的良好政策环境。

四、进入21世纪以来的调整和振兴阶段

2002年7月，国务院发布的《国务院关于大力推进职业教育改革与发展的决定》提出，力争在"十五"期间初步建立起适应社会主义市场经济体制，与市场需求和劳动就业紧密结合，结构合理、灵活开放、特色鲜明、自主发展的现代职业教育体系。2005年，国务院发布的《国务院关于大力发展职业教育的决定》提出，进一步建立和完善适应社会主义市场经济体制，满足人民群众终身学习需要，与市场需求和劳动就业紧密结合，校企合作、工学结合，结构合理、形式多样，灵活开放、自主发展，有中国特色的现代职业教育体系。这一时期，我国职业教育实现了由发展停滞到完成转型的顺利过渡，开始为构建现代职业教育体系而努力。

五、党的十八大以来的迅速发展阶段

党的十八大以来，以习近平同志为核心的党中央高瞻远瞩，对职业教育的重视程度达到空前的高度。2014年6月，习近平总书记专门就职业教育发展作出了重要批示，其中提到的"四合"（即坚持产教融合、校企合作、坚持工学结合、知行合一），深刻揭示了职业教育基本的办学和教学规律，为我国现代职业教育发展指明了方向。党的十九大以来，随着全国教育大会的召开，以及"职教20条"、新《职业教育法》的颁布，职业教育作为教育类型被明确提出。一大批重要的职业教育政策密集出台，特别是2022年4月修订的新《职业教育法》的颁布，标志着我国开始进入职业教育高质量发展和建设技能型社会的新阶段。

第三节　坚定职业教育自信

党的十八大以来，职业教育受到空前重视，获得长足发展。党的二十大报告再次明确了职业教育的重要地位和产教融合这一职业教育办学模式的重要作用。报告提出要"办好人民满意的教育""统筹职业教育、高等教育、继续教育协同创新，推进职普融通、产教融合、科教融汇，优化职业教育类型定位"，并把大国工匠和高技能人才纳入国家战略人才力量，进一步为职业教育的发展指明了前进方向，绘就了美好蓝图。我们要坚定职业教育自信，在全面建设社会主义现代化国家的新征程中，职业教育前途广阔，大有可为。

一、产业转型升级离不开职业教育

在2020年11月24日召开的全国劳动模范和先进工作者表彰大会上，习近平总书记指出"技术工人是支撑中国制造、中国创造的重要基础"，并强调"要造就一支有理想守信念、懂技术会创新、敢担当讲奉献的宏大产业工人队伍"。一方面，技能人才是支撑中国制造、中国创造的重要基础。我国已基本建成门类齐全、独立完整的现代工业体系，工业经济规模跃居世界第一。为了满足现代产业体系的高质量发展，需要一支规模宏大、结构合理、技能精湛、素质优良的技术技能人才队伍。另一方面，当前我国经济发展已经从粗放化、外延式发展转向集约化、内涵式发展，从重视规模速度的竞争模式转向重视质量效益的发展模式。劳动力结构优化和劳动力素质提升是产业升级的基础，要想实现经济高质量发展目标，抓住现代产业转型升级的"时间窗口"，推动产业链从中低端走向中高端，就应对人力资源供给提出更多结构性调整要求，进一步增加高技能劳动力需求。

截至2021年年底，我国职业教育已为各行各业累计培养、输送2亿多名高素质劳动者。在现代制造业、战略性新兴产业和现代服务业等领域，一线新增从业人员70%以上来自职业院校。在高精尖领域，职业教育培养的毕业生也大有作为。火箭发动机高级焊接技师高凤林，1980年从技校毕业，有四十几年的工作经历，因解决世界性难题——火箭发动机螺旋管束式大喷管焊接技术而得到诺贝尔奖获得者丁肇中的认可和推荐。他为16个国家参与的反物质探测器项目设计的制造工艺方案获得国际认可。职业院校培养的毕业生不仅为经济发展提供高素质的技术技能人才，而且为社会正常运行提供适配的高素质劳动者。

有人曾形象地指出，建设现代化产业体系，既需要数以万计的顶尖大师、领军人物攻克"卡脖子"问题，又需要数以亿计的技术技能人才解决"卡身子""卡腿"问题。职业教育培养的技术技能人才将设计变成产品、将产品变成商品、将创新变为现实、将技术转变为生产力，就是解决"卡身子""卡腿"的问题，不可或缺，不可替代。

二、职业教育赋能乡村振兴

作为与经济社会发展联系最为紧密、与就业和民生关系最为直接的教育类型，多年来，职业教育不仅支撑了实体经济发展和"制造大国"建设，还为脱贫攻坚战取得全面胜利作出了重要贡献，为乡村振兴奠定了坚实基础。2022年，教育部发布的《中国职业教育发展白皮书》显示，在现代制造业、战略性新兴产业和现代服务业等领域，一线新增从业人员70%以上来自职业学校；职业学校70%以上的学生来自农村，是脱贫攻坚和乡村振兴的生力军。一方面，职业教育通过技术赋能，为广大农村青年打开成功成才大门，改变了农村孩子的命运。职业教育让一批又一批贫困学子掌握了实实在在的就业技能，实现了"职教一人、就业一人、脱贫一家"，有力地阻断了贫困的代际传递，是见效最快、最明显的扶贫方式。另一方面，职业教育通过技术传承，为广大农村地区培养了多样化人才，改变了乡村生态。职业教育不断敞开大门，2019年，高职扩招116.4万人；2020年，高职扩招157.4万人。一大批青年通过职业教育掌握一技之长，为全面推进乡村振兴提供了有力的人才支撑。

当前，我国正处在全面建设社会主义现代化国家的新征程中，脱贫攻坚战取得全面胜利后，还需要进一步巩固拓展脱贫攻坚成果，有效衔接乡村振兴。乡村振兴作为脱贫攻坚战的"后半场"，需要更多的技术工人和技能人才，这就需要职业教育不断增强与农村现代化发展的匹配度，培养农村高质量发展所需的人力资源，在服务全面实施乡村振兴战略中发挥更重要的作用。

三、职业教育体系贯通，打破学历"天花板"

职业教育作为一种教育类型，类型之内有层次。在体系建构上，中职是职业教育的起点而非终点。从高职专科到本科层次职业教育，从本科层次职业教育到专业学位研究生教育，除学历层次的衔接以外，我国还建构了与职业教育特点相符合的学位制度，职业教育纵向晋升的"天花板"彻底被打破。以本科层次职业教育为例，截至2024年6月，中国高等职业本科学校增至51所，2023年全国高等职业学校招生8.99万人，实现到2025年高等职业本科教育规模不低于10%的发展目标，本科层次的职业教育具有广阔发展前景。

不仅如此，职业教育与普通教育、继续教育、成人教育、社区教育、特殊教育、网络教育等不同教育类型之间的藩篱也将逐渐消失。受教育者可以凭借国家职业资格框架和学分银行，实现学历教育与职业资格的等值互换，实现就业与培训的任意切换。职业院校毕业生学历学位的提高渠道、技术技能的提升渠道、职业资格的晋级渠道、"1+X"证书的获取渠道、从能工巧匠到大国工匠的荣誉渠道等交织成一个纵向贯通、横向融合的多层次、全方位、立体化的人才成长体系。现代职业教育体系不仅对国家"转方式、调结构、促升级，实现高质量发展"具有十分重要的意义，而且提高了职业教育自身的适应性。

四、政策供给助推职业教育新发展

党中央高度重视职业教育工作。习近平总书记多次到职业学校视察调研，对职业教育作出一系列重要指示，为职业教育改革发展指明了方向，设计了路径，提供了保障。政策是推动我国职业教育发展的重要动力，《国务院关于加快发展现代职业教育的决定》《国家职业教育改革实施方案》《国务院办公厅关于深化产教融合的若干意见》《国务院关于推行终身职业技能培训制度的意见》《关于深化现代职业教育体系建设改革的意见》等加快了职业教育体系建设。学生资助政策和生均拨款制度、分类招生考试、高职扩招、"学历证书+若干职业技能等级证书"制度试点、提质培优行动计划、提高产业工人地位等提高了职业教育的适应性和吸引力。

因此，职业教育不是终结教育，也不是低层次教育，更不是淘汰教育，而是特色鲜明的一种教育类型。接受职业教育的学生，既可以升学，又可以就业，还可以先就业再升学，最大程度拓宽学生多样化、多途径成长成才的通道。职业教育在推动经济高质量发展的同时，实现了人的全面发展。

【拓展阅读】

技能成才，匠心筑梦——写在首届全国职业技能大赛闭幕之际

这是一场前所未有的职业技能"超级大赛"——规格最高、项目最多、规模最大、水平最高，2557名选手在86个比赛项目中切磋技艺、亮出绝技。

这是一次新时代技能人才风采的全面展示——心中有梦、眼中有光、脚下有路、志在四方，更多劳动者（特别是青年人）走上技能成才、技能报国之路，也点亮了大国制造的未来。

从数控车床、工业机械、飞机维修等先进制造业，到工业4.0、移动机器人、云计算、新能源汽车等战略性新兴产业，再到美容、美发、烘焙、餐厅服务等现代服务业

项目……大赛广泛覆盖国民经济行业大类,为各行各业的劳动者成才创造条件、提供平台。

刀砌砖垒、一气呵成,200多块砖砌成的多孔拱桥与图纸难差分毫;手指翻飞、精雕细琢,魔法般变出的各色面包和糖艺造型;只用17个小时,近3米高的水泥钢筋房拔地而起,精度达到毫米级……选手们大展身手,充分展现劳动之美、技能之光。

仅凭手的触摸就能测量和加工零件的蒙眼配钥匙,操纵飞速旋转的电钻在薄薄蛋壳上钻洞,快到让人眼花缭乱的花式调酒……比赛同期展示的20项"中华绝技"令人叹为观止,更提升了人们对技能人才、对工匠精神的尊重与崇尚。

本届技能大赛焊接项目裁判长、中国工程建设焊接协会常务副会长刘景凤欣慰地说:"可以明显感受到,与以往竞赛相比,这次参赛选手覆盖地区更广,操作更加规范。"

大赛已经画上圆满句号,但技能人才培养任重道远。

"当今世界,综合国力的竞争归根到底是人才的竞争、劳动者素质的竞争。面对'十四五'蓝图和重任,必须大力开展高质量职业培训,培养更多高技能人才和大国工匠,为推动经济高质量发展和构建现代产业体系提供有力支撑。"人力资源和社会保障部职业能力建设司司长张立新说。

业内人士普遍呼吁,要进一步健全技能人才培养、使用、评价、激励制度,切实增强他们的获得感与职业荣誉感、自豪感;大力弘扬劳模精神、劳动精神、工匠精神,培养更多人对于技能成才观念的认同。

"360行,行行出状元。成长的道路不止一条。那些说读技校没有出路的人,可以看看我们,"第45届世界技能大赛制造团队挑战赛项目金牌获得者曾祥博说,"曾经痴迷网络游戏的我,在技能学习中找到了自信和人生的方向。"

"相信经过各方面的共同努力,更多'大国工匠'一定会源源不断产生。"刘景凤说。

(来源:新华网)

问题思考

1. 谈一谈你对职业教育的认识。
2. 青年学生如何以实际行动成为一名"大国工匠"?

第二章　大学概况

学习目标

了解校情校史，培养学生的爱校情怀，激发学生兴校、荣校的热情。

第一节　学校的基本情况

四川铁道职业学院是四川省教育厅直属的全日制公办普通高等学校。学校位于成都市郫都区和内江市，设安德、内江两个校区，占地585亩，建有教学实训楼、图书馆、学生公寓、学生食堂、多功能礼堂、运动场等校舍，建筑面积16.82万平方米。学校面向全国15个省（市）招生，全日制在校生8000多人。学校环境宜人，文化氛围浓郁，办学70多年来，为铁道运输和城市轨道交通行业、地方经济发展培养了大批高素质技术技能人才，毕业生就业率和对口就业率长期分别保持在95%和85%以上。

一、学校历史概况

四川铁道职业学院由内江铁路机械学校和四川管理职业学院合并而来。1952年，内江铁路机械学校伴随着新中国第一条铁路——成渝铁路的通车而建立，初为重庆铁路管理局组建的荣昌铁路技术训练班，后随西南铁路建设和地方经济社会不断发展，几经重组、迁址、调整，1972年建成内江铁路技术学校，1983年更名为内江铁路机械学校，2004年由中华人民共和国铁道部（简称"铁道部"）移交四川省教育厅管理，2009年在成都建成新校区。四川管理职业学院源于1983年四川省人民政府举办的四川省财贸管理干部学院，2005年改为全日制普通高等职业学院——四川管理职业学院。2014年，内江铁路机械学校与四川管理职业学院一体化办学，2019年更名为四川铁道职业学院。

学校的历史沿革如图2-1所示。

二、学校办学特色

学校秉承"下学上达、与时偕行"的精神，坚守"艰苦奋斗、开拓创新、爱国奉献"的传统，坚定"德育为先、服务发展"的办学理念，遵循"办专、办精、办出特

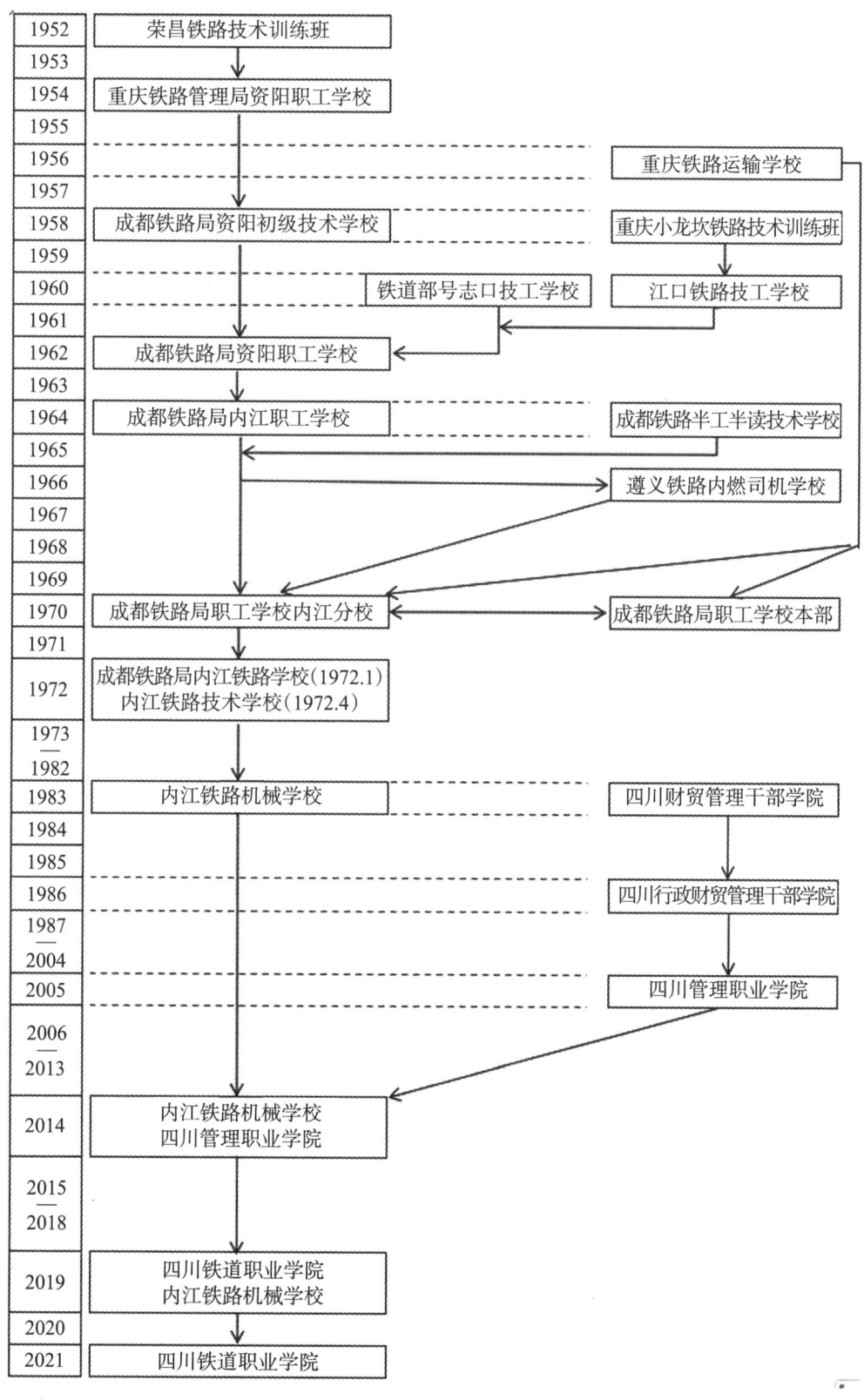

1952	荣昌铁路技术训练班
1953	
1954	重庆铁路管理局资阳职工学校
1955	
1956	重庆铁路运输学校
1957	
1958	成都铁路局资阳初级技术学校　重庆小龙坎铁路技术训练班
1959	
1960	铁道部号志口技工学校　江口铁路技工学校
1961	
1962	成都铁路局资阳职工学校
1963	
1964	成都铁路局内江职工学校　成都铁路半工半读技术学校
1965	
1966	遵义铁路内燃司机学校
1967	
1968	
1969	
1970	成都铁路局职工学校内江分校　成都铁路局职工学校本部
1971	
1972	成都铁路局内江铁路学校（1972.1） 内江铁路技术学校（1972.4）
1973—1982	
1983	内江铁路机械学校　四川财贸管理干部学院
1984	
1985	
1986	四川行政财贸管理干部学院
1987—2004	
2005	四川管理职业学院
2006—2013	
2014	内江铁路机械学校 四川管理职业学院
2015—2018	
2019	四川铁道职业学院 内江铁路机械学校
2020	
2021	四川铁道职业学院

图 2-1　学校的历史沿革图

色"的发展战略，专注轨道交通行业办学，聚焦卓越专业人才培养，深化产教融合、校企合作，坚持工学结合、知行合一的人才培养模式，建设国内一流、轨道交通特色鲜明的现代高等职业院校，培养高素质技术技能人才。铁道机车运用与维护专业被教育部、交通运输部等五部门确定为"全国职业院校交通运输大类示范专业点"。铁道供电技术专业被四川省教育厅、四川省经济和信息化委员会确定为四川省第一批现代学徒制试点专业。

三、校企合作

学校建有铁路综合实训演练场、城轨综合实训中心等校内实训基地44个，与中国铁路成都局集团有限公司相关站段、成都地铁运营有限公司、四川长虹电器股份有限公司等企业合作共建了42个校外实训基地，为学生职业技能的培养提供了优良的保障。学校自主开发"动车检修"和"信号转辙机检修"两个课题的VR虚拟仿真教学系统、电力机车模拟仿真驾驶系统、运动控制模拟仿真系统，与企业合作开发的智能配电系统也已投入市场应用。与中国铁路成都局集团有限公司、成都地铁运营有限公司、中铁八局集团有限公司、四川长虹电器股份有限公司、成都正鑫易财税咨询有限公司、阳光人寿保险股份有限公司、成都城市名人酒店等企业建立了长期合作关系，校企合作基础深厚。与深圳市地铁集团有限公司、广州地铁集团有限公司、重庆轨道交通（集团）有限公司、贵阳市城市轨道交通集团有限公司、无锡地铁集团有限公司、金碟软件（中国）有限公司等20余家企业保持密切合作，有效开展订单式培养，实现校企协同育人。

四、学校师资

学校拥有一支学历层次较高、专业结构良好、实践动手能力强、爱岗敬业的师资队伍。截至2023年，学校专任教师229人，其中副高级及以上专业技术职务109人，"双师型"教师102人，全国职业教育轨道交通行业名师2人，中国职业院校教学名师1人，全国铁路及轨道交通行业教学指导委员会委员10人。学校建立了一支拥有丰富实践经验的行业（企业）兼职教师队伍。

五、社会服务

学校充分挖掘办学能力，服务社会发展。学校长期开展轨道交通企业的职工培训，为铁道运输骨干企业关键技术岗位的在岗职工进行了定向培训；学校长期承担中国铁路成都局集团有限公司"提职司机"培训项目，合格率列全国前茅，并培训"2+1"和成兰（成都—兰州）线阿坝州籍学员，为打通出川大通道，推动四川经济社会的发展和藏区的脱贫作出了积极贡献。学校重视与郫都区的政校合作，充分发挥自身优势，在文化基地建设、大学生志愿服务、法治宣传教育、和谐社会治理等方面与郫都区政府相关职能部门和街道、社区建立了长期合作关系，努力服务地方经济社会发展。学校积极响应"一带一路"建设，开展国际职教服务，利用学校办学优势，参与海外合作及培训，为肯尼亚蒙内（蒙巴萨—内罗毕）铁路培训专业技术人员，选派优秀教师参与中老铁路项目的员工培训。学校与中铁二院工程集团有限责任公司合作，为埃塞俄比亚铁道学院提供包括编制教师培训方案、教学计划、实训室规章制度等服务。

学校全面贯彻落实党和国家对高等职业教育发展的新要求，深入贯彻落实全国职业教育大会精神和国家、省职业教育改革的实施方案，服务新时代西部大开发、成渝地区双城经济圈建设、川藏铁路建设等国家战略，服务四川省"一干多支、五区协同"发展战略、区域经济社会发展和满足更高质量的就业需要，强力推进产教融合、校企合作，以服务求支持，以特色树品牌，以创新谋发展，努力增强职业技术教育的适应性。

六、学校形象标识

（一）校名

学院中文名称：四川铁道职业学院。
学院英文名称：Sichuan Railway College。

（二）校徽（如图2-2所示）

图2-2 校徽

释义：校徽中心是动车和三组铁轨造型，代表学校的主要专业是铁路专业。动车和铁轨有颜色渐变和粗细渐变，使图案具有动感，代表列车飞驰和学校快速发展。动车造型是一个"四"字，并内嵌了"四川"二字的拼音首字母"SC"，铁轨造型是一个"川"字，共同代表学校所在地。动车与铁轨造型结合起来寓意为"四川铁道"，代表学校在四川铁路职业教育领域的排头兵地位。

动车造型被上下两排铁轨环绕，代表学校在铁路、城轨两个方向同步发展。数字"1952"是学校创始的年份，代表学校悠久的办学历史。外环形如车轮，代表学校发展滚滚向前。

（三）校训

厚德力行，博道通术。

释义："厚德"出自《易经》中对坤卦的象辞"地势坤，君子以厚德载物"。"力行"出自《中庸》中的"好学近乎知，力行近乎仁，知耻近乎勇"。涵养品德、潜修学业，均当精诚力行，循序渐进，不可中道而废。"博道通术"取自《墨子·尚贤》中的"博乎道术"。道是精神方面的原理、规律，术是具体的方法、技巧。道与术的关系是以道统术，以术得道。校训集合了道家、墨家思想，强调涵养道德、身体力行、知行合一，在学习中将理论与实践融会贯通。

（四）校庆

四川铁道职业学院校庆日为每年五月的第三个星期六。

关于四川铁道职业学院70周年校庆信息请扫描右边的二维码。

四川铁道职业学院70周年校庆

（五）校歌（如图2-3所示）

图2-3　四川铁道职业学院校歌

扫描下面的二维码，听校歌。

四川铁道职业学院校歌

第二节　专业简介

一、机车车辆学院

（一）铁道机车运用与维护

职业面向：面向铁道机车运用、机车检修、机车整备等岗位（群）。

培养目标：本专业培养德智体美劳全面发展，掌握扎实的科学文化基础和机车构造、牵引与传动、控制系统、制动系统、运用与规章、检修工艺等知识，具备一次乘务标准化作业、机车检修、机车维护、机车故障分析、工装设备操作、安全防护等能力，具有工匠精神和信息素养，能够从事乘务作业、段修、检查给油等工作的高素质技术技能人才。

核心课程：电力机车电机、牵引电抗器、电力机车总体、行车安全设备、制动机系统、运用规章、牵引控制系统、安全心理。

主要专业能力要求：

（1）具有机械与电气图样识读、绘制的能力；

（2）具有钳工、电工电子、电气控制、电力电子、自动检测、机械技术等技术技能；

（3）具有一次乘务标准化作业、机车维护与检修、工装设备操作、安全防护等能力；

（4）具有智能化无人驾驶技术、交流牵引技术、机车远程监测与诊断等新技术的自主学习能力；

（5）具有与行车作业紧密关联的铁道供电、铁道信号、铁道工程、铁道车辆、铁道运营等部门业务沟通协调的能力；

（6）具有适应产业数字化发展需求的远程运维、智慧驾驶等数字化应用的能力；

（7）具有开展绿色生产、作业安全防护、作业质量管理的能力；

（8）具有探究学习、终身学习和可持续发展的能力。

（二）动车组检修技术

职业面向：面向动车组制修师、铁路车辆制修工等职业。

培养目标：本专业培养德智体美劳全面发展，掌握扎实的科学文化基础和动车组机械装置、牵引、制动、辅助、网络系统的构造、作用原理等知识，具备动车组各系统组装调试、监控处理动车组运行状态、处理故障等能力，具有工匠精神和信息素养，能够从事动车组运行保障、动车组乘务及故障处理、动车组入厂（库）检修、动车组制造等工作的高素质技术技能人才。

核心课程：牵引电器、动车组总体与转向架、动车组辅助供电与空调系统、动车组制动系统、动车组运用规章、动车组牵引控制系统、列车运行控制系统、动车组信息通信网络系统、安全心理。

主要专业能力要求：

（1）具有本专业必备的机电基础理论知识，具备机电设备和检修装备的操作能力；

（2）具有动车组车体、转向架、车端连接装置、车内设施等检修的能力；

（3）具有动车组牵引传动控制系统和网络系统的调试、检修的能力；

（4）具有动车组制动系统试验及常见故障处理的能力；

（5）具有动车组车门系统、辅助供电系统、空调系统、给排水及卫生系统等的维护与检修的能力；

（6）具有动车组检修制度、运用管理方面的知识，具备动车组管理信息系统（EMIS）应用的能力；

（7）具有应用交通运输领域相关的绿色生产、环境保护、安全防护、质量管理等相关知识的能力；

（8）具有交通运输领域数字化发展需求的大数据分析、网络控制等数字技能；

（9）有探究学习、终身学习和可持续发展的能力。

（三）铁道机车车辆制造与维护

职业面向：面向轨道交通装备制造行业领域的铁路机车制修工、铁路车辆制修工、铁路机车车辆制动钳工、铁道车辆工程技术人员等职业，铁道机车车辆的装配、调试、维护、检修等岗位（群）。

培养目标：本专业培养德智体美劳全面发展，掌握机车车辆必备基础理论、机车车辆组成结构与工作原理、机车车辆装调方法与维护检修流程等知识，具备机车车辆部件组装与调试、机车车辆总装、机车车辆整车调试、机车车辆故障处理等能力，能够从事铁道机车车辆机械部件、电气部件及整车的装配、调试、维护与检修等工作的高素质技术技能人才。

核心课程：机车车辆概论、电工电子技术、机械制图与基础、电力电子技术、电机与电气控制技术、可编程逻辑控制器（PLC）技术、传感器与检测技术。

主要专业能力要求：

（1）具有机械与电气图纸识读、绘制的能力；

（2）掌握钳工、电工电子、电气控制、电力电子、自动检测等技术的基本操作技能；

（3）具有对铁道机车车辆车体与走行部、受电弓、主断路器、牵引电机、主变压器、变流器等部件进行装配、检测与调整的能力；

（4）具有对铁道机车车辆空气管路与制动设备进行装配、检测与调试的能力；

（5）能够按照总成工艺流程、工艺要求对铁道机车车辆整车进行装配；

（6）能够按照调试流程、调试方法对铁道机车车辆整车进行调试；

（7）初步具有铁道机车车辆国际化售后服务的能力；

（8）具有数字技术应用能力、开展绿色生产的能力，以及对新知识、新技能的学习能力和创新创业能力，掌握相应法律法规，能够开展作业安全防护、作业质量管理；

（9）具有探究学习、终身学习和可持续发展能力。

二、城市轨道交通学院

（一）城市轨道车辆应用技术

职业面向：面向城市轨道交通及相关行业列车驾驶、车辆检测与维修等岗位（群）。

培养目标：本专业培养德智体美劳全面发展，掌握扎实的科学文化基础和车辆机械、车辆电气、行车组织等知识，具备列车驾驶、故障处理、突发事件处置、车辆状态检测、车辆维修等能力，具有工匠精神和信息素养，能够从事城市轨道交通列车驾驶、车辆检测与维修等工作的高素质技术技能人才。

核心课程：机械基础、机械制图、电工基础、电子技术、电机与电气控制、可编程逻辑控制器（PLC）、城市轨道交通车辆电气、城市轨道交通车辆总体、城市轨道交通车辆电气控制系统、地铁规章、地铁信息网络及旅客信息系统。

主要专业能力要求：

（1）具有城市轨道交通车辆机械系统检修、维护的能力；

（2）具有城市轨道交通车辆电气系统检修、维护的能力；

（3）具有城市轨道交通车辆制动系统检修、维护的能力；

（4）具有城市轨道交通车辆智能运维技术应用的能力；

（5）具有轨道列车在多工况下行车的能力；

（6）具有列车牵引、制动、车门、辅助电源、信号、高压供电、服务设备等系统故障处理和设备、行车、自然、消防、公共安全等各类突发事件处置的能力；

（7）具有节能环保意识和安全生产的能力；

（8）具有分析问题和解决问题的能力；

（9）具有探究学习、终身学习和可持续发展的能力。

（二）城市轨道交通机电技术

职业面向：面向城市轨道交通车站机电设备系统检修、自动化监控系统维护等岗位（群）。

培养目标：本专业培养德智体美劳全面发展，掌握扎实的科学文化基础和机械基础、电工电子基础、城市轨道交通车站机电设备及系统等知识，具备轨道交通车站机电设备系统运行维护、故障处理、安装调试等能力，具有工匠精神和信息素养，能够从事城市轨道交通车站站台门检修、自动售检票系统检修、电梯检修、给排水系统检修、综合监控系统维护等工作的高素质技术技能人才。

核心课程：机械基础、电工电子技术、PLC技术及应用、传感器与检测技术、城轨供配电技术、屏蔽门设备运行与维护、空调与通风设备运行与维护、城轨综合监控系统运行与维护、给排水设备运行与维护、城市轨道交通车站机电设备运行与维护、城市轨道交通电梯系统运行与维护、地铁车站设备安装调试技术。

主要专业能力要求：

（1）具有运用电工、钳工常用工具对城市轨道交通车站机电设备进行安装调试的能力；

（2）具有检修工具与软件操作、维保档案设立、设备日常检查维护的能力；

（3）具有机械、电气图纸识读与绘制，电气配线与机械装调的能力；

（4）具有检修城市轨道交通机电设备及分析与排除常见电气故障的能力；

（5）具有对车站机电设备系统控制器进行基本编程及自动化控制的能力；

（6）具有使用、维护及管理综合监控系统终端及附属设备的能力；

（7）具有应用绿色生产、环境保护、安全防护、质量管理相关知识的能力；

（8）具有分析问题和解决问题的能力；

（9）具有探究学习、终身学习和可持续发展的能力。

（三）城市轨道交通车辆制造与维护

职业面向：面向铁道车辆工程技术人员、铁路车辆制修工等职业，以及城市轨道交通车辆制造、装配、调试、检修，城市轨道交通车辆核心部件制造、装调等岗位（群）。

培养目标：本专业培养德智体美劳全面发展，掌握扎实的科学文化基础和城市轨道交通车辆及其关键部件结构原理、装配与维修等知识，具备城市轨道交通车辆及其关键部件制造、装配、调试和维修等能力，具有工匠精神和信息素养，能够从事城市轨道交通车辆制造、装配、调试、检修，城市轨道交通车辆核心部件制造、装调以及城市轨道交通车辆制造工艺管理、质量管理、设备操作与维护等工作的高素质技术技能人才。

核心课程：机械制图、机械基础、电机与电气控制、液压与气压传动、城市轨道交通车辆构造、电气系统控制技术、城轨车辆生产组织、城市轨道交通车辆电器、城轨车辆设备的专项维护与检修、轨道交通车辆装配与调试。

主要专业能力要求：

（1）具有电气原理图和机械图纸的识图、绘图的能力，具有电工电子元器件选用、信息网络连接调试的能力；

（2）具有城市轨道交通车辆电气设备与机械设备的功能、结构与原理的分析能力，具有电气自动化控制设备、机电传动系统运维的能力；

（3）具有城市轨道交通车辆牵引系统、制动系统、列车控制系统等城轨车辆子系统的认知和分析能力；

（4）具有按照工艺要求与规程对城市轨道交通车辆整车及核心部件进行检修和故

障处理的能力；

（5）具有按工艺要求对城市轨道交通车辆电气设备、机械设备进行装配、检测、调试调整的能力；

（6）具有按照总成工艺流程、工艺要求对城市轨道交通车辆整车进行装配、调试的能力；

（7）具有城市轨道交通装备制造绿色生产、安全防护、质量管理及法律法规意识；

（8）具有城市轨道交通装备制造数字技术、信息技术和智能制造技术的应用能力；

（9）具有探究学习、终身学习和可持续发展的能力。

三、铁道工电学院

（一）铁道工程技术

职业面向：面向铁道工务工程技术人员、铁路建筑工程技术人员和铁路线桥工等职业，以及铁路路基、桥隧、轨道等的建设、维护、管理等技术领域。

培养目标：本专业培养德智体美劳全面发展，掌握扎实的科学文化基础和铁路路基、轨道、桥涵和隧道施工与维护及相关法律法规等知识，具备铁路施工、铁路测量、铁路线路养护维修等能力，具有工匠精神和信息素养，能够从事铁路路基施工与维护、铁路轨道施工与维护、铁路桥梁施工与维护、铁路隧道施工与维护、铁路施工组织与管理等工作的高素质技术技能人才。

核心课程：铁路路基施工与维护、铁路桥涵施工与维护、铁路隧道施工与维护、铁路轨道构造与施工、铁路线路检修与管理、铁路施工组织与概预算、高速铁路施工技术与管理。

主要专业能力要求：

（1）具有铁路路基、桥隧、轨道施工图判读的能力；

（2）具有对铁路路基、桥隧、轨道结构物和施工临时结构进行受力分析的能力；

（3）具有主要铁路工程材料试验、铁道线路测绘的能力；

（4）具有小型铁路工程概预算编制的能力；

（5）具有铁路路基、桥隧、轨道等工程施工与维护的能力；

（6）具有铁路路基、桥隧、轨道检测监控及数据分析的能力；

（7）具有应用铁路安全生产及保护知识，以及分析铁路工程事故的能力；

（8）具有绿色生产、环境保护、安全防护、质量管理等意识；

（9）具有适应产业数字化发展需求的基本数字技能，掌握信息技术基础知识，具备专业信息技术能力，基本掌握铁道工程领域数字化技能；

（10）具有探究学习、终身学习和可持续发展的能力。

（二）高速铁路综合维修技术

职业面向：面向高速铁路综合维修职业，铁路线桥工、信号工、接触网工、铁路综合维修工等岗位（群）。

培养目标：本专业培养德智体美劳全面发展，掌握扎实的科学文化基础和高速铁路基础设施结构及功能、检查检测、故障分析判断、综合维修等知识，具备高速铁路基础设施故障诊断及应急处理、一般性养护维修、病害整治和处理等能力，具有劳模精神、劳动精神、工匠精神和信息素养，能够从事高铁基础设施维护、保养、综合维修工作的高素质技术技能人才。

核心课程：高铁线路构造与维护、高铁基础设施精密测量技术、高铁路桥隧设备构造与维护、"四电"系统（高铁建设中通信、信号、电力和电力牵引供电工程的总称）、高铁信号设备构造与维护、高铁接触网构造与运行维护、高铁基础设施检测数据分析。

主要专业能力要求：

（1）掌握高铁基础设施的类型、结构、功能及运行原理；

（2）掌握高铁基础设施综合维修的基本理论和专业知识，具有高铁基础设施一般性养护维修的能力；

（3）具有高铁基础设施巡视、检查、检测、试验的能力；

（4）具有高铁基础设施测量技术及数据分析和运用的能力；

（5）具有高铁基础设施故障诊断及应急处置的能力；

（6）具有适应产业数字化发展需求的基本数字技能，掌握高铁基础设施施工、维护、维修相关技术领域数字化技能；

（7）具有高铁基础设施施工作业、安全工作的能力；

（8）具有高速铁路综合维修的绿色生产、环境保护、质量管理等相关知识与技能；

（9）具有探究学习、终身学习和可持续发展的能力。

（三）铁道供电技术

职业面向：面向铁道供电工程技术人员、牵引电力线路安装维护工、电力电气设备安装工、电工和变电设备检修工等职业。

培养目标：本专业培养德智体美劳全面发展，掌握扎实的科学文化基础和电学、力学、接触网、电力线路、变配电所和电气试验等知识，具备轨道交通供电线路及变配电设备运行、检修和施工等能力，具有工匠精神和信息素养，能够从事接触网、铁路电力线路、轨道交通变配电所和动力照明等供电设施的安装、调试、维修、保养、运行分析和调度指挥等工作的高素质技术技能人才。

核心课程：安全用电与电气设备试验、城轨供电系统运营与检修、牵引变电所设备检修、接触网设备运行与检修、综合自动化系统维护与检调。

主要专业能力要求：

（1）具有低压电器设备和设施安装、调试、维修、保养的能力；

（2）具有接触网设备和设施安装、调试、维修、保养的能力；

（3）具有变配电所设备和设施安装、调试、维修、保养的能力；

（4）具有电力线路设备和设施安装、调试、维修、保养的能力；

（5）具有接触网、变配电所、电力线路设备和设施的检测、监测、运行分析、故障处理与调度指挥的能力；

（6）具有高压电气设备测试及分析的能力；

（7）具有应用铁道供电系统施工与维护的绿色生产、环境保护、安全防护、质量管理等相关知识的能力；

（8）具有信息技术基础知识与铁道供电产业数字化、智能化应用的能力；

（9）具有探究学习、终身学习和可持续发展的能力。

（四）城市轨道交通供配电技术

职业面向：面向城市轨道交通供配电设备运维、牵引电力线路安装维护等岗位（群）。

培养目标：本专业培养德智体美劳全面发展，掌握扎实的科学文化基础和城市轨道交通供配电安全、系统组成、继电保护及综合监控等知识，具备正确使用仪器仪表、接触网（轨）施工及检修、供配电设备安装调试、系统信息化平台操作等能力，具有工匠精神和信息素养，能够从事城市轨道交通变电所运行维护、设备检修、接触网（轨）施工与检修、配电线路运行维护与检修等工作的高素质技术技能人才。

核心课程：城轨供电系统、地铁变电所运行与维护、地铁继电保护与综合自动化系统运行维护、地铁接触网运行与检修、地铁安全用电与电气设备试验、电力内外线工程。

主要专业能力要求：

（1）具有安全操作和正确使用电气设备的能力；

（2）具有检测、维护和调试城市轨道交通供配电设备的能力；

（3）具有维护和检修城市轨道交通接触网（轨）的能力；

（4）具有对城市轨道交通接触网（轨）进行施工设备选配、施工工艺编制、施工计划制订、施工组织与协调的能力；

（5）具有对城市轨道交通供配电设备进行故障分析与处理的能力；

（6）具有供配电系统设备运行状态监测、数字化管理平台使用及综合分析的能力；

（7）具有城市轨道交通供电系统绿色节能供电意识和标准化作业的能力；

（8）具有分析问题和解决问题的能力；

（9）具有探究学习、终身学习和可持续发展的能力。

（五）电气自动化技术

职业面向：面向电气工程技术人员、自动控制工程技术人员等职业，电气设备、电力设备、电气控制及自动化系统的设计、安装、调试、运维、技术改造等岗位（群）。

培养目标：本专业培养德智体美劳全面发展，掌握扎实的科学文化基础和电工、电子、电气控制、可编程逻辑控制器、电机驱动与调速、自动控制、工业网络与组态技术及相关法律法规等知识，具备电气、电力及自动化设备和控制系统的安装、调试和运维等能力，具有工匠精神和信息素养，能够从事电气系统的安装与调试、电气及自动化设备的调试与运维、小型控制系统的设计与改造、供配电系统的调试与运维等工作的高素质技术技能人才。

核心课程：工程制图与计算机绘图、电工基础、电子技术、电气制图、传感器与检测技术、电力电子技术、人工智能导论。

主要专业能力要求：

（1）具有识读和绘制电气图、工程图的能力；

（2）具有使用电工工具和仪器仪表进行电路故障检测与排除的能力；

（3）具有低压电气控制系统、可编程逻辑控制器系统分析、设计、安装与调试的能力；

（4）具有调速系统设计、安装与调试的能力；

（5）具有供配电系统安装、调试与运维的能力；

（6）具有自动控制系统分析、设计与运维的能力；

（7）具有工业网络与组态技术应用、工业机器人应用、控制系统集成与改造的能力；

（8）具有与电气工程技术人员、自动控制工程技术人员等职业发展相适应的职业素养，具有适应产业数字化发展需求的数字技术和信息技术的应用能力，具有较强的分析与解决控制系统问题的能力；

（9）具有探究学习、终身学习和可持续发展的能力。

（六）铁道养路机械应用技术

职业面向：面向大型养路机械的驾驶、操作、检修与铁路养护维修等技术领域。

培养目标：本专业培养德智体美劳全面发展，掌握扎实的科学文化基础和铁道大型养路机械设备结构及功能、安装调试、故障判断、铁路养护维修等知识，具备铁道大型养路机械设备安装和使用、大型养路机械施工技术文件编制、铁道大型养路机械运用养护维修等能力，具有工匠精神和信息素养，能够从事铁道大型养路机械驾驶、作业及维修工作的高素质技术技能人才。

核心课程：铁路大型捣固设备及运用、铁路大型清筛设备及运用、铁路大型打磨设备及运用、铁路大型养路机械检修技术、铁路大型养路机械电气控制技术、铁路大型养路机械液气压传动、铁路大型养路机械应用管理。

主要专业能力要求：

（1）具有铁道线路施工图及大型养路机械液压图、机械图和电气图的读绘能力；

（2）具有掌握铁道大型养路机械设备的结构功能及工作原理的能力，具有铁道大型养路机械设备安装调试、故障判断、养护维修及运行的基本能力；

（3）具有驾驶及操作铁道大型养路机械设备作业的基本能力；

（4）具有铁道大型养路机械施工技术文件编制的能力；

（5）具有运用铁道大型养路机械设备进行铁路路基、桥隧、轨道等工程施工与维护的能力；

（6）具有适应产业数字化发展需求的基本数字技能，具有铁道工务工程及铁路大型养路机械运用相关技术领域数字化技能；

（7）具有铁路大型养路机械工程施工与维护的绿色生产、环境保护、安全防护、质量管理等相关知识与技能；

（8）具有探究学习、终身学习和可持续发展的能力。

四、电信工程学院

（一）铁道信号自动控制

职业面向：主要面向铁路运输行业轨道交通信号工（铁路信号工）等职业，以及高速铁路现场信号设备维修、车站与区间信号设备维修、车载信号设备维修、驼峰信号设备维修、电子电气设备维修等岗位（群）。

培养目标：本专业培养德智体美劳全面发展，掌握扎实的科学文化基础和铁路信号设备基本结构、工作原理、功能作用、技术指标、维护标准和施工工艺等知识，具备铁路信号设备（系统）操作、测试、检修、故障处理及装调等能力，具有工匠精神和信息素养，能够从事铁路信号运用及维修养护、工程施工、技术管理等工作的高素质技术技能人才。

核心课程：铁路信号基础设备维护、铁路车站自动控制系统维护、铁路区间自动控制系统维护、列车运行自动控制系统维护、铁路信号设计与施工、铁路信号集中监测系统运用与维护、铁路调度指挥系统维护、城市轨道交通信号系统检修与维护。

主要专业能力要求：

（1）具有铁路信号专用仪器仪表和工具使用、维护，以及信号工程制图等基础能力；

（2）具有继电器、轨道电路、道岔转辙设备、信号机等信号基础设备运用及维修养护、工程施工、技术管理的能力；

（3）具有车站与区间、列车运行控制、调度集中、编组站自动控制等信号系统运用及维修养护、工程施工、技术管理的能力；

（4）具有信号电源设备、信号防雷接地系统运用及维修养护、工程施工、技术管理的能力；

（5）具有信号系统灾害防护、故障处理、应急处置的能力；

（6）具有与工务、供电、通信等其他部门协同作业的能力；

（7）能够熟练掌握与本专业从事职业活动相关的国家法律、行业规定，掌握数字技术、绿色生产等相关知识与技能；

（8）具有安全防护和质量管理能力，能够在信号系统运用及维修养护、工程施工中做好安全监管工作，确保质量管理科学化、规范化；

（9）具有探究学习、终身学习和可持续发展的能力。

（二）铁道通信与信息化技术

职业面向：面向铁路运输行业的轨道交通通信工（铁路通信工）等职业，铁路通信现场综合维护、铁路通信线路维护、铁路通信无线维护、铁路通信网络维护管理等岗位（群）。

培养目标：本专业培养德智体美劳全面发展，掌握扎实的科学文化基础和铁路通信与信息化系统的基本结构、工作原理、技术规范、维护标准等知识，具备铁路通信设备和计算机网络设备的安装、调试、日常维护检修、故障处理等能力，具有工匠精神和信息素养，能够从事铁路通信和信息系统运用及维修养护、铁路通信工程施工与管理等工作的高素质技术技能人才。

核心课程：通信线路的施工与维护、数字传输系统、数据通信与计算机网络、铁路移动通信、铁路专用通信、列车无线调度通信。

主要专业能力要求：
（1）具有通信仪器仪表、专用工具的操作和维护保养的能力；
（2）具有光电缆敷设、接续、测试、维护、故障处理和应急处置的能力；
（3）具有铁路通信设备安装、调试、检测、运维、故障处理和应急处置的能力；
（4）具有通信网络性能指标监测、分析和优化的能力；
（5）具有通信线路、通信设施和设备的检查、保养和技术质量鉴定的能力；
（6）具有依据操作手册进行标准化作业的能力；
（7）具有与铁路信号、工务、机务等其他部门协同作业的能力；
（8）具有铁路通信领域的数字改造、绿色生产、安全防护、质量管理能力；
（9）具有探究学习、终身学习和可持续发展的能力。

（三）铁道交通运营管理

职业面向：面向车站值班员、车站调度员、货运调度员、调车长、客运值班员、货运值班员等职业。

培养目标：本专业培养德智体美劳全面发展，掌握扎实的科学文化基础和铁路线路及站场、铁路机车车辆及牵引供电、铁路信号与通信设备等知识，具备办理接发列车作业、调车作业、技术站作业、列车调度指挥、旅客运输站工作组织、普通及特殊条件货物运输组织等能力，具有工匠精神和信息素养，能够从事铁路行车组织、客运组织、货运组织等工作的高素质技术技能人才。

核心课程：铁路线路及站场、铁路行车组织、铁路货运组织、铁路客运组织、铁路行车规章、铁路客运服务礼仪。

主要专业能力要求：
（1）具有办理正常及非正常情况下接发列车，以及正线和到发线调车作业的能力；
（2）具有编制车站班计划、阶段计划、调车作业计划及统计车站生产指标的能力；
（3）具有接受、传送调车作业计划，确定作业方法，识别、显示调车信号，摘挂、连接风管及车钩等工作的能力；
（4）具有编制调度日（班）计划、列车运行调整阶段计划的能力；
（5）具有编制、调整日班客运计划，办理旅客购买、改签车票及退票，组织旅客进站、候车、乘降等工作的能力；

（6）具有调整货物运输计划，办理货物承运、保管、交付，组织、卸车作业等工作的能力；

（7）具有数字技术、绿色生产、安全防护、质量管理及法律法规等知识运用的能力；

（8）具有探究学习、终身学习和可持续发展的能力。

（四）智能产品开发与应用

职业面向：面向计算机、通信和其他电子设备制造，软件和信息技术服务行业的智能硬件装调员、嵌入式系统设计工程技术人员等职业。

培养目标：本专业培养德智体美劳全面发展，掌握扎实的科学文化基础和电工、电子、网络、编程、人工智能、微处理器等知识，具备智能产品软硬件开发、装调、维护及应用系统故障分析、故障排除、运维服务等能力，具有工匠精神和信息素养，能够从事智能产品电路设计、应用软件开发、安装调试、系统运维及其营销与服务等工作的高素质技术技能人才。

核心课程：电工基础、电子技术及电子线路计算机辅助设计、C语言程序设计、传感器及单片机技术应用、嵌入式操作系统、嵌入式技术基础、智能设备应用程序开发。

主要专业能力要求：

（1）具有应用电子辅助设计软件进行电路仿真、印刷电路板（PCB）设计的能力；

（2）具有典型电子电路原理图分析，能根据要求完成典型电子电路的设计与制作的能力；

（3）具有熟练使用微控制器开发平台、调试工具进行微控制器应用开发的能力；

（4）具有嵌入式应用程序与驱动程序编写、嵌入式操作系统移植与裁剪的能力；

（5）具有智能产品软硬件设计、装调与维护、故障分析、故障排除和运维服务的能力；

（6）具有社会责任感和担当精神，遵守与专业职业活动相关的国家法律、行业规定，遵守职业道德准则和行为规范；

（7）具有适应产业数字化发展需求，基于智能产品典型应用解决业务需求的综合应用能力；

（8）具有分析和解决智能产品设计与开发中技术问题的能力；

（9）具有探究学习、终身学习和可持续发展的能力。

五、经济管理学院

（一）大数据与会计

职业面向：面向企事业单位及代理记账公司、会计师事务所、税务师事务所、管理咨询公司等中介服务机构的会计、审计及税务等岗位（群）。

培养目标：本专业培养德智体美劳全面发展，掌握扎实的科学文化基础和财务会计、管理会计等知识，具备企业财务会计核算和管理会计分析、预测、规划、决策、控制、评价等能力，具有良好的科学素养与人文素养，具备"爱岗敬业、诚实守信、廉洁自律、客观公正、坚持准则、提高技能、参与管理、强化服务"的会计职业道德，具有工匠精神和信息素养，能够从事企业经济业务核算、企业会计风险控制、财务审计、企业成本核算与管控、企业财务大数据分析、企业会计信息管理及税费申报与管理等工作的高素质技术技能人才。

核心课程：初级会计实务、经济法实务、成本核算与管理、会计信息系统、数字化智能财税实训、管理会计、业财融合仿真实训。

主要专业能力要求：

（1）具有企业会计核算、产品成本核算、成本控制和成本管理的能力；

（2）具有熟练应用智慧化税控系统进行各种税费计算与申报的能力，具备基本的纳税筹划和税务风险控制的能力；

（3）具有运用智能会计平台、财务共享服务平台、业务财务一体化信息系统及财务机器人进行业务财务处理的能力；

（4）具有运用管理会计的基本方法和工具进行资金管理、成本管理、营运管理、绩效管理的基本能力；

（5）具有撰写财务与成本分析报告的能力，能应用大数据技术进行业务财务数据收集、清洗、整理、挖掘和可视化输出；

（6）具有运用内部控制方法和技术，识别企业风险、实施内部会计控制及财务审计的能力；

（7）具有运用现代化办公系统、网络技术、Excel表格进行日常工作和财务、税务业务处理的能力；

（8）具有现代化办公设备和工具的应用能力，能熟练使用先进办公设备和财会用具处理文件、票据，掌握基本的智能化系统和工具的维护技能；

（9）具有探究学习、终身学习和可持续发展的能力。

（二）金融服务与管理

职业面向：面向货币金融服务及其他金融业的银行服务、证券服务、其他金融服务等岗位（群）。

培养目标：本专业培养德智体美劳全面发展，掌握扎实的科学文化基础和经济金融、会计、投资、营销及相关法律法规等知识，具备一定的金融机构柜面业务、贷款业务、客户投资理财业务等金融业务操作处理与金融风险防范等能力，具有工匠精神和信息素养，能够从事银行等金融机构一线柜面业务处理、银行信贷业务处理、电话咨询服务、金融数据录入、理财方案设计、厅堂业务引导等工作的高素质技术技能人才。

核心课程：银行会计实务、商业银行综合柜台业务、银行信贷实务、金融服务营销、个人理财、证券投资实务、金融大数据处理、金融风险与合规。

主要专业能力要求：

（1）具有用经济金融基础理论来解释生活中的经济现象并运用于实践的能力；

（2）具有按照金融从业人员礼仪规范正确进行各项业务的客户接待、业务引导的能力；

（3）具有规范进行金融机构柜面业务、贷款业务、客户投资理财业务等业务操作的能力；

（4）具有根据金融营销基本策略技巧开拓和维护客户，较好地进行金融产品营销的能力；

（5）具有依照经济金融基本法律法规进行金融业务风险的基本分析识别与防范的能力；

（6）具有适应金融产业数字化发展需求的信息技术基础知识、专业信息技术能力等基本数字化技能；

（7）具有适应现代金融业的新知识、新技术、新方法、新应用的能力；

（8）具有绿色生产、环境保护、安全防护、质量管理等相关知识与技能；

（9）具有探究学习、终身学习和可持续发展的能力。

（三）旅游管理

职业面向：面向旅游业、"旅游+"新业态的导游、烹调、营销、咨询、服务等岗位（群）。

培养目标：本专业培养德智体美劳全面发展，掌握扎实的科学文化基础和文旅融合、"旅游+"行业前沿、接待服务、项目策划、产品设计、数字营销及相关法律法规等知识，具备服务质量管理、客户关系管理、部门运营管理等能力，具有服务意识、人文素养和信息素养，能够从事旅游咨询、旅游产品策划、旅游数字营销、目的地运营管理等工作的高素质技术技能人才。

核心课程：旅游景点景区管理、旅行社经营管理、导游业务、旅游政策与法规、咖啡调制技术、酒店管理概论、餐饮管理与服务实训。

主要专业能力要求：

（1）具有良好的语言和文字表达能力，良好的沟通和合作能力；

（2）具有处理旅游服务中常见问题的能力，具备应对旅游突发事件的能力；

（3）具有旅游接待服务、产品设计、项目策划、数字营销等能力；

（4）具有服务质量控制、客户关系维护、部门运营等旅游企业管理能力；

（5）具有践行旅游政策法规及行业标准、绿色生产、安全防护等能力；

（6）具有适应旅游产业数字化发展的能力；

（7）具有安全管理和公共卫生突发事件应对的能力；

（8）具有探究学习、终身学习和可持续发展的能力。

（四）市场营销

职业面向：面向市场营销专业人员、客户服务管理员、互联网营销师、品牌专业人员等职业，市场策划主管、推广主管、销售业务主管、客户服务主管等岗位（群）。

培养目标：本专业培养德智体美劳全面发展，掌握扎实的科学文化基础和市场分析、商品销售、客户服务及相关法律法规等知识，具备用户画像、项目销售、数字营销、品牌策划、市场推广、智能客户服务、商务数据分析等能力，具有工匠精神和信息素养，能够从事商品或服务策划和销售管理等工作的高素质技术技能人才。

核心课程：市场营销学、市场调研与预测、消费心理学、电子商务、销售管理、推销技术、策划理论与实务。

主要专业能力要求：

（1）具有竞争调研、行业调研、用户调研、产品调研、用户行为分析的能力；

（2）具有客户拜访、产品方案设计与演示、商务洽谈、项目招投标的能力；

（3）具有数字营销策划、数字广告营销、数字互动营销、数字营销技术应用的能力；

（4）具有品牌调研与分析、品牌定位与设计、品牌传播与推广的能力；

（5）具有售前售中售后服务管理体系建设、客服团队组建、危机事件处理、智能客服应用场景设计及开发的能力；

（6）具有商务数据收集、处理、分析和信息技术应用的能力；

（7）具有探究学习、终身学习和可持续发展的能力。

（五）供应链运营

职业面向：面向供应链管理师等职业，客户管理、采购管理、生产管理、物流管理、供应链运营等岗位（群）。

培养目标：本专业培养德智体美劳全面发展，掌握扎实的科学文化基础和市场调研与需求分析、采购与库存管理、生产计划与控制、物流与供应链运营等知识，具备市场预测、数据分析、计划编制、风险控制和应急管理等能力，具有工匠精神和信息素养，能够从事市场调研与客户管理、采购与供应商管理、供应链生产与控制、供应链物流管理、供应链计划与运营等工作的高素质技术技能人才。

核心课程：经济学基础、统计基础、财务基础、智慧物流与供应链管理基础、数字化物流商业运营、供应链数字化运营、供应链项目运营。

主要专业能力要求：

（1）具有市场需求预测与客户管理、制订供应链销售与运营计划的能力；

（2）具有供应商开发、评价、维护、管理和执行采购工作的能力；

（3）具有供应链生产计划编制、实施与控制的能力；

（4）具有仓配中心运营与库存管理控制的能力；

（5）具有运输线路优化设计与供应链运力调配的能力；

（6）具有供应链金融客户管理与风险控制的能力；

（7）具有供应链计划与协调、流程优化与绿色低碳运营的能力；

（8）具有将物联网、大数据等现代信息技术应用于供应链运营领域的能力；

（9）具有探究学习、终身学习和可持续发展的能力。

六、内江校区管委会

四川铁道职业学院内江校区位于内江市市中区甜城大道中段248号,占地面积132.3亩(1亩≈666.67平方米)。内江校区管委会主要承担电力机车运用与检修、电气化铁道供电、铁道信号施工与维护、铁道工程施工与维护四个五年制高职专业中职阶段的教育教学,以及电气设备运行与控制、数控技术应用两个三年制中职专业的教育教学。

第三节 学校职能部门设置

学院管理实行党委领导下的院长负责制,院长对学院行政工作全面负责,学院设有承担具体管理职能的机构和办事机构,为院长提供信息,协助决策,处理具体管理事务。下面,编者简要介绍几个与学生的学习、生活比较密切的职能部门,见表2-1所列。

表2-1 与学生的学习、生活比较密切的职能部门

序号	部门名称	联系电话	办公地点
1	党委学生工作部/学生资助中心/学生处/就业处/心理健康中心	028-68939893(学生资助中心) 028-60869190(咨询服务台) 028-68939892(学生处) 028-68939882(就业处) 028-68939895(心理健康中心)	行政楼1楼107室、109室;一站式学生社区(2号学生公寓);学校图书馆旁(心理健康中心)
2	教务处/招生处	028-68939887(教务处) 028-68939880、 028-68939881(招生处)	行政楼1楼102室、104室、106室
3	校团委	028-68939896(校团委)	生活广场2楼
4	计划财务处	028-68939878(计划财务处)	行政楼1楼103室
5	后勤国资处/校医务室	028-68939916(后勤国资处) 028-68939917(校医务室)	三食堂(旁)2楼205室;校园快递服务大厅对面(校医务室)
6	安全保卫处	028-68939912(保卫处办公室) 028-68939913(校大门门卫室) 028-68939943(西侧门门卫室)	校大门旁7102室

学校各二级学院辅导员办公室在生活广场2楼。学校在2号学生公寓一站式学生社区大厅设立咨询服务台，咨询服务涵盖学校相关业务部门涉及学生的相关办事流程，同学们可通过咨询服务获得综合事务、教育教学、学生资助、校园生活等方面30多个事项的服务内容。

注：本章相关数据的截止时间为2024年2月，更多信息请关注学校官网www.scrc.edu.cn。

问题思考

1. 爱校如爱家，我们应该如何热爱自己的学校？
2. 谈一谈你对所学专业的认识。

第三章 国防教育

学习目标

1. 了解军训相关知识,提高学生参加军训的积极性。
2. 了解应征入伍政策,增强学生的国防意识和参军报国的热情。

第一节 军训强体,强国有我

一、领悟军训意义,强化国防意识

大学生军训是普通高等学校学生的必修课程,对增强学生国防观念、国家安全意识和忧患意识,对弘扬爱国主义精神、传承红色基因、提升学生的综合国防素质、磨炼学生的意志品质有着十分重要的意义。

(一)大学生军训是增强国防后备力量的必要手段

大学生是国防后备力量中的关键部分,大学生军训关系到我国在和平时期青年一代民族忧患意识的培养,影响到我国整个国防教育体系的构建和国防建设大局。随着新时代科技信息的迅速发展,国防力量建设也向高科技、信息化迅速迈进,需要更多政治坚定的高科技人才推动国防现代化,这也客观决定了高校开展大学生军训的必要性。

(二)大学生军训是培养学生良好素质的重要途径

(1)有效培养学生的集体意识。每一名学生都必须自觉维护集体的形象,而通过长时间的训练磨合,军训会渐渐地形成学生的集体意识,乃至集体荣誉感。

(2)有利于学生形成良好的纪律意识。军训强调纪律,而军队纪律的规范会培养学生令行禁止的作风。通过军训的培养,能从思想上加强大学生的纪律性,有助于大学生形成纪律意识。

(3)有利于磨炼学生的意志。军训需要良好的身体素质,因此要以一定的体能训练为基础,尤其是三大步伐的学习,是需要体能作为支撑的。通过军训,可以磨炼学生的意志。

(4)有助于学生树立良好的形象。因为军训中的一切动作都是在军姿的基础上进行的,所以,在军训期间一定要进行军姿的训练。通过对军姿的训练,从而培养学生军人的姿态，树立起当代中国大学生良好的形象，体现当代大学生良好的精神风貌。

（三）大学生军训是增强当代青年拥军意识的有效手段

大学生作为国防的储备力量，必须具有爱军、拥军的意识，而培养大学生爱军、拥军意识的最有效手段就是军训。一方面，军训可以让大学生体会军人保家卫国的不易，使大学生崇尚军人这份职业；另一方面，军训加深了大学生对军人无私奉献和"一不怕苦，二不怕死"的革命精神的理解，使大学生对革命先辈产生一种崇敬感，使他们在这种崇敬感中自发产生拥军意识。

（四）大学生军训是培养当代青年爱国主义情怀的有效措施

爱国主义教育是贯穿于整个大学生军训的主旋律，更是军训中思想政治教育的主题。"为人民服务"是我军唯一的宗旨，保卫祖国是我军的光荣使命。大学生参加军训，在封闭的管理、开放的教育中，与有着强烈的爱国之情的广大官兵朝夕相处，接受爱国主义教育，有助于学生国防观念的提高。

二、了解军训内容，锻炼健康体魄

根据《普通高等学校军事课教学大纲》的规定，军事课内容包括军事理论和军事技能两大部分。因此，军事课的组织方式也分军事理论教学和军事技能训练两个阶段：军事理论教学一般安排在大学一年级以理论授课的形式讲授；军事技能训练一般安排在大学一年级入学时以实践的形式进行，通常我们所说的军训指的就是军事技能训练。军训的教学内容主要包括以下几个方面。

（一）共同条令教育与训练

1. 共同条令教育

共同条令教育包括《中国人民解放军内务条令（试行）》《中国人民解放军纪律条令（试行）》《中国人民解放军队列条令（试行）》教育。

2. 分队的队列动作

分队的队列动作包括集合、解散，整齐、报数，出列、入列，行进、停止，方向变换。

3. 现场教学

现场教学包括走进军营，学唱军营歌曲，走进爱国主义教育基地。

共同条令教育与训练的主要目的是了解中国人民解放军三大条令的主要内容，掌握队列动作的基本要领，养成良好的军事素养，增强组织纪律观念，培养令行禁止、团结奋进、顽强拼搏的过硬作风。

（二）轻武器射击训练与战术训练

1. 轻武器射击训练

轻武器射击训练包括了解轻武器的性能、构造与保养，掌握简易的射击学理，进行武器操作、实弹射击。受场地和物资的限制，一般采取模拟训练或讲解的方式开展。

2. 战术训练

战术训练包括单兵战术的基础动作、分队战术。开展战术训练，对学生身体素质的要求较高。为保障学生安全，通常的做法是选拔优秀学生进入战术方队。

轻武器射击与战术训练的主要目的是了解轻武器的战斗性能，掌握射击动作要领，体会射击。学生要学会单兵战术的基础动作，了解战斗班组攻防的基本动作和战术原则，养成良好的战斗素养。

（三）防卫技能与战时防护训练

1. 格斗基础

格斗基础包括格斗常识、格斗基本功、捕俘拳等。

2. 战场医疗救护

战场医疗救护包括救护基本知识、个人卫生，意外伤害的救护、心肺复苏，战场自救互救。

3. 核生化防护

核生化防护包括防护的基本知识和技能，防护装备使用。

防卫技能与战时防护训练的主要目的是了解格斗、防护的基本知识，熟悉卫生、救护的基本要领，掌握战场自救互救的技能，提高学生的安全防护能力。

（四）战备基础与应用训练

1. 战备规定

战备规定包括战备规定的主要内容、要求。

2. 紧急集合

紧急集合包括紧急集合要领、紧急集合训练。

3. 行军拉练

行军拉练包括行军拉练基本的要领方法、徒步行军实践，宿营。

4. 选训科目

选训科目包括野外生存、识图用图、电磁频谱监测等。

战备基础与应用训练的主要目的是了解战备规定、紧急集合、徒步行军、野外生存的基本要求、方法和注意事项，学会识图用图，掌握电磁频谱监测的基本技能，培养学生分析判断和应急处置能力，全面提升学生的综合军事素质。

军训时间一般为15天左右，在军训结束前会开展军训总结汇报，总结汇报是对整个军训训练效果的检验。

三、做好军训准备，积极迎接挑战

军训可以锻炼自己的意志和毅力，同时，军训也是很苦很累的，保护好自己的身体也很重要。这里给广大新生分享一些经验，以供参考。

（一）做好准备工作

军训期间要按要求着装，出门前应认真检查军训服装是否齐备，如军帽、帽徽、臂章、腰带等。

（二）装束合适

要扎紧腰带，提振精气神。建议穿全棉运动袜，同时可在鞋子里面再垫一块软鞋垫，提升舒适性。军训开始前要舒展关节，充分做好预备活动，以免发生关节的运动性损伤。

（三）注意补水、补盐

军训时，身体内水分消耗大，要注意补水，必要时可适当喝一两杯生理盐水，以满足人体的水分及电解质需要。

（四）注意防病

大汗淋漓时，不要急于喝水，稍微休息片刻再补充水分；也不要急于喝冰水，以免加重肠胃负担并造成伤害；不要急于冲凉，以免感冒，建议等汗液排出后再冲凉。

（五）合理膳食

军训前，应按时进食，军训后体力消耗大，建议多吃一些肉类、蛋类、奶类，最好多喝点汤类以补充营养及体液。同时注意补充各种维生素，避免在十多天的高强度军训中因营养摄入不足而拖垮身体。

（六）注意防晒、防暑

军训期间，要长期暴晒在太阳之下，皮肤可能会出现发烫、瘙痒、红肿、起水泡、脱皮等症状，建议提前准备好防晒霜。除防晒霜之外，还要准备藿香正气水、风油精等防暑用品。

（七）不要硬撑

军训讲坚持，要有不怕苦的精神和毅力，但如果身体出现不适，一定要主动报告教官或辅导员，不要硬撑，以免出现意外。此外，每年军训一般在九月开学报到后进行，此时辅导员对同学们还不太了解。身体上确实有疾病或自认为身体有重大健康风险的学生，一定要提前主动向辅导员报告并说明情况，认真参加跟训，做好服务保障工作。

（八）按时作息

军训期间，由于训练强度大，身体需要更多休息时间，所以要按时作息，养精蓄锐，为军训打下良好的基础。

（九）注意沟通

军训生活中，要学会与同学沟通，训练学习有困难时，要学会虚心向同学和教官请教。

四、严守军训纪律，实现军训目标

（1）军训期间，全体学生应严格执行解放军的条令条例，坚决服从命令，听从指挥，令行禁止。如果对训练或其他方面有意见，可向教官或辅导员报告。

（2）严禁参训学生私自离校外出或无故不参加训练，不得迟到或早退，因故不能参加正常训练和活动的学生，必须按学校规定办理请假手续。

（3）进行室外训练时，必须统一穿着迷彩服；操练时，衣冠要整齐；进行其他活动时，按教官或辅导员要求着装。

（4）军训期间，学生必须统一时间就餐，遵守就餐纪律，不得擅自在校外就餐。

（5）军训期间，学生必须统一就寝，严格遵守军训作息时间，熄灯后不得从事其他活动。

（6）学生要讲文明、讲礼貌，讲究军人风纪。训练期间，学生不准携带手机，不准吸烟，不准吃零食。

（7）军训期间，学生必须认真搞好每日内务和环境卫生。

（8）要学会妥善保管个人财产，防止盗窃案件发生，避免造成个人财产损失。

（9）共青团员、学生干部要发挥先锋模范作用，在学生中开展谈心活动，帮助跟不上军训节奏的学生努力克服各种困难，团结本班、本连同学圆满完成军训任务。

（10）全体学生要发扬集体主义和革命英雄主义精神，以高昂的斗志、奋发向上的精神，积极参加训练、评比竞赛活动和文体活动，团结友爱，互相帮助，吃苦耐劳，勇敢面对挑战，刻苦训练，为集体荣誉而战，争创先进集体和先进个人。

军训是青春风华里的独家记忆，留给每一位新生的印象很深刻。虽然军训的日子比较艰苦，但其中的苦与乐是大学生美好的回忆之一。

第二节　参军入伍，报效国家

建设一流军队，需要一流士兵。"兵之胜在于篡卒""兵贵精而不贵多"，精兵制胜作为一条重要军事原则，历来为兵家所重视。当前，高等教育的普及、国民教育水平的提高，为向部队输送高素质兵员提供了"源头活水"。唯有让更多高素质青年汇聚军营，才能为实现中华民族伟大复兴的中国梦提供坚强的安全保证。

如今，一批优秀大学生响应祖国号召参军入伍，把个人理想融入强军实践，为广大有志青年树立了榜样。优秀大学生来到部队，为国防和军队现代化建设增添新的活力和强劲动力。

近年来，大学生参军报国的热情被充分激发。党中央和地方政府拿出的暖心举措，体现了党和政府对军队建设的高度重视，体现了全社会对军人的尊崇，也为投身军旅的大学生提供了更多的成长空间、发展机遇和历练平台。

（一）参军入伍对年龄有什么要求？

以2023年征兵为例，男青年2023年年龄应为18至22周岁（即2001年1月1日至2005年12月31日之间出生），全日制普通高校毕业生放宽至24周岁（即1999年1月1日以后出生），全日制研究生毕业生及在校生放宽至26周岁（即1997年1月1日以后出生），初中毕业文化程度的男青年不超过20周岁（即2003年1月1日以后出生）。女青年2023年年龄应为18至22周岁（即2001年1月1日至2005年12月31日之间出生），全日制研究生毕业生及在校生放宽至26周岁（即1997年1月1日以后出生），上半年征集的上一年度普通高等学校全日制本专科应届毕业生放宽至23周岁（即2000年1月1日以后出生）。

（二）参军入伍对政治条件有什么要求？

按照《征兵政治考核工作规定》和其他有关法规执行。征集服现役的公民必须热爱中国共产党，热爱社会主义祖国，热爱人民军队，遵纪守法，品德优良，志愿为抵抗侵略、保卫祖国、保卫人民而英勇奋斗。

征集服现役的公民的家庭成员和主要社会关系成员必须拥护中国共产党的领导，拥护社会主义制度等。

（三）参军入伍对身体条件有什么要求？

按照《应征公民体格检查标准》和其他有关法规执行。身高：男青年不低于160 cm，男性身体条件兵另行规定。男性身体条件兵是指，一般因为岗位特殊需求，对应征男青年政治、身体、家庭、文化、心理有特殊要求的兵员。比如，潜艇兵、海军陆战队、空降兵、坦克兵等指定身体条件的兵种。身体质量指数（BMI）：17.5≤男青年BMI<30；其中，17.5≤男性身体条件兵BMI<27。身高：女青年不低于158 cm。身体质量指数的标准：17.5≤女青年BMI<24。视力：双眼的裸眼视力不低于4.5，矫正视力不低于4.8或矫正度数不超过600度。

（四）应征入伍地怎么选择？

应征入伍地共有户籍地、居住地、学校所在地3个选择，不论从哪里报名都遵循全国统一的标准和条件，不会影响优先征集和大学毕业生身份的认定。大学在校生和大学应届毕业生可以选择学校所在地作为应征地。

（五）参军报名有没有专业限制？

报名应征直招军士是有专业限制的，学生可登录全国征兵网在招收军士栏查询是否符合招收专业的条件。报名应征义务兵是没有专业限制的，符合政治、身体、年龄、文化条件的都可以报名。

（六）入伍时可以自己选择分配的军兵种和单位吗？

应征地县级兵役机关统筹考虑应征青年体检情况、个人意愿、任务分配和接兵部队要求等因素后，集体研究确定每个人分配的部队和去向，大学毕业生享受优先分配去向政策。部队依据不同专业岗位对士兵学历和技能的不同需求，尽可能把大学生士兵安排到部队建设需要的岗位上。部队会综合衡量大学生士兵的专业和特长，尽量安排到对口或相近的专业岗位，充分发挥大学生的优势，选拔培养人才。

（七）大学毕业生应征入伍是否影响应届生身份？

不影响。《教育部办公厅关于进一步做好高校学生参军入伍工作的通知》（教学厅〔2015〕3号）规定：高校毕业生退役后一年内，可视同当年的应届毕业生，凭用人单位录（聘）用手续，向原就读高校再次申请办理就业报到手续，户档随迁；退役高校毕业生士兵可参加户籍所在地省级毕业生就业指导机构、原毕业高校的就业招聘会，享受就业信息、重点推荐、就业指导等就业服务。

（八）大学毕业生已与地方事业单位签约，参军入伍会违约吗？

不会。依法参军服兵役，是每个公民应尽的光荣义务，享受国家法律和政策的保护，用人单位要依照《中华人民共和国兵役法》《征兵工作条例》等规定，支持本单位员工依法服兵役，并落实好退役后的工作安置。四川省9部门联合出台的《关于进一步激励大学生应征入伍的措施》（川征〔2020〕22号）明确规定：高校毕业生入伍前被机关、团体、企业事业单位录用或者聘用的，服役期间按规定保留人事关系或者劳动关系；退役后可以选择复职复工，服现役年限计算为工龄，与所在单位工作年限累计计算，按规定享受相应的工资、福利和其他待遇。

（九）大学生入伍后学费怎么返还？

入伍时，国家对应征入伍服兵役的高校全日制毕业生或在校学生在校期间缴纳的学费或获得的国家助学贷款，实行一次性补偿或代偿；入伍前正在高校就读的全日制学生（含新生），服役期间按有关规定保留学籍或入学资格，退役后自愿复学或入学的，实行学费减免。

问题思考

1. 参加军训需要做好哪些准备？
2. 谈一谈你在军训过程中的心得和体会。

第四章　大　学　学　习

学习目标

1. 了解大学学习的特点和方法，激发学习热情，提高学习效率。
2. 掌握课堂和课外学习方法，制订适合自己的学习计划。
3. 了解学校图书馆的馆藏资源，掌握使用图书馆资源的方法。

第一节　大学学习的特点与方法

从中学到大学，学生面临人生的重大转折。大学生活的特点表现在：生活上要自理，管理上要自治，思想上要自我教育，学习上要高度自觉。尤其是在学习内容、方法和要求上，大学学习与中学学习相比发生了很大变化。要想真正学到知识和本领，除了继续发扬勤奋刻苦的学习精神外，大学生还要了解大学学习的特点，适应大学的教学规律，选择适合自己的学习方法。

一、大学学习的特点

大学阶段的学习与中学阶段的学习相比，在学习内容、学习方法等方面发生了较大变化。对于刚进入大学的新生而言，要尽快了解和掌握大学学习的新特点，这是摆在每一名新生面前的首要问题。具体来说，大学学习具有如下四个特点。

（一）学习的自主性

大学学习活动的自主性，主要表现在自觉性和主动性两个方面。虽然也有老师讲课，但是在老师授课之后的理解、消化、巩固等各个环节，主要靠学生独立去完成，这就需要有较强的学习自觉性。

此外，大学自由支配的时间较多，有人用来学习，有人去兼职，有人参加各类活动，也有人不知如何利用这些时间。所以，在大学里你会发现，有的人忙得不可开交，有的人闲得难受。这就需要学生充分发挥主观能动性，统筹规划，合理安排自己的学习时间，选择适合自己的学习方法，以便在有限的时间内获得较高的学习效率。

（二）学习的专业性

大学学习是一种高层次的专业性学习，大学学习与自身的职业生涯规划密切相关，具有较高层次的职业定向性，需要全面系统掌握专业的基础理论知识和相关技技能，为毕业后从事相关职业打好理论与技能基础。因此，在大学期间，既要学习相应知识，又要进行必要的专业技能训练。

（三）学习方式的多样性

大学生的学习方式是多种多样的，课堂学习是获取知识的主渠道，但还可以通过讲座、研讨、参观、实验、实习、科研活动、社团活动、社会实践活动、互联网等方式获得知识，不断提升自己的能力，大学生的学习活动已广泛从课堂之内延伸到课堂之外。因此，以多样的学习方式进行学习是大学生必须掌握的一项基本功。

（四）学习的探索性

大学生学习更具有研究和探索的特点，不再像高中阶段的"填鸭式"、灌输式教学，学生被动地接受教师传授的书本知识。大学阶段的学习不仅在于知识的掌握，还在于探索知识形成体系的过程。学生应掌握科学的研究方法，不断发现新知识，解决实际问题。现在的高校普遍注重大学生创新能力的培养，在课程设置、课程安排、课程衔接上，突出学生的主体地位，大力倡导研究性、探索性学习，目的在于促使学生发现知识、创新理论、解决实际问题与提升实践能力。

二、大学学习的方法

学习方法是提高学习效率、达到学习目的的手段。钱伟长曾对大学生说过："一个青年人不但要用功学习，而且要有好的、科学的学习方法。"要勤于思考，多想问题，不要靠死记硬背。学习方法正确，往往能收到事半功倍的成效。一般来说，掌握科学的学习方法，首先要把握住预习、听课与记笔记、复习与总结、做作业与考试等几个主要环节。这些环节把握好了，才能为大学学习打下良好基础。在大学中，有以下几种常见的学习方法。

（一）反复式学习法

学习成效与记忆能力密切相关。人的遗忘具有先快后慢的规律，如果及时复习，就可达到牢固记忆的效果。事实上，在学习过程中，记忆能力再强的人也难以做到对所学的内容过目不忘。因此，反复式学习法就是要求大学生在每节课后，在新的知识传入大脑后，趁印象还没有退去之前，对所学的内容及材料及时整理，并在不同的时间内采取"学习—复习—再复习"的方法，以实现增强记忆、巩固学习效果的目的。

（二）四环式学习法

这种方法是指通过由面到点、由表面到实质的综合概括，把握学习内容之间的联系，在短时间内掌握全部学习内容的一种方法。它主要包括四个环节：第一环节是分析综合，即对所学内容进行认真分析、综合，把握重点和难点；第二环节是编写提纲，即在理解所学内容的基础上，进行细致的筛选、归类、组织，然后根据所学内容性质，用自己的语言提纲挈领地编写提纲，列出每一问题的要点；第三环节是迁移消化，即根据理解和所列提纲，认真寻找材料间的内在联系，进行背诵、记忆、分析、推理；第四环节是浓缩巩固，即用最简短的语言，抓住材料的实质和核心内容，把提纲压缩成简纲（关键词），以强化记忆，加深印象。

（三）框架式学习法

这种方法是指把有关的知识通过有条理地分析，归纳成一个个框架，以便理解和记忆。也就是说，在学习某一学科或阅读某一本书时，根据学科或书本的知识和内容，以及其内在联系，建立一个知识框架。这样不但便于理解和记忆内容，还便于自觉地把新学到的知识充实到这个框架中去，不断增加新的信息，并经常在头脑中呈现框架内容，整理信息，调整信息位置，从而取得更好的学习效果。

（四）设问式学习法

这种方法是指在学习过程中，对遇到的各种问题，要养成多问个"为什么"的习惯。在问"为什么"的同时，要发挥主观能动性，主动查找资料，寻求解决问题的新方案，从而不断培养自己的思维能力。常见的设问式学习法有五种，即比较法、反问法、逻辑法、变化法、极端法。

（五）螺旋式学习法

这种方法是指用一系列的循环知识单元来代替平铺直叙的知识积累和阐述，每一循环都比之前一个循环更高一层、更进一步。这种方法以学习者感兴趣或想研究的内容为目标。起点可以是某个基本概念、某个公式、某个实验现象，围绕这个起点，掌握与其有关联的基本知识，并了解那些有联系、但并不直接相关的知识。经过一个阶段的学习，基本概念得到掌握，公式得到理解，实验现象得到分析，疑难问题得到解释，设想得到丰富和完善。同时，学习者得以了解与所学内容有关的知识领域。在这一个循环的学习中，又会遇到新的概念、新的问题，再以此为新的起点，进一步循环，进一步学习，进一步提高。

（六）实践式学习法

理论源于实践，又必须回到实践中接受检验。因此，大学生要树立在实践中学习的理念，通过参加课程设计、实习、实验、调查、毕业设计等实践活动，将课堂上学到的知识运用于实践，在实践中培养自己的动手能力、操作能力，提高运用知识解决问题的能力。

以上介绍的几种学习方法，都是前人经验的总结。借鉴前人经验，可以少走弯路，提高学习效率。但是，由于个人习惯、思维方式、性格气质、意志品质等具体条件不同，适合的学习方法也因人而异。因此，不论选择哪种学习方法，都要结合自身特点，对别人的经验不能全盘皆收，而要创造性地加以吸收。

第二节 大学课堂学习

课堂是大学生获取知识的重要环节，也是学习的主渠道。如何在短短一节课上完成知识的获取，很重要的一点就是要把握课堂的学习时间，做好学习过程的基本环节，如课前预习、课堂听课、课堂笔记、课后复习等。

一、做好课前预习

大学课堂的教学速度快，讲授的知识点多，需要学生进行预习才能更好地吸收老师在课堂上讲授的知识。在上课前，学生可以有计划地独立自学新课内容，大致了解新课的范围、重点、难点和疑点，并等待课堂上老师的讲解，为新课学习做好必要的知识准备。预习是大学课堂学习的起始环节，提前预习有利于提高课堂学习的主动性和听课效率。

二、学会课堂听课

课堂听课是学习的重要组成部分，也是学生学习的重要途径。目前，学校每节课只有40分钟，课堂时间非常宝贵。在学习过程中，学生要努力使自己从听见变成听懂，从而提高听课效率。以下有几个小技巧可以帮你提高课堂效率。

（一）集中精力听讲

听课力争做到眼到、耳到、心到、口到和手到，既要听清、听全、听准、听懂，又要关注老师的表情、手势、板书，积极思考，最大限度地获取知识。

（二）善于把握重点内容

一般来说，一堂课中并非所有的知识都是重点。对于非重点的知识，老师一般会进行简略讲解；而对于重点知识，老师则会重点去分析讲解并很明确地告诉学生这是重点知识，要求大家掌握理解。对于重点内容，学生要予以足够重视，做好重点知识的标记，有针对性地消化吸收。

（三）积极参与课堂讨论

教学过程是双向互动的，积极参与课堂讨论，既可以激发学生的学习兴趣，活跃思想，避免开小差，又可以锻炼学生分析问题和解决问题的能力，提高口头表达能力，有利于知识的理解和掌握。

三、抓好课后复习

大学阶段的学习需要学生具备更强的自学能力，课后一定要花时间来完成作业和复习当天所学的知识，加强和巩固课堂学习的知识。为了更好地帮助同学们做好课后复习，现介绍几种复习方法。

（一）及时复习

根据遗忘规律，遗忘进程不均衡，且遗忘的速度是先快后慢。复习间隔时间越长，取得相应学习效果花费的时间就越多，甚至几乎等于从头学习，所以必须及时进行复习。至于多长时间算及时，因人而异，同学们可参考自己以往的学习经验。

（二）分散复习

遗忘随时都在发生，只进行一次及时复习还远远达不到巩固保持的效果。因此，必须重复、循环记忆。一般来说，根据遗忘先快后慢的规律和每次复习的巩固效果，初次在识记之后用的时间应多一些，按时间推移，间隔逐步加大，所用时间逐步减少。

（三）归类复习

归类就是把繁杂、分散、零碎的知识按其内部联系或外部特征进行分类并组成不同层次的类别，从而使知识概括化、条理化和系统化。在日常生活中，超市物品的摆放总是分门别类的；在学习中，归类就更为重要，对知识进行归类复习，提高复习效果，使知识系统化，是一种科学有效的方法。

四、做好学习笔记

俗话说："好记性不如烂笔头。"做好课堂笔记是一个很重要的学习技巧，笔记可以帮助我们克服大脑记忆的限制，记笔记可以充分调动眼、耳、手、脑等器官协调工作，可以调动自己积极思考，加强记忆，为日后复习和考前复习准备参考资料。上了这么多年学，每位同学都形成了最适合自己的记笔记方法，但你的方法真的适合自己吗？是否有改进的空间？下面介绍几种常见的学习笔记方法，希望对你有所帮助。

（一）康奈尔笔记法

康奈尔笔记法是学生最欢迎的笔记方法之一，见表4-1所列。这种笔记法要求我们把笔记分成三部分。下部是普遍区，即记课堂上老师讲过的重点。你要做的就是总结，这里需要你巧妙运用各种符号和缩写。上部右边区域是普遍区的补充，即在页边空白处写批注有助于理解和关联每一部分笔记。这个部分可以上课时写。上部左边区域是摘要部分，这部分上课时先不写，可留到下课温习笔记时再补充。这样你就不需要时时刻刻紧跟老师语速，也不用奋笔疾书。你应该在这个区域进行要点总结，以便更好地反映课堂笔记。

表4-1　康奈尔笔记法

康奈尔笔记法	
提示点(clues) ● 主要的想法 ● 为了更好地结合提示点所提出的问题 何时填写： 课后回顾时	笔记(notes) ● 在这里记录讲义的内容 - 用简洁的文字 - 使用简单的记号 - 使用缩写 - 写成列表 - 要点和要点之间要留一定的空白 何时填写：上课时
总结(summary) ● 记住最重要的几点 ● 写成可以快速检索的样式 何时填写：课后总结时	

康奈尔笔记法能够帮助我们有条理且系统化地记录知识，也便于后续复习使用。但这种方法只能手写笔记，没有合适的软件可以替代。

（二）思维导图法

思维导图法基于视觉辅助来帮助大脑处理信息，它涉及图片、图表等，如图4-2所示。我们的大脑不是一下子就能处理大量信息，而是需要循序渐进。不同的颜色、不同大小的字母和其他视觉元素，被称为上注，很方便学生使用。正因为如此，思维导图已经成为最广泛和最有效的学习笔记法之一。这些元素会帮助你在视觉环境中轻松开发想法、建立联系。目前，市面上很多思维导图工具都包含一项功能——"转换为笔记"。只需轻轻一点，思维导图上的信息便会移动到电子笔记本中。

方法:思维导图笔记是一种非线性的笔记,是由一个中心主题和若干子主题构成的知识网络。这种结构与人类大脑的神经元之间的连接非常相似,这似乎也解释了为什么用思维导图更容易记住新知识

```
                    ┌─ 实用率：★★★★★
                    │
                    ├─ 适用程度：★★★★☆
          ┌─ 综合评价┤
          │         ├─ 适用场景：课堂学习、考试复习、读书笔记
          │         │
          │         └─ 可用软件：Mind Master 思维导图
思维导图法┤
          │
          ├─ 优点：色彩鲜明，结构性强，便于大脑记忆新知识。整理后，也便于后续复习使用，有效节省时间
          │
          └─ 缺点：占据的纸张篇幅较大，不适合小型笔记本使用
```

图 4-2 思维导图法

思维导图法色彩鲜明，结构性强，便于大脑记忆新知识，既可以手绘，又可以通过相关的思维导图软件整理。整理后，也便于学生后续复习使用，有效节省时间。

（三）提纲笔记法

提纲笔记法应该是中国学生最常用的一种方法，也是最熟悉的一种方法。这种方法通常是通过缩进、数字、字母等来区分各项内容的上下级关系，比如：（一）（二）（三），1.2.3，（1）（2）（3），①②③。提纲笔记法简单明了，系统性强，条理清晰，便于理解与记忆。但这种方法适用于简单的知识层级关系，而对于复杂关系的知识就不好记录。

五、四川铁道职业学院（安德校区）作息时间表

表4-2 四川铁道职业学院（安德校区）作息时间表

上午		下午		晚上	
8:25	预备铃	14:05	预备铃	19:40—20:20	第九节
8:30—9:10	第一节	14:10—14:50	第五节	20:30—21:10	第十节
9:20—10:00	第二节	15:00—15:40	第六节	注：每周五及节假日前一天下午的学生上课时间提前至13:00	
10:20—11:00	第三节	15:50—16:30	第七节		
11:10—11:50	第四节	16:40—17:20	第八节		

第三节　大学的课外学习

课外学习是大学生成长生涯中的重要经历，在促进学生个人发展与大学教育目标的实现中具有重要作用。课外学习是课内学习的补充和扩展，二者是相互联系、相

互渗透的整体。在做好课堂学习的基础上，高效利用好课外时间，掌握课外阅读和自学的方法，有利于开阔自己的知识领域，发展个人的兴趣、爱好，全面提升综合素质。

一、高效利用时间

虽然每天只有24个小时，但只需要细心观察，节约点滴时间，你可以拥有比别人更多的时间。上网、看视频、玩游戏，这都是消耗大把时间的行为，而且它们已经融入每天的生活习惯，虽然完全戒除很难，但应该尽量减少。大学生一定要在有限的生命中，懂得珍惜时间，有效利用时间，才能获取知识，学业有成。

（一）设立明确目标

如果连明确的目标都没有，那么时间是无法管理的。所以，做好时间管理的第一步是要确立明确目标。根据目标，制订详细的个人计划，把每年、每月、每学期、每天甚至每小时要做的事都列出来。

（二）分清轻重缓急

在学习生活繁忙的情况下，要学会区分事情的轻重缓急，切忌平均分配时间。可事先把每天要做的事情按重要性和紧迫性排列顺序：首先是重要而紧急的事情，其次是重要但不十分紧急的事情，再次是紧急但不重要的事情，最后是不重要也不紧急的事情。按照这个顺序安排一天的日程，可以避免因过于忙乱而误事，并且保证重要事件不积压，学习和生活都井井有条。

（三）把握黄金时间

每个人都会有一天中学习的黄金时间。在这个时间段内，要安排最重要、最难记的内容，轻松和简单的内容可以安排在较疲惫的时间段，以提高自己的学习效率。你必须思考当下哪几件事情是对你最重要和最具有挑战性的。

（四）善抓零散时间

鲁迅先生说："时间就像海绵里的水，只要愿挤，总还是有的。"每天总会有一些零散的时间被我们忽略和浪费掉，如乘车途中、等待的时候、洗脸刷牙时等。如果能够珍惜和利用零散时间，积累起来也有不小的收获。对于零散时间的利用，贵在坚持，每个人都应当学会善于利用时间。

二、学会课外阅读

课外阅读有利于完善知识结构，提高人文修养；有利于开阔视野，提高综合素质；有利于提高辨别是非的能力，树立正确的思想观念。大学生可从以下几方面把握课外阅读的内容和方法。

（一）甄选阅读书目

1. 选择名家的经典著作

全世界名家流传至今的著作，都是经过时间检验并被大众接受和认可的经典之作，大部分都很有价值，是大学生课外阅读的首选。

2. 选择反映时代特点的最新著作

选择反映时代特点、见解深刻，对社会、对人生有反思精神的最新著作，辩证地阅读，选择性地吸收。

3. 选择内容符合学习目标、难度适合自己的专业著作

根据所学专业，老师会推荐相关书籍，选择内容符合自己专业方向、学习目标、学习程度的著作，提升专业知识，丰富专业眼界。

4. 选择自己感兴趣的著作

大学的生活丰富多彩，但多读自己需要的书、喜欢的书，才会增加学习动力，才会有长足进步。

（二）选择适合的阅读方式

阅读方式本身无对错之分，每一类型的书籍都有适合的阅读方式。根据书的类型选择适合的阅读方式，可以节省时间，提高阅读效果。比如，对于经典名著，应该精读，反复诵读。关于如何阅读，推荐同学们阅读一本经典书籍，即莫提默·J.艾德勒、查尔斯·范多伦的著作《如何阅读一本书》。

第四节　走进学校图书馆

图书馆是收藏知识和信息的宝库，是读书、治学的场所，大学生可以利用图书馆资源，开发内在潜力，提高人文素养及心理素质，了解专业学术动态，获取各方面的知识和信息。大学生从入学开始就要学会如何利用图书馆的资源，借助图书馆的资源进行拓展性和创造性学习，这对大学生在校学习和今后的工作生活都至关重要。

一、学校图书馆概况

学校图书馆创建于1952年，新馆于2013年建成。图书馆一直重视文献的收藏和利用，形成了以铁道信号、铁道机车、铁道供电、铁道通信、铁道运输、铁道工程、城市轨道交通等学科为主，以金融、会计、管理等学科为辅的科学收藏体系，为学校教学科研提供了文献保障。图书馆全部馆藏资源均向读者开放，为读者提供各种形式的文献借阅、文献检索及咨询服务。

二、数字资源的使用

我校图书馆向师生提供数据检索、下载等服务。访问权限通常采用IP地址控制,即在学校网IP地址范围内访问不受限制,在学校教室、实训室、学生宿舍等处,均可无障碍免费访问,而在校外区域无法获得全部访问权限。

(一)超星电子书/田田阅读电子书

读者可通过两种方式获取超星电子书或田田阅读电子书。一是通过学校官网,点击内网入口,进入校园综合服务平台,输入自己的用户名和密码,登录校园网,在业务系统下面点击图书馆系统,之后点击超星电子书或田田阅读电子书,就可以在检索框中搜索自己想要获取的电子书资源。二是通过学校官网"图书信息中心——网上图书馆——超星电子书或田田阅读电子书"入口进行查询,就可以在检索框中搜索自己想要获取的电子书资源。

(二)万方数据库/百度文库高校版/中国知网高校版

读者可通过两种方式获取万方数据库、百度文库高校版、中国知网高校版。一是通过学校官网,点击内网入口,进入校园综合服务平台,输入自己的用户名和密码登录校园网,在业务系统下面点击图书馆系统,之后点击万方数据库、百度文库高校版、中国知网高校版(仅限学校网IP地址范围内访问),就可以在检索框中搜索自己想要获取的学术期刊资源。二是通过学校官网"图书信息中心——数据库——万方数据库、百度文库高校版、中国知网高校版"入口进行查询,就可以在检索框中搜索自己想要获取的期刊资源。另外,万方数据知识服务平台(本地镜像)仅限在学校网IP地址范围内访问。

三、电子阅览室使用指南

(一)使用范围及开放限制

(1)学校图书馆电子阅览室采用全新的硬件设备,为全校师生提供功能强大、资源丰富的数字化服务。

(2)全校师生可以在电子阅览室查阅教辅资源、浏览国家精品课程、查找相关学科的技术资料与视频等。

(3)电子阅览室在网络安全恢复、公共卫生事件期间不予开放。

(二)使用流程

(1)学生在电子阅览室刷校园一卡通确定上机位置和时间。

(2)根据系统分配的结果进行上机操作。

(3)电脑使用完毕后,关闭计算机,并在阅览室门口结算设备、网络使用费。

四、图书借阅流程

学生可通过两种方式获取所借图书信息：一是自己到图书馆一楼用查询机查询；二是通过学校官网"图书信息中心——网上图书馆"入口进行查询。在找到所需借阅的图书后，学生要输入指纹信息，待借阅台工作人员扫描图书信息确认并消磁后，学生即可借走图书。

学生如何找到自己需要的图书？

学生可以从书名、作者、主题、分类号等多种途径检索感兴趣的书刊。比如，我们可以选择检索途径"题名"，在检索输入框输入"铁路"，确定文献类型"全部"，点击检索。之后，书目检索系统会列出本校图书馆收藏的书刊目录，点击其中一本书的书名，就可以查看该书的详细信息、索书号、馆藏地和当前状态。如果图书位于开放阅览室，学生可自行获取；如果图书位于密集书库，学生则需填写索书条（包括索书号、书库图书排架号、书名、作者、出版社等信息）并交给借阅台的工作人员，由工作人员负责拿取。

五、读者入馆须知

（1）大一新生在完成借阅信息填写后方可在图书馆内进行借阅。

（2）图书信息中心是一级防火单位，馆内严禁烟火、禁止吸烟。

（3）讲文明、守礼貌、衣冠整洁、言行举止文明，禁止穿拖鞋入馆。馆内禁止高声喧哗、保持安静（手机应调到静音，接打电话需离开阅览区，到馆外进行）。

（4）入口进，出口出，进出图书馆应有序排队，不得拥挤。不得抢占座位（针对用物品提前占座的读者，图书馆工作人员有权对其座位进行清理，且不对丢失物品负责）。

（5）爱护图书馆内的清洁卫生，请勿随地吐痰，乱扔废弃物。禁止在图书馆内进食。

（6）爱惜图书、桌椅等图书馆公共设施。开放式图书阅览室桌上的插座仅用于手机、电脑充电，不得随意拖动与摆放阅览室的桌椅。

（7）读者应保管好自己的贵重物品，正确使用存包柜（存包柜中的物品当天闭馆前必须取出）。

（8）损坏公物应照价赔偿；遗失或涂损图书，按图书馆相关规定赔偿，并支付所赔图书编目所需的手工与材料费用。

（9）针对盗窃图书馆图书资料的行为，图书馆可通报盗窃者所在学院并进行相应的处理，情节严重的，交学校安全保卫处处理。

（10）为了更好地整理与保护图书，提高获取效率，请将阅读后的图书放置于还书车上，请勿自行将书放置于书架。

（11）如需外借图书，请到一楼借阅台办理图书外借手续；如遇检测器报警，学生应向图书馆工作人员说明情况，配合工作人员检查。

（12）图书馆是学习场所，馆内禁止学习以外的行为，如打游戏、打牌、闲聊等。

（13）开馆时间，周一至周日8:20—22:00（法定节假日及寒暑假除外）。

本书主要对我校图书馆的一些基本情况进行概括性的介绍，同学们可通过《四川铁道职业学院学生手册》中的图书借阅指南、图书馆官网（www.scrc.org.cn/tsxxzx/）了解更多信息。

"问渠那得清如许，为有源头活水来。"希望同学们充分合理地利用好图书馆的文献信息资源，度过充实、美好的大学生活。

问题思考

1. 大学学习与中学学习相比，有哪些差异？
2. 如何充分利用大学的各种资源开展学习？

第五章 党团组织

学习目标

1. 了解入党的条件和程序,在思想上、行动上积极入党。
2. 了解共青团的基本知识,争做优秀共青团员。
3. 坚定理想信念,做新时代合格大学生。

第一节 坚定理想信念

理想指引人生方向,信念决定事业成败。习近平总书记在全国教育大会讲话中指出:"要在坚定理想信念上下功夫,教育引导学生树立共产主义远大理想和中国特色社会主义共同理想,增强学生的中国特色社会主义道路自信、理论自信、制度自信、文化自信,立志肩负起民族复兴的时代重任。"处于新的历史时代的大学生,是肩负民族复兴大任的时代新人,而坚定的理想信念是时代新人的首要特征。

一、什么是理想信念

理想信念是人们在一定的认识基础上,对某种思想、理论和事业所抱的坚定不移的观念和身体力行的心理态度、精神状态,也是人们的世界观、人生观、价值观在奋斗目标上的集中体现。

青年学生信仰什么主义、举什么旗、走什么路,决定未来国家和民族的命运。加强大学生的理想信念教育,是高等教育人才培养的重要课题,是促进学生健康成长和实现大学生全面发展的现实需要,也是应对当前日益复杂的意识形态形势的迫切需要。

二、新时代大学生应坚定什么样的理想信念

(一)新时代大学生要确立马克思主义的科学信仰

新时代大学生坚定理想信念,首先要坚定信仰马克思主义。作为一种科学的理论体系,马克思主义立足于无产阶级和人类解放的立场,揭示了人类社会发展的一般规律和发展趋势,其真理性和生命力不仅体现在科学体系、人民立场上,还体现在鲜明的实践品格和与时俱进的理论品质上,特别是马克思主义中国化、大众化、时代化的过程彰显出强大的生命力和远大的发展前途。当前,我们强调马克思主义的蓬勃生命力和时代有效性,就是为了宣示我们对马克思主义科学真理的坚定信念。新时代大学

生要树立坚定而崇高的理想信念，一个必要的基础和前提就是确立对马克思主义普遍真理的理性认同和科学信仰，深刻把握作为立党立国根本指导思想的马克思主义的精神实质，在社会发展中把握规律、看清方向、坚定立场、明确目标，在服务人民和贡献社会中发挥力量。

（二）新时代大学生要胸怀共产主义的远大理想

共产主义远大理想体现了人类对未来美好世界的最高追求，具有科学真理性和客观必然性。中国共产党从成立之日开始，就把实现共产主义写在自己的旗帜上，领导全国各族人民砥砺奋进。要实现共产主义，必须认识到社会主义是必经阶段。中国共产党作为马克思主义政党，在社会主义建设、改革和发展的探索过程中，一直把实现共产主义作为奋斗目标，把坚持和发展中国特色社会主义作为实现共产主义的必经阶段和必由之路。新时代大学生要深刻体认到，在新时代条件下努力坚持和发展中国特色社会主义，就是在证明科学社会主义的真理性和共产主义的科学性。

（三）新时代大学生要践行中国特色社会主义共同理想

作为时代新人，大学生在新时代践行中国特色社会主义理想，就是要坚定"四个自信"，要对中国特色社会主义的道路、理论、制度和文化有着充分的自知、自觉和自信，必须认同中国共产党的领导，对全面建成社会主义现代化强国和实现中国梦充满信心。习近平总书记强调："我们现在坚持和发展中国特色社会主义，就是向着最高理想所进行的实实在在努力。"改革开放四十多年来，中国特色社会主义在开创、坚持和发展中不断取得辉煌成就，不断证明着科学社会主义的真理性和实现共产主义的必然性。新时代大学生认同和践行共同理想，要坚决维护中国共产党的领导，推进改革开放再出发，坚定对中国特色社会主义的自信，自觉学习和深刻领会习近平新时代中国特色社会主义思想，时刻保持积极进取的奋斗姿态，为实现中国特色社会主义共同理想贡献青春力量。

三、新时代大学生坚定理想信念的途径

理想信念作为精神之"钙"，是大学生奋斗在新时代的强大精神动力和崇高精神指引。大学生坚持信仰、理想、信念，脚下才能有无穷力量，才能实现青春梦想。

（一）学习科学理论，练就高强本领

新时代大学生要学习和掌握马克思主义立场、观点和方法，练就高强理论本领，形成科学思维方式。在日常学习和社会实践中，能够自觉以马克思主义哲学为思想指导，弘扬理论联系实际、认识与实践相统一的优良学风，时刻把马克思主义的普遍真理与我国国情实际、自身学习实际紧密联系，提高分析和解决问题的眼界和能力。同时，要把马克思主义的世界观和方法论内化为坚定的理想信念，外化为鲜活的实践行

动。新时代大学生要提高政治站位，认真学习领会习近平新时代中国特色社会主义思想，把学习成果转化为坚定的理想信念，转化为正确的价值观念，转化为学习和实践的持久动力，用坚定的信仰、理想和信念照亮前进道路，开创美好未来。

（二）提升道德修养，夯实道德基础

面对纷繁复杂的社会现实和多种多样的社会思潮，新时代大学生必须把提升道德修养、打造高尚人格作为坚定理想信念的必修课。道德修养的提升和高尚人格的养成可以夯实坚定理想信念的基础。新时代大学生要夯实坚定理想信念的道德基础，把理想人格作为崇高追求，把道德意愿与道德实践紧密结合，锤炼社会公德、职业道德、家庭美德、个人品德，做到明大德、守公德、严私德。此外，还要提升道德修养、锤炼高尚道德品格，形成为中华民族伟大复兴奋斗和献身的情怀，具有在坚持和发展中国特色社会主义的过程中不懈追求共产主义的顽强道德意志、崇高道德信念和高尚道德境界。

（三）依托文化自信，提供持久动力

新时代大学生要坚定理想信念，就要从中国文化的历史传承和时代发展中汲取力量。文化自信是更基础、更广泛、更深厚的自信，是更基本、更深沉、更持久的力量。中国特色社会主义文化在中华优秀传统文化的历史传承中获取基因和滋养，在革命文化中锤炼和熔铸，并在改革开放以来的先进文化中得以创新发展。新时代大学生要深刻认识到，中国特色社会主义文化、价值观、理想信念，来源于改革开放四十多年来中国特色社会主义的伟大实践，是党领导人民砥砺前行、不断取得辉煌成就的强大精神力量。新时代大学生要坚定远大理想和共同理想，还要积极弘扬中国精神，把握爱国主义的新时代内涵，努力推进新时代的改革创新；要深刻领会社会主义核心价值体系的精神要旨，在日常学习和社会实践中，培育和践行社会主义核心价值观，从而筑牢理想信念的文化根基。

（四）理论联系实际，勇于艰苦奋斗

对大学生来说，坚定理想信念不仅是一个思想认识问题，还是一个现实实践问题。实现任何一种崇高理想都不会是轻而易举的。理想越是远大，实现的过程就越艰巨和曲折。习近平总书记指出："人类的美好理想，都不可能唾手可得，都离不开筚路蓝缕、手胼足胝的艰苦奋斗。"艰苦奋斗精神是中华民族不断走向繁荣富强的精神支撑，更是新时代实现伟大梦想的精神保障。新时代大学生要坚定理想信念，必须付诸行动才有说服力，要把自强不息的艰苦奋斗精神贯彻落实到日常的学习和生活实践中，不忘理想、奋发图强、积极进取，不断书写奉献社会、奉献青春的新时代篇章。

第二节　入党的基础知识

进入大学后，大学生会面临一个重大选择，就是是否选择加入中国共产党。有些同学刚入学时就会递交入党申请书，有些同学也会等上一段时间。每一次选择其实都是对自己的一次承诺，做选择前，得先对自己负责。

当然，决定入党和能够入党还是两回事，毕竟入党是有严格要求的，不是谁想加入就能加入的。什么样的人才能加入中国共产党？这是每一个有志加入中国共产党的人必须弄清楚的重要问题。对于广大青年大学生来说，必须弄清楚几个问题：具备什么资格的人可以申请入党？中国共产党党员是什么样的人？加入中国共产党的基本条件是什么？具体条件是什么？下面，本节主要介绍党员的义务和权利、入党动机、发展党员工作流程、入党常用文书等。更多关于入党的知识，同学们可查阅《中国共产党章程》《中国共产党发展党员工作细则》等。

一、党员的义务和权利

（一）党员必须履行的义务

（1）认真学习马克思列宁主义、毛泽东思想、邓小平理论、"三个代表"重要思想、科学发展观、习近平新时代中国特色社会主义思想，学习党的路线、方针、政策和决议，学习党的基本知识和党的历史，学习科学、文化、法律和业务知识，努力提高为人民服务的本领。

（2）增强"四个意识"、坚定"四个自信"、做到"两个维护"，贯彻执行党的基本路线和各项方针、政策，带头参加改革开放和社会主义现代化建设，带动群众为经济发展和社会进步艰苦奋斗，在生产、工作、学习和社会生活中起先锋模范作用。

（3）坚持党和人民的利益高于一切，个人利益服从党和人民的利益，吃苦在前，享受在后，克己奉公，多做贡献。

（4）自觉遵守党的纪律，首先是党的政治纪律和政治规矩，模范遵守国家的法律法规，严格保守党和国家的秘密，执行党的决定，服从组织分配，积极完成党的任务。

（5）维护党的团结和统一，对党忠诚老实，言行一致，坚决反对一切派别组织和小集团活动，反对阳奉阴违的两面派行为和一切阴谋诡计。

（6）切实开展批评和自我批评，勇于揭露和纠正违反党的原则的言行和工作中的缺点、错误，坚决同消极腐败现象作斗争。

（7）密切联系群众，向群众宣传党的主张，遇事同群众商量，及时向党反映群众的意见和要求，维护群众的正当利益。

（8）发扬社会主义新风尚，带头实践社会主义核心价值观和社会主义荣辱观，弘扬中华民族传统美德，为了保护国家和人民的利益，在一切困难和危险的时刻挺身而出，英勇斗争，不怕牺牲。

（二）党员享有的权利

（1）参加党的有关会议，阅读党的有关文件，接受党的教育和培训。

（2）在党的会议上和党报、党刊上，参加关于党的政策问题的讨论。

（3）对党的工作提出建议和倡议。

（4）在党的会议上有根据地批评党的任何组织和任何党员，向党负责地揭发、检举党的任何组织和任何党员违法乱纪的事实，要求处分违法乱纪的党员，要求罢免或撤换不称职的干部。

（5）行使表决权、选举权，有被选举权。

（6）在党组织讨论决定对党员的党纪处分或作出鉴定时，本人有权参加和进行申辩，其他党员可以为他作证和辩护。

（7）对党的决议和政策如有不同意见，在坚决执行的前提下，可以声明保留，并且可以把自己的意见向党的上级组织直至中央提出。

（8）向党的上级组织直至中央提出请求、申诉和控告，并要求有关组织给予负责的答复。

党的任何一级组织直至中央都无权剥夺党员的上述权利。

要入党的青年大学生应以党员的义务和权利为镜子，不断地对照、衡量自己，寻找差距，增强党性意识，努力做到思想上明确，行动上努力，不断激励自己"未进党门，先做党的人"，将来"进了党的门，做好党的人"。

二、端正入党动机

每一个要求入党的同志，都应该充分认识到端正入党动机的重要性，努力克服和纠正不正确的入党动机，不断提高思想认识，确立正确的入党动机。

（一）端正入党动机是争取入党的首要问题

入党动机是指一个人要求入党的内在原因和真实目的。在现实生活中，入党者的入党动机往往是不同的。例如：有些同志是为了实现共产主义、全心全意为人民服务而要求入党的；有的人则认为入了党，个人和家庭都光荣，在亲戚面前也值得夸耀；也有的人则是看到周围一些同志提出了申请，随大流而要求入党；还有的人认为入了党容易得到提拔重用，或者大学毕业后好找工作；等等。每个要求入党的同志，都应该认真剖析一下自己的思想，思考一下自己究竟抱着什么样的动机申请入党。

上述种种入党动机中，只有为了献身共产主义事业、更好地为人民服务而要求入党，才是完全正确的入党动机。这种入党动机之所以是正确的，是因为它与党的性质、宗旨、纲领是一致的；其他的入党动机都是不正确甚至是极端错误的。申请入党的同志只有端正入党动机，符合党章规定的党员条件，入党后才能发挥一名共产党员应有的作用，从而保持党的先进性和纯洁性，增强党的战斗力；反之，如果让那些动机不纯的人，特别是企图利用党员称号捞取好处的人进入党内，就难以保持党的先进性和纯洁性，甚至会给党带来严重危害。

因此，党组织要把端正入党动机作为对要求入党的同志的最基本的要求，把考察入党动机和帮助要求入党的同志端正入党动机，作为保证党员质量的一个重要环节和措施。

（二）端正入党动机的主要途径

正确的入党动机的形成，既不是与生俱来的，又不是后天自然形成的，而是在学习、实践和改造主观世界的过程中逐步形成的，具有很强的可塑性。这就要求青年大学生，要不断加强学习，积极投身实践，不断自我总结，端正入党动机，克服错误入党动机。

1. 认真学习马克思主义理论，加深对党的了解

一个人入党动机是否正确，往往同他对共产主义事业和共产党的认识是否深入有直接关系。马克思主义对共产主义事业作出了科学阐释，中国共产党坚持马克思主义基本原理，坚持实事求是，从中国实际出发，洞察时代大势，把握历史主动，进行艰辛探索，不断推进马克思主义中国化时代化。许多同学通过对马克思主义基本理论的学习，通过对《中国共产党章程》《毛泽东思想和中国特色社会主义理论体系概论》为主要内容的党的基本知识、理论的学习，加深对党的认识，把朴素的、感性的认识上升到自觉的、理性的高度，树立正确的入党动机。

2. 通过实践锻炼，不断端正入党动机

共产党员的党性不是天生的，而是在长期的革命实践中不断修养和磨炼而获得的。刘少奇曾指出，共产党员由一个幼稚的革命者变成一个成熟的、老练的，能够"运用自如"地掌握革命规律的革命家，要经过一个很长的革命锻炼和修养的过程，一个长期改造的过程。这就是说，入党的同志仅有入党的愿望是不够的，还必须付诸行动，在实践中不断端正自己的入党动机。通过投身于新时代中国特色社会主义伟大事业的实践活动，加深对共产主义事业和共产党的理解和认识，强化正确的入党动机。

3. 加强主观世界改造，克服不正确的入党动机

端正入党动机的过程，就是一个思想认识不断提高的过程。这就要求入党的同志主动地向党组织靠拢并争取党组织对自己的帮助和教育，加强主观世界的改造，不断提高思想道德素质，逐步树立正确的世界观、人生观和价值观，从而把思想上入党为民、入党为公作为孜孜不倦的终身追求。

端正入党动机不是一时的问题，而是一辈子的事情。毛泽东指出："有许多党员，在组织上入了党，思想上并没有完全入党，甚至完全没有入党。"每个要求入党的同志都应引以为鉴，无论组织上是否入党，都应做到首先在思想上真正入党，绝不能"入党前拼命干，入党后松一半"。"活到老，学到老，思想改造到老"，才是共产党员所不断追求的。

（三）以实际行动争取入党

1. 用科学理论武装自己，全面塑造自我

学生要认真学习马克思列宁主义、毛泽东思想、邓小平理论、"三个代表"重要思想、科学发展观、习近平新时代中国特色社会主义思想。学校开设了"习近平新时代中国特色社会主义思想概论""毛泽东思想和中国特色社会主义理论体系概论""思想道德与法治""形势与政策"等课程，这是提高理论知识的好机会。一些同学不认真听、不认真学，总认为这些课程枯燥无味，或者不重要，考前背背就行，这种观念一定要转变。

2. 加强学习，德智体美劳全面发展

学习是大学生的主要任务，只有扎实掌握专业知识和实践技能，将来才能更好地报效祖国、服务社会。作为积极要求入党的大学生，要在学习生活的各个环节严格要求自己，处处起到表率作用，自觉践行社会主义核心价值观，特别是应带头端正学习动机，树立良好的学风，刻苦钻研，勤于思考，取得较好的学业成绩，争取德智体美劳全面发展，并以此带动班风、校风建设。

3. 积极参加各项集体活动并发挥骨干作用

各个学校都十分重视大学生的素质教育，课外活动十分丰富，包括课外实践，公益活动，各种文体活动、艺术活动等。积极要求入党的大学生要多参加这些活动，并自觉发挥骨干作用，在学校、院系和班级工作需要的时候争挑担子，乐于为同学服务，不计较个人得失。对于学生自发组织的活动，要比周围同学多一分理智，少一些感情用事，注意鉴别和引导，防止和反对可能发生的过激行为，坚决抵制歪风邪气和不文明言行。

总之，如果想要加入中国共产党，就要在各个方面严于律己、以身作则，努力使自己成为政治坚定、追求上进的榜样，成为勤奋工作、无私奉献的榜样，成为品学兼优、全面发展的榜样。

三、发展党员工作流程

（一）申请入党

1. 递交入党申请书

条件：年满18岁的中国公民，承认党的纲领和章程，愿意参加党的一个组织并在其中积极工作，愿意执行党的决议，按期交纳党费。

要求：向工作、学习所在单位党组织提出入党申请；没有工作、学习单位或工作、学习单位未建立党组织的，向居住地党组织提出入党申请；流动人员还可以向单位所在地党组织或单位主管部门党组织、流动党员党组织提出入党申请。

注意：本人提出，书面申请。

2. 党组织派人谈话

时间：收到入党申请书后1个月内。

主体：党支部书记、副书记或组织委员。

内容：了解入党申请人基本情况，介绍入党条件和程序，加强教育引导。

（二）入党积极分子的确定和培养教育

1. 推荐和确定入党积极分子

范围：已递交入党申请书且党组织已派人谈话的人员。

方式：党员推荐、群团组织推优等方式。

决定：支部委员会集体研究决定。

注意：综合运用推荐结果，防止简单地以票取人。

2. 上级党委备案

材料：入党申请人基本情况、推荐和推优情况、支部委员会意见等。

要求：了解入党积极分子是否具备条件，手续是否齐全。

3. 指定培养联系人

数量：1~2名正式党员。

任务：向入党积极分子介绍党的基本知识；了解入党积极分子的政治觉悟、道德品质、现实表现和家庭情况等，做好培养教育工作，引导入党积极分子端正入党动机；及时向党支部汇报入党积极分子情况；向党支部提出能否将入党积极分子列为发展对象的意见。

4. 培养教育考察

方法：吸收入党积极分子听党课、参加党内有关活动、分配一定的社会工作、集中培训等。

目的：使入党积极分子懂得党的性质、纲领、宗旨、组织原则、纪律、党员的义务和权利，帮助入党积极分子端正入党动机，确立为共产主义事业奋斗终身的信念。

要求：党支部每半年对入党积极分子进行一次考察，基层党委每年对入党积极分子队伍状况做一次分析。

注意：入党积极分子工作、学习单位（居住地）发生变动，应及时报告原单位（居住地）党组织；原单位（居住地）党组织应及时转交材料；接收单位党组织应认真审查材料、做好接续培养，培养教育时间可连续计算。

（三）发展对象的确定和考察

1. 确定发展对象

条件：经过一年以上培养教育和考察，基本具备党员条件。

要求：听取党小组、培养联系人、党员和群众的意见。

确定：经党支部委员会讨论同意，确定发展对象人选。

2. 报上级党委备案

要求：认真审查，提出意见。

注意：同意后列为发展对象。

3. 确定入党介绍人

数量：两名正式党员。

方式：一般由培养联系人担任，也可由党组织指定。

要求：入党介绍人认真完成培养、教育任务。

注意：受留党察看处分、尚未恢复党员权利的党员，不能作为入党介绍人。

4. 进行政治审查

内容：对党的理论和路线、方针、政策的态度；政治历史和在重大政治斗争中的表现；遵纪守法和遵守社会公德情况；直系亲属和与本人关系密切的主要社会关系成员的政治情况。

方法：同本人谈话、查阅档案资料、找有关单位和人员了解情况，以及必要的函调或外调。对于流动人员中的发展对象，还应当征求户籍所在地和居住地基层党组织的意见。

要求：政治审查必须严肃认真、实事求是，注重本人的一贯表现。审查情况形成结论性材料。

注意：未经政治审查或政治审查不合格的，不能发展入党。

5. 开展集中培训

主体：基层党委或县级党委组织部门。

时间：不少于3天或不少于24学时。

注意：未经培训的，除个别特殊情况外，不能发展入党。

（四）预备党员的接收

1. 支部委员会审查

要求：征求党员和群众的意见，对发展对象进行严格审查，集体讨论是否合格。

2. 上级党委预审

方式：审查发展对象条件、培养教育情况等；根据需要，听取执纪、执法等部门的意见。

要求：审查结果书面通知党支部，向审查合格的发展对象发放《入党志愿书》。

注意：发展对象未来3个月内将离开工作、学习单位的，一般不办理接收预备党员手续。

3. 填写入党志愿书

要求：在入党介绍人指导下，由本人按照要求如实填写。

4. 支部大会讨论

程序：（1）发展对象汇报个人情况；（2）入党介绍人介绍发展对象有关情况、表明意见；（3）支部委员会报告审查情况；（4）与会党员充分讨论、投票表决。

注意：有表决权的到会人数必须超过应到会有表决权人数的半数，才能开会；赞成人数超过应到会有表决权的正式党员的半数，方可通过。讨论两个以上的发展对象入党时，要逐个讨论和表决。

5. 上级党委派人谈话

时间：党委审批前。

人员：党委委员或组织员。

目的：作进一步了解，并帮助发展对象提高对党的认识。

要求：谈话人应当将谈话情况和自己对发展对象能否入党的意见，如实填写在《中国共产党入党志愿书》上，并向党委汇报。

6. 上级党委审批

内容：是否具备党员条件、入党手续是否完备。

要求：集体讨论和表决。两个以上发展对象应当逐个审议和表决。

时间：3个月内，特殊情况不超过6个月。

注意：党总支、乡镇（街道）所属的基层党委以及党组不能审批预备党员。除另有规定外，临时党组织不能接收、审批预备党员。

7. 向上一级党委组织部门备案

目的：掌握预备党员结构、分布、质量等情况；发现问题，及时解决。

（五）预备党员的教育考察和转正

1. 编入党支部和党小组

要求：及时编入，继续进行教育和考察。

2. 入党宣誓

组织：基层党委或党支部（党总支）。

程序：(1) 奏《国际歌》；(2) 党组织负责同志致辞；(3) 预备党员宣誓；(4) 参加宣誓的预备党员代表发言；(5) 党组织负责同志讲话、提出要求。

要求：在正式场合举行，严肃认真，庄重简朴，严密紧凑。

3. 继续教育考察

方式：参加党的组织生活，听取本人汇报，个别谈心，集中培训，实践锻炼等。

时间：预备期为1年。

4. 提出转正申请

要求：预备期满后，书面提出申请。

5. 支部大会讨论

准备：党小组提出意见，党支部征求党员和群众的意见，党支部委员会审查。

程序：参照接收预备党员的程序。

结果：认真履行党员义务、具备党员条件的，按期转为正式党员；需要继续考察和教育的，可以延长1次预备期，延长时间不能少于半年，最长不超过1年；不履行党员义务、不具备党员条件的，取消预备党员资格。

6. 上级党委审批

时间：3个月内。

要求：审批结果应及时通知党支部。党支部书记应当同预备党员本人谈话，并将审批结果在党员大会上宣布。

注意：党员的党龄从预备期满转为正式党员之日算起。

7. 材料归档

内容：《入党志愿书》、入党申请书、政治审查材料、转正申请书、培养教育考察材料。

要求：有人事档案的，存入本人人事档案；无人事档案的，建立党员档案，由所在党委或县级党委组织部门保存。

四、入党常用文书

凡是要求入党的青年大学生，必须学会写入党文书。入党文书是指入党申请人从写入党申请书开始，到批准为中国共产党正式党员为止，所必须递交的各类书面文稿、证明材料、表格、会议记录等的总称。为了更好地指导青年大学生书写入党文书，本部分将对入党过程中常用的几种文书进行详细介绍。

（一）入党申请书

1. 入党申请书的基本写法

根据党章规定，要求入党的同志必须亲自向党组织提出申请。申请可分为口头申请和书面申请两种形式。通常情况下，申请入党的同志应写书面申请。

入党申请书的基本书写格式及内容通常如下所示。

（1）标题。居中写"入党申请书"。

（2）称谓。即申请人对党组织的称呼，一般写"敬爱的党组织"。顶格书写在标题的下一行，后面加冒号。

（3）正文。主要内容包括：①对党的认识、入党动机和对待入党的态度，写这部分时应表明自己的入党愿望；②个人在政治、思想、学习、工作等方面的主要表现情况；③今后的努力方向以及如何以实际行动争取入党。

（4）结尾。申请书的结尾要表达清楚请党组织考察的心情和愿望，一般用"请党组织在实践中考验我"或"请党组织看我的实际行动"等作为结束语。全文的结尾一般用"此致，敬礼"。

在申请书的最后，要署名和注明申请日期。一般居右书写"申请人×××"，下一行写上"××××年××月××日"。

2. 写入党申请书应注意的问题

（1）要认真学习党章，掌握基本精神，加深对党的性质、宗旨、任务、党员的义务和权利等基本知识的理解。

（2）要联系自己的思想实际谈对党的认识和入党动机，不要以旁观者身份一味评论别人。

（3）要如实向党组织反映真实的思想情况。

（4）申请书要写得朴实、庄重，不要追求华丽的辞藻，夸夸其谈。对正文中各部分的内容可根据自己的实际情况调整。

（二）思想汇报

1. 思想汇报的基本写法

要求入党的同志为了使党组织更好地了解自己，接受党组织的教育和监督，要积极主动地向党组织汇报自己的思想、学习和工作情况。这是培养自己的组织观念，提高思想觉悟的有效途径。思想汇报可分为口头汇报和书面汇报，主要写自己的思想情况，当然也要涉及工作和学习。具体内容根据每个人的不同情况而定。

思想汇报的基本书写格式及内容通常如下所示。

（1）标题。居中写"思想汇报"。

（2）称谓。即汇报人对党组织的称呼，一般写"敬爱的党组织"。顶格书写在标题的下一行，后面加冒号。

（3）正文。写思想汇报，是结合自己的学习、工作和生活情况，向党组织反映自己的真实思想情况。具体内容根据每个人的不同情况而定。

如果对党的基本知识、马克思主义的基本理论的学习有所收获，便可以通过思想汇报的形式，将学习体会、思想认识上存在的认识不清的问题向党组织说明。

如果对党的路线、方针、政策或一个时期的中心任务有什么看法，可以在思想汇报中表明自己的态度，阐明自己的观点。

如果参加了重要的活动或学习了某些重要文章，可以把自己受到的教育写给党组织。

如果遇到国内外发生重大政治事件时，则要通过学习提高对事件本质的认识，旗帜鲜明地向党组织表明自己的立场。

如果在自己的日常生活中遇到了个人利益同集体利益、国家利益产生矛盾的问题，可以把自己有哪些想法，如何对待和处理的情况向党组织汇报。

为了使党组织对自己最近的思想情况有所了解，就要把自己的思想状况，有了哪些进步，存在什么问题以及今后提高的打算写清楚，等等。

（4）结尾。思想汇报的结尾可写上自己对党组织的请求和希望。一般用"恳请党组织给予批评、帮助"或"希望党组织加强对自己的培养和教育"等作为结束语。

在思想汇报的最后，要署名和注明汇报日期。一般居右书写"汇报人（非申请人）×××"，下一行写上"××××年××月××日"。

2. 写思想汇报应注意的问题

（1）思想汇报应是真实思想的流露，最重要的是真实，切忌空话、套话、假话，不能做表面文章。

（2）写思想汇报应根据不同时期的思想认识状况，谈深谈透自己的体会和认识深刻的一两个方面的问题，不要罗列多个方面的问题，切忌泛泛而谈。

(3) 写思想汇报要密切联系自己的思想实际，不要长篇大段地抄录党章、报告、领导讲话和报刊文章的内容，防止形式主义。

(4) 写思想汇报要实事求是，对自己作出一分为二的评价，既要对自己的成长进步进行肯定，又要找准存在的不足，敢于向党组织暴露缺点和问题。

另外，党组织不能简单地用思想汇报次数的多少衡量一个人是否积极靠近党组织。但是，对于要求入党的人来讲，经常、主动地向党组织汇报思想是加强同党组织联系，增强组织观念的一条有效途径。因此，申请入党的人应积极主动地向党组织汇报思想。

(三) 入党志愿书

1. 入党志愿书的基本写法

入党志愿是入党志愿书的一项重要内容，入党申请人要根据自己的思想认识及演变过程，实事求是地填写，把对党的认识、入党态度、入党动机、主要优缺点及入党后的决心等内容写清楚。入党志愿书的基本书写格式通常包括如下几个部分。

(1) 标题。居中写"入党志愿书"。

(2) 称谓。一般写"敬爱的党组织"或"敬爱的党支部"，顶格写在标题下的第一行，后面加冒号。

(3) 正文。主要内容包括：①对入党的态度，一般第一段要明确写出自己入党的态度，即"我志愿加入中国共产党"；②对党的认识，包括党的性质、宗旨、纲领和章程，党的基本路线，党的历史，党现阶段的路线、方针、政策，以及自己对党的认识的演变过程等；③入党动机，一般来说，正确的入党动机的形成有一个变化过程，要注意写出思想演变的过程；④自己的主要优缺点，要一分为二地看待自己的优缺点，并逐一分析，要有发扬优点、克服缺点的决心和措施；⑤入党的决心，填写入党志愿书只是申请入党必须履行的手续之一，即使在组织上入了党，思想上是否入党还要看今后的行动，因此，在入党志愿书中，还要表明自己被接收或者不被接收后的思想准备和进一步努力的打算。

(4) 署名和日期。申请书的最后一般要署名并注明日期，一般居右写入党志愿人的名字"×××"，下一行写上"××××年××月××日"。

2. 写入党志愿书应注意的问题

写入党志愿书时应注意如下几个问题：一是要在"入党申请书""思想汇报"的基础上进一步加工、提炼、字斟句酌，把自己最想向党组织表达的思想写出来；二是一定要结合现阶段党的路线、方针、政策写，要有针对性和时效性；三是入党志愿书是党组织印发的材料，书写要规范，要按规定的篇幅认真填写；四是入党志愿书要写得郑重、庄严、真诚。

（四）预备党员转正申请书

1. 转正申请书的基本写法

转正申请书是预备党员在预备期满时向党组织提出转为正式党员的书面材料。转正申请书的基本书写格式及内容通常如下。

（1）标题。一般为"转正申请书"，居中书写。

（2）称谓。一般写"敬爱的党组织"。顶格书写在标题的下一行，后面加冒号。

（3）正文。主要内容包括：①写明自己被批准为预备党员的时间，到什么时间预备期满。延长预备期的，要写明什么时间被延长的，原因是什么；到什么时间延长期满，并正式向党组织请求转为正式党员。②汇报自己在预备期期间的表现。这部分是重点，要尽可能写得详细、具体。首先，要写自己入党以后，在党组织的教育下，在提高思想觉悟、加强党性锻炼、解决思想入党方面有哪些收获；其次，写明自己是如何在预备期期间以党员标准要求自己的，在政治、思想、工作、学习等方面有哪些进步，取得了哪些成绩；最后，写明入党时的缺点现在克服改正得如何，还存在哪些缺点。③写明今后努力的方向。应针对自己的缺点和不足，写明努力方向，措施要具体可行。④如果还有什么情况和问题需要向组织讲明和交代的，也应写清楚。

（4）结尾。在转正申请书的最后，署名和写明日期，一般居右书写"申请人×××"，并在下一行写上日期。

2. 写转正申请书时应该注意的问题

（1）转正申请书要适时写出，不能太早或太晚交给党组织，一般在预备期满前一至两周最好。

（2）转正申请书不能过分简单、概括，要体现思想进步的连续性。既要与预备期思想相联系，又要与申请入党过程、思想变化相联系，要注意思想的深度。

（3）延长预备期后提出转正申请，在写转正申请书前，还需要与党组织有关负责人正式谈话，征求意见。

第三节　共青团的基础知识

《中国共产党章程》第十章第五十一条指出："中国共产主义青年团是中国共产党领导的先进青年的群团组织，是广大青年在实践中学习中国特色社会主义和共产主义的学校，是党的助手和后备军。"

党是共青团组织的领导者，共青团是党的助手和后备军，完成党交给的各项任务，并向党组织提出建议，协助党组织培养千百万接班人的任务，并源源不断地向党推荐优秀团员入党。因此，大学生应当了解基础团务知识，尚未入团的大学生更应当了解基础团务知识及入团的相关事宜。

一、基础团务知识

（一）团旗、团徽、团歌

1. 团旗

（1）中国共产主义青年团团旗的旗面为红色，象征革命胜利；左上角缀黄色五角星，周围环绕黄色圆圈，象征中国青年一代紧密团结在中国共产党周围。

（2）团旗为长方形，长与宽之比为3∶2。通用规格有三种：长为288厘米，宽为192厘米；长为192厘米，宽为128厘米；长为96厘米，宽为64厘米。

（3）应当悬挂团旗的情形有这些：召开团的基层代表大会；团组织成立仪式；入团仪式；超龄离团仪式；团内举行的重大庆祝、纪念活动。

除上述情况外，使用团旗（包括使用非通用规格团旗）及其图案，须经县级和县级以上团的委员会批准。

2. 团徽

（1）中国共产主义青年团团徽的内容为团旗、齿轮、麦穗、初升的太阳及其光芒，写有"中国共青团"五字的绶带。它象征着共青团在党的思想的光辉照耀下，团结各族青年，朝着党所指引的方向奋勇前进。

（2）团徽上团旗的旗面和绶带为红色，团旗的五角星和环绕它的圆圈、旗边、旗杆、齿轮、麦穗、初升的太阳及其光芒、中国共青团五个字为金色。红为国徽红，金为国徽金。中国共青团的字体为毛体。佩戴用途的团徽外形名义尺寸20毫米。

（3）下列情形可使用团徽和团徽图案：召开团的代表大会、代表会议、委员会全体会议，可以悬挂团徽；团的各级组织的工作场所，由团的各级组织主办的重大活动可以悬挂团徽或使用团徽图案；在团内出版物、团组织制作的非商业用途的宣传品上，在团的各级组织颁发的奖状、奖旗、奖章、证书和其他荣誉性文书、证件上，可以印团徽图案；团的各级组织在互联网和其他媒体上开展团的工作，可以使用等比例制作的团徽图案。

团的各级领导机关的门口不悬挂团徽。除上述情况外，使用团徽及其图案须经县级和县级以上团的委员会批准。

（4）团干部、团员在参加团的活动时应当佩戴团徽徽章。团的领导机关干部在日常工作中应当佩戴团徽徽章。

（5）团徽徽章应当佩戴在左胸前。

3. 团歌

（1）中国共产主义青年团的团歌是《光荣啊，中国共青团》。

（2）在下列场合，应当奏唱团歌：团的全国代表大会、代表会议、中央委员会全体会议和地方各级代表大会、代表会议、委员会全体会议，团的基层代表大会、代表会议、团员大会；入团仪式和超龄离团仪式；团的各级组织举办的大型会议、集体活动和其他重要仪式；其他应当奏唱团歌的场合。

（二）共青团组织

1. 团的基层组织结构
基层团委、团总支、团支部。

2. 建立团的基层组织的基本条件
（1）团员在3人以上、50人以下的单位，可以建立团支部。
（2）团员在50人以上、100人以下的单位，可以建立团总支。
（3）团员在100人以上的单位，可以建立团的基层委员会。

3. 建立团的基层组织的必经环节
（1）成立建团筹备小组。
（2）召开团员大会（团员代表大会）。
（3）选举结果的审核、批准。

（三）共青团的四项基本工作职能

共青团的四项基本职能就是组织青少年、引导青少年、服务青少年、维护青少年权益。

1. 组织青少年
组织青少年是共青团各项工作的重要前提，其有两种主要的职业方式。一是传统组织化动员，就是依托各级党政工作框架，通过体制内的组织形式聚集青少年。二是社会化动员。网络建团就属于社会化动员，它是不依托传统路径而创新出一种新的方式。

2. 引导青少年
引导青少年是共青团的根本任务。坚持不懈地用习近平新时代中国特色社会主义思想教育、引导青少年，针对不同领域、不同年龄段青少年的思想意识，探索有效的教育、引导方式，坚定广大青少年跟党走中国特色社会主义道路的理想信念。

3. 服务青少年
共青团是一个政治职能非常强的组织，但也有社会职能。服务青少年的范围非常广：一是身心健康维护；二是个人成长，主要是教育领域；三是事业发展，主要是指就业创业；四是社会参与，包括经济参与、文化参与等；五是权利表达，组织表达比个人表达的分量要重，组织是有力量的。

4. 维护青少年权益
青少年的权益包括：学习教育、就业创业、恋爱婚姻、身心健康、困难救助、犯罪预防。共青团要做的是关注青少年的普遍性利益诉求，而不是追求个案的解决数量。

（四）团组织生活

1. 团组织生活的含义
团组织生活是团组织对团员进行思想政治教育和团员进行自我教育的基本形式。
团组织生活一般是指团的支部大会、团小组会，以及团组织开展的以思想教育为主要内容的各项活动。

根据团章规定，每一个团员都必须被编入团的一个支部，参加团的组织生活，接受团组织的教育和监督。团支部必须把严格团的组织生活作为一项重要的工作内容，建立和健全团的组织生活制度。

2. 团组织生活的内容

团支部组织生活的内容讲求针对性，即针对团支部的工作和团员的思想实际，为提高团员的思想觉悟和基本素质服务，具体有以下五个方面。

一是帮助团员加深对党和国家的现行政策的理解。团支部应在组织生活中经常组织团员学习党的有关文件和党中央关于国家政治和经济生活的重大决策，使广大团员能够随时了解、掌握党和国家的现行政策，跟上时代的步伐，在本职工作中发挥共青团员的先锋模范作用。

二是对团员进行党的基础知识教育。共青团是党的助手和后备军，担负着为党培养和输送新鲜血液的光荣任务。团支部应在同级党组织的指导和帮助下，组织团员学习党章、党内有关文件和党组织推荐的优秀共产党员的模范事迹，使团员能比较全面地理解党的性质、任务、纲领和最终目标，激励团员牢固树立共产主义的远大理想，并积极向党组织推荐优秀团员作为党的发展对象。

三是对团员进行团的知识和团的传统教育。团支部应通过团课等多种形式组织团员学习《中国共产主义青年团章程》、团的历史和团的传统，经常对团员进行团的性质、任务、团员的义务和权利，以及团内组织纪律的教育，增强团员的光荣感和责任感，促使团员按照团组织有关规定严格要求自己，积极履行团员义务，更好地在青年中发挥先锋模范作用。

四是组织团员开展团内批评和自我批评。团支部应定期召开民主生活会，针对团内存在的问题展开讨论，开展批评和自我批评，分清是非，纠正错误。对于犯错误的团员，团组织应坚持惩前毖后、治病救人的方针，组织团员对其所犯错误进行实事求是的分析，帮助他们认识和改正错误，并根据《中国共产主义青年团章程》规定进行必要的组织处理，从思想上、组织上纯洁团的组织。

五是组织团员讨论团的工作任务，检查团员完成团的工作任务的情况。团支部应发动团员讨论和制订团的工作计划及实施计划；团支部应检查和总结团员执行团支部决议、完成团的工作的情况，表扬先进，督促后进；团支部应讨论和研究青年对于团的工作的意见和建议，作为改进团的工作的依据。在团的组织生活中，团支部还应及时了解团员在工作、学习、生活上遇到的困难，并努力帮助解决。

二、申请入团的条件

（1）向团支部提出书面申请。《中国共产主义青年团章程》规定，年龄在十四周岁以上、二十八周岁以下的中国青年，承认团的章程，愿意参加团的一个组织，并在其中积极工作，执行团的决议和按期交纳团费的，均可提出申请。

（2）申请内容包括：本人简历、本人对团组织的认识、入团动机和努力方向等。

三、发展团员程序

团员发展工作是一项十分严肃的工作，必须认真执行《中国共产主义青年团章程》和发展团员工作细则的规定，做到程序完备，手续齐全。发展团员的程序大体可分为三步。

（一）确定入团积极分子

团组织要主动了解青年，及时发现那些积极要求进步、各方面表现较好的青年，鼓励他们申请入团。年龄在14周岁以上、28周岁以下的中国青年，承认团的章程，愿意参加团的一个组织，并在其中积极工作，执行团的决议和按期交纳团费的，均可提出申请。对于提出入团申请的青年，团组织要及时找其谈话，提出希望与要求，将他们列为入团积极分子。

（二）加强教育培养和考察

团组织要高度重视对入团积极分子的教育、培养和考察，并形成制度。未经团组织培养考察的青年，一般不得发展入团。做好这项工作，应从以下四个方面入手。

（1）团组织要利用团课，对要求入团的积极分子进行毛泽东思想、邓小平理论、"三个代表"重要思想、科学发展观、习近平新时代中国特色社会主义思想的教育，进行团章、团的优良传统的教育，帮助他们提高思想觉悟，端正入团动机，牢固树立共产主义信念。

（2）团组织要指定一至两名团员作为入团积极分子的培养联系人，以便经常了解他们的思想、工作、学习和生活情况，通过谈话、谈心等细致的工作进行思想教育。

（3）团组织要吸收入团积极分子参加团的有关活动，给他们分配适当的社会工作，使他们在实践中受教育、起作用、长才干。

（4）团支部要及时对入团积极分子进行考察。入团积极分子一般经过三个月到半年时间的培养教育之后，团支部委员会应听取联系人和团内外群众的意见，从思想觉悟和政治素质、在本职岗位上的一贯表现和道德品质等方面对他们进行考察，并为已具备团员条件的积极分子办理入团手续。

（三）接收新团员

接收新团员必须按《中国共产主义青年团章程》规定的程序办理。

（1）申请入团的青年要有本支部两名团员作为介绍人。入团介绍人一般由培养联系人担任，也可以由申请入团的青年自己约请，或由团组织指定。介绍人要向团组织说明被介绍人的经历、对团的认识、入团动机、思想品德和现实表现，还要向被介绍人解释团的章程。受留团察看处分尚未恢复权利的团员或尚在缓期注册期间的团员，不能作为青年入团介绍人。

（2）团支部委员会经考察认为入团积极分子已具备团员条件的，应发给入团志愿书，并在入团介绍人指导下认真如实填写。经团支部委员会检查合格后，提交支部大会讨论。

（3）青年入团必须经团支部大会讨论通过。讨论青年入团的支部大会必须有占支部半数以上有表决权的团员出席才能举行。表决时，赞成人数超过到会有表决权团员的半数，才能通过接收新团员的决议。团支部大会讨论两个以上的青年入团时，必须逐个讨论和表决。

接收青年入团的团支部大会的程序一般是这样的：申请人汇报个人简历、家庭情况和对团的认识、入团动机以及需向团组织说明的问题，入团介绍人报告被介绍人的情况及自己的意见，团支部委员会报告对申请人的审议意见，与会团员就申请人能否入团进行讨论，采取举手表决或无记名投票的方式进行表决。

（4）团支部大会讨论通过接收青年入团后，团支部委员会要及时将支部大会的决议填写在入团志愿书上，连同本人申请书，报送上级团组织审批。接收新团员由基层团委审批，团总支一般不具有审批权，特殊情况，经县级以上团委授权，可以审批接收新团员，但需要在审批意见中注明授权审批。基层团委审批接受新团员，必须召开委员会，集体审议，经表决决定，审批意见填写在入团志愿书上，并通知报批的团支部。团支部应通过支部书记或委员谈话的方式通知本人，并在团员大会上宣布。

基层团委对团支部上报的接收新团员的决议，必须在三个月内审批，特殊情况可适当延长审批时间，但不得超过六个月。被批准入团的青年，从团支部大会通过之日起取得团籍并计算团龄，并从上级团委批准的那个月开始交纳团费。

（5）新团员应在团旗下进行入团宣誓。宣誓仪式可以由团的基层委员会、总支部委员会或支部委员会组织。在宣誓仪式上，由上级团组织的代表或本级团组织的负责人带领新团员宣誓，并向新团员颁发团员证和团徽。宣誓仪式可以邀请同级党组织的负责人参加。宣誓仪式的程序一般是：仪式主持人报告新团员宣誓人名单，讲明宣誓意义和对新团员提出希望；向新团员颁发团员证和团徽；团干部带领新团员宣誓。入团誓词是："我志愿加入中国共产主义青年团，坚决拥护中国共产党的领导，遵守团的章程，执行团的决议，履行团员义务，严守团的纪律，勤奋学习，积极工作，吃苦在前，享受在后，为共产主义事业而奋斗。"宣誓时领誓人和宣誓人面向团旗举起右手，领誓人念一句誓词，宣誓人跟着念一句，念到"宣誓人"时，宣誓人应依次报自己的名字。

问题思考

1. 谈一谈你对"端正入党动机"的认识。
2. 高校团组织生活的基本形式包括哪些？

第六章 奖助政策

学习目标

1. 了解各类奖学金政策，激励学生努力学习、奋发自强、立志成才的决心。
2. 熟悉国家和学校的助学政策，培养学生的家国情怀和感恩意识。

第一节 奖学金攻略

一、国家奖学金

国家奖学金是为了激励普通本科高校、高等职业学校和高等专科学校学生勤奋学习、努力进取，在德智体美劳等方面全面发展，由中华人民共和国中央人民政府出资设立的奖励特别优秀学生的级别最高的国家级奖学金。国家奖学金每年10月评选，同一学年内，获得国家奖学金的家庭经济困难的学生可以同时申请并获得国家助学金，但不能同时获得国家励志奖学金。

国家奖学金的特点是奖金高、名额少、获奖难。本、专科国家奖学金的奖励标准为每人每年8000元，名额较少，大约为在校生人数的1‰。基本申请条件包括：具有中华人民共和国国籍；热爱社会主义祖国，拥护中国共产党的领导；遵守宪法和法律，遵守学校规章制度；诚实守信，道德品质优良；在校期间学习成绩优异，创新能力、社会实践、综合素质等方面特别突出。

二、国家励志奖学金

国家励志奖学金是为了激励普通本科高校、高等职业学校和高等专科学校的家庭经济困难的学生勤奋学习、努力进取，在德智体美劳等方面全面发展，由中央和地方政府共同出资设立的，奖励资助品学兼优的家庭经济困难学生的奖学金。国家励志奖学金每年9—10月评选，同一学年内，获得国家励志奖学金的学生可以同时申请并获得国家助学金，但不能同时获得国家奖学金。

国家励志奖学金奖励标准为每人每年5000元，每年名额较少，大约为在校生人数的1‰。基本申请条件包括：具有中华人民共和国国籍；热爱社会主义祖国，拥护中国共产党的领导；遵守宪法和法律，遵守学校规章制度；诚实守信，道德品质优良；在校期间学习成绩优秀；家庭经济困难，生活俭朴。值得注意的是，国家励志奖学金除了对成绩有要求外，还必须是家庭经济困难的学生，学校针对国家励志奖学金的评选有一套专门的综合测评量化办法。大二及以上年级（五年制高职第五年级及以上年级）的学生才能申请国家励志奖学金。

三、校内奖学金

学校设立了多个奖项用以表彰优秀个人和集体，鼓励学生积极进取、开拓创新，引导学生在思想品德、业务学习、科研实践、文艺体育、社会工作等方面得到锻炼、发展和提高。面向个人的奖项包括奖学金（一等奖学金、二等奖学金、三等奖学金）、三好学生（校级三好学生、院级三好学生）、优秀学生干部（校级优秀学生干部、院级优秀学生干部）、优秀毕业生（省级优秀毕业生、校级优秀毕业生）、火车头奖学金和单项奖学金（学习进步奖、精神文明奖）、优秀共青团干部、优秀共青团员、优秀志愿者等。相关奖项条件及评奖标准详见《四川铁道职业学院学生手册》。

四、学长有话说

对于一个大学生来说，申请到奖学金绝对是一件令人骄傲和激动的事情，许多人为此而努力。但是，也有些人因为对奖学金的评定不是很清楚，而与奖学金失之交臂。下面，就来说一下，作为一名大学生，如何才能申请到奖学金。学会以下几点小技巧，让你离奖学金更近一步。

1. 优异的成绩是奖学金的敲门砖

对学生最直接的评判指标之一就是成绩。在申请奖学金时，考试成绩可作为重要的参考指标。同学们可以多翻阅一下《四川铁道职业学院学生手册》，了解各项奖学金对成绩的要求。

2. 参加比赛或活动，为自己的履历增光添彩

大学与中学最大的不同就是有多姿多彩的课后活动，且大学的排课较灵活，学生有更多自由支配的时间。把这些时间利用好，参加一些有意义的活动和比赛，也是很能为自己加分的。比如，可以参加学科类和文化艺术类的技能竞赛，也可以加入院、校的学生会，组织开展一些学校的辩论赛、文艺活动、志愿服务等。这些活动虽然小，但也是履历的加分项。

3. 良好的人际关系是大学生活充实丰富的法宝

学校是一个集体，班级、宿舍也是。作为集体中的一名成员，与其他人保持良好的关系很有必要。在大学，很多事情都是自己解决，比如，跟辅导员请假、与宿管阿姨交流、与其他学院的学生联谊等，这些都涉及人际关系的建立与维护。可能有一部分同学比较喜欢独处，有自己的小世界，不愿刻意去结交朋友，这也是可以的。但是，在必要的时候，还需要掌握一些人际交往的技巧。因此，在平时的日常学习中，有机会多与学长、学姐沟通，与自己的辅导员沟通，锻炼自己的表达能力，这也是很有用的。

【拓展阅读】

四川省国家奖学金获奖学生风采录

砥砺奋进，不负韶华——陈龙（四川铁道职业学院）

个人荣誉：陈龙，四川铁道职业学院机车车辆学院铁道机车专业2020级专科生，汉族，中共预备党员。我曾获国家奖学金，成都市学生会优秀工作人员荣誉称号，第十二届全国大学生红色旅游创意策划大赛西南地区二等奖，四川省大学生"综合素质A级证书"，2022年"挑战杯"中国农业银行四川省大学生创业计划竞赛铜奖，第五届四川高校大学生讲思政课公开课二等奖。我积极投身志愿服务，累计服务400余小时；我曾任学校校级学生会主席团成员、班级班长，带领团队荣获2022年成都市优秀学生会组织荣誉。

《汉书·冯奉世传》有言："青衿之志，履践致远。"年少时的远大抱负，要靠自己的努力实践才能实现；一步一个脚印地夯实根基，才能走得更加长远。三年前，我怀着对铁路的热爱来到了川铁职院，对大学生活充满了好奇与憧憬。长路漫漫，我不断成长，充实自己，朝着自己的目标理想不断前行。

求真学问，练真本领

奥斯特洛夫斯基曾说："生活赋予我们一种巨大的和无限高贵的礼品，这就是青春。青春充满着力量，充满着求知和斗争的志向，充满着希望和信心。"回首大学时光，经历的磨炼与挑战让我懂得——一个人的成功并非来自偶然，而是由一滴滴汗水与一次次坚持所铸造。

我出生在四川的一个普通家庭，从小在铁道边长大，耳濡目染之下，对铁路有着本能的热爱，向往着成为一名火车司机。现在回忆，年少的铁路情结仍然推动着我不断前行，成为我人生的灯塔。

步入大学，作为一名学生，我深知学习是我们的天职。作为一名轨道交通类学生，我更深知未来交通强国的路程漫漫，将会是一段努力钻研和不断实践的求学之旅。在对交通强国强烈的认同下，我努力求学，奋发上进，认真学习各类专业知识，积极参加各种技能实训和考试。本着"厚德力行，博道通术"的校训，我修养自己的德行，在学习中将理论与实践融会贯通。在课余时间，我主动到实训室锻炼自己的动手能力，尽可能地把每一门专业的理论知识与实践结合深刻于脑海之中。此外，我还不断优化自己的学习方式，向着知识的多元化探索。功夫不负有心人，通过努力不懈努力，我的学年成绩名列前茅。连续两学期我获得年级专业第一，三学期综合测评专业第一，大一学年课程平均成绩达到91.96分，课程成绩优秀率达到93.3%。我获得校级一等奖学金和校级优秀三好学生等荣誉。所以，不断进步的成绩和获得的肯定便是对我"求真学问，问真本领"最好的见证。

在学习之外，我还热衷于参加学科竞赛，并斩获佳绩。2021年，我作为主讲人所投稿的"不负人民，践行初心"获第五届四川省高校大学生讲思政课公开课二等奖。2022年，我参加省教育厅举办的"挑战杯"四川省大学生创业计划竞赛，全省117所高校的青年大学生参与。我作为项目负责人带领团队通过100多个日夜打磨作品，前前后后修改项目策划书将近六万余字。我们团队的作品"你就是我，我就是你——VR带你穿越百年"在24900个作品中突出重围斩获铜奖，获奖率仅0.004%。同年6月，参与拍摄的"红色精神微讲解"短视频获第十二届全国大学生红色旅游创意策划大赛西南地区二等奖。当真正领悟到学习是一种通过自我思考、提问总结而不断完善提高的过程时，所带来的成就快乐与自我满足早已远远超越痛苦本身。正是这一份领悟，让我在学习的道路上冲云破雾，勇往直前。

立鸿鹄志，做奋斗者

李大钊先生曾说："以青春之我，创建青春之家庭，青春之国家，青春之民族，青春之人类，青春之地球，青春之宇宙，资以乐其无涯之生。"人若无伟大思想的指引，就如无源之水，无根之木，无法长久立足发展。从小接受的马克思主义思想教育，让我深以出生在新中国，成长于红旗下为荣。成为一名优秀的共产党员，一直是我人生的梦想，因此我很早树立了成为一名党员的理想，并长期坚持以共产党员的标准严格要求自己，用实际行动努力向党组织靠拢。

在校学习期间，我于2015年成为共青团员，于2020年递交入党申请书，于2021年确定成为入党积极分子，于2022年被党组织确定发展成为一名预备党员。这七年中我从未忘记自己的初心，通往未来人生征程的道路难免会充满迷雾与坎坷，也会充满诱惑与挑战。但成为党员这一崇高的信念，就是我人生的明灯，始终照亮我前行的方向，让我不忘初心，牢记使命。

在我的学习生活中，成为志愿者回报社会是一件极为难忘且富有意义的事。入学期间，我的志愿服务时长累计超过400个小时，在校内、校外大大小小的志愿服务工作中，都留下了我的身影。在2020年初次参加志愿服务工作时，我接受了四川日报的采访。采访视频发布至川观新闻APP，这是我首次感受到自己的绵薄之力也能在城市绿色发展中有所贡献。随后，我相继参加"三下乡"暑期社会实践、"返家乡"暖冬春运社会实践、成都市马拉松志愿服务、"爱在社区"大学生进社区等志愿服务工作。我同样被授予"三下乡"优秀个人、年度优秀志愿者等荣誉称号，所以我的鸿鹄志便是让青春在实干与奉献中闪闪发光。

知行合一，做实干家

在新的学习阶段、新的周边环境中，人更需要全方位地充实自己，才能为明天奠定更加充沛的前行动力。因此，我在初入大学时，就希望自己能够抓住一切可以抓住的机会，让自己成长，为明天赋能。从青年志愿者协会到学生会联络部，从一名干事到学生会主席，我始终如一，从未停下脚步。近三年来，我创新工作方式、积累工作经验，参与举办校级活动五十余项，范围覆盖全校所有同学。2022年，我代表校学生会参加成都市学生会组织答辩。写稿容易讲稿难，站在团市委的舞台之上，我无比紧张。与其说是答辩，不如说是我和团队这三年的工作成果汇报。最终，我带领校学生会荣获成都市优秀学生会组织的荣誉称号，自己也被评为成都市学生会组织优秀工作人员，获得校级优秀学生干部、校级组织优秀干部等荣誉称号。这三年让我懂得了热烈的青春属于我们的真正含义。

"星光不问赶路人，时光不负实干者。"长路漫漫，我们把握不了未来，但只要用心去做、去坚持自己想做的事，那些奋斗的时间一定不会辜负我们的努力。未来的日子，我将继续努力，不忘初心，不负理想。我希望用自己的青春与热情，让自己拥抱更美好的明天，也希望一个年轻人的热血与努力，也能为祖国的美好未来添砖加瓦。

第二节 资助指南

一、国家助学金

国家助学金是用于资助家庭经济困难的全日制普通本专科（含预科、高职、第二学士学位）在校学生的助学金。国家助学金每学年评定1次，分两学期发放。同一学年内，申请并获得国家助学金的学生，可同时申请并获得国家奖学金或国家励志奖学金。

国家助学金资助标准为平均每生每年3000元，具体标准在每生每年1500～4000元的范围内确定，根据认定的学生的家庭经济困难程度分为2～3档。申请国家助学金首先要进行家庭经济困难程度认定，学校每年9月依据《四川铁道职业学院家庭经济困难学生认定办法》开展家庭经济困难学生的认定工作。

申请国家助学金的基本条件包括：具有中华人民共和国国籍；热爱社会主义祖国，拥护中国共产党的领导；遵守宪法和法律，遵守学校规章制度；诚实守信，道德品质优良；勤奋学习，积极上进。

二、生源地信用助学贷款

生源地信用助学贷款具体是指国家开发银行等金融机构向符合条件的家庭经济困难的普通高校新生和在校生发放的、在学生入学前户籍所在县（市、区）办理的助学贷款。生源地信用助学贷款为信用贷款，学生和家长（或其他法定监护人）为共同借款人，共同承担还款责任。

生源地信用助学贷款按年度申请、审批和发放。首次贷款的时候，借款学生和共同借款人需要一起前往双方户籍所在县级资助中心办理。续贷的时候，借款学生或共同借款人任何一方持相关材料到原县级资助中心办理即可。共同借款人为变更的续贷学生，可以通过学生在线系统申请远程续贷，按要求完成身份认证和合同签订。

三、校内资助政策

(一) 勤工助学

勤工助学是指学生在学校的组织下,利用课余时间,通过自己的劳动取得合法报酬,用于改善学习和生活条件的社会实践活动。勤工助学是学校学生资助工作的重要组成部分,是提高学生综合素质和资助家庭经济困难学生的有效途径。学生在学有余力的前提下,向学校提出勤工助学的申请,接受必要的勤工助学岗前培训和安全教育,再由学校统一安排到校内或校外的岗位上进行勤工助学活动。学生参加勤工助学不应当影响学业,原则上每周不超过8小时,每月不超过40小时。我校勤工助学活动采取推荐上岗和竞聘上岗两种形式确定上岗人选,具体根据岗位性质而定。

申请勤工助学条件:遵纪守法,品德优良;学习认真,成绩合格;经济困难,生活俭朴;服从管理,工作负责;身心健康,团结协作。

申请勤工助学程序:符合申请条件的学生,在学工系统上提出申请,学院进行审核、登记、建档,再由用工部门老师组织面试,通过面试后正式予以录用。

勤工助学工资补贴:正常教学时段的勤工助学岗按工作时长核定补贴标准,每月240~360元不等。勤工助学每月有考核,考核结果分为优秀、合格、基本合格、不合格四个等级,补贴依据考核情况在基准工资的基础上上下浮动。

值得说明的是,学生进行勤工助学活动,应限于假期和课余时间,不能以参加勤工助学为由缺课,影响正常教学及集体活动。同时,为了给更多学生提供勤工助学的机会,原则上参加勤工助学的学生一人一岗,不允许同时兼任多个岗位的工作。

(二) 校内助学金

校内助学金是国家资助的补充,资助名额控制在学校认定的家庭经济困难学生数量的3%以内,具体指标每年由学校下达,资助标准为每人每年1500元。

(三) 学费免除

学费免除是指学校按国家有关政策规定对全日制在籍的家庭经济特别困难的学生予以免除学费的资助,学费免除不包括住宿费等其他杂费。学费免除对象为学校已认定为家庭经济特别困难,生活节俭,且符合下列条件之一的学生:烈士子女及因公牺牲军人子女;孤儿;学生本人或父(母)为一级至四级残疾;无任何经济来源的低保家庭的学生;学生本人或家庭成员患重特大疾病,需长期自费治疗,且造成家庭严重负债。

注:更多校内资助政策信息详见《四川铁道职业学院学生手册》。

问题思考

1. 简述校内各奖项的相关内容。
2. 大学资助指南的形式有哪些?

第七章　丰富多彩的校园生活

学习目标

1. 了解学生干部应具备的素质能力，掌握学生干部提升能力的方法。
2. 了解参与社会实践、志愿服务活动的主要途径，了解学校的学生组织、校园文化活动的基本情况。

第一节　学生组织与学生干部

一、学生组织，服务学生

学生组织是由学生自愿组建的具有服务广大学生职能的群众性组织。学生组织作为高校学生活动开展的主体，具有繁荣校园文化和丰富学生课余生活的作用。在党组织的领导和老师的指导帮助下，学生组织遵照法律法规、学校规章制度和各组织的章程，积极开展校园文化活动，拓展大学生课外知识，活跃校园文化生活。

（一）高校学生组织的类别

高校中的学生组织，按照不同的类型可分为两类：一类是学生自己管理自己的日常事务性组织，如学生会；另一类是学生自发成立的社团组织，如各级各类协会、志愿者服务队、学生新媒体中心等。这两类学生组织，既有不同的组织形式，又有不同的组织系统。其中，高校中的学生会是影响广泛的学生组织，它们的组织系统也是非常严密的。以学生会为例，它的基层单位是班委会，上级单位依次是院（系部）学生会、校学生会。

目前，四川铁道职业学院的学生组织主要有学生会、学生社团管理部、国旗护卫队、青年志愿者协会、大学生艺术团、团委新媒体中心、宿舍管理委员会、易班学生工作站等，分别承担着不同的职责和任务，各学生组织紧密相连，相辅相成。

（二）高校学生组织的功能

1.组织功能

组织功能主要体现为学生组织加强自身机构的建设功能。从定义来看，学生组织是学生自己的自治组织，这一点明确了学生组织本身是核心价值——自治性存在的载体和基础。为了实现自治核心价值，学生组织自身的建设是首要保证。通过建立高效、协调而规范的现代型学生组织体系，才能够为自治本质的实现提供相应的组织基础。

2. 利益整合功能

马克思曾讲过："人们奋斗所争取的一切，都同他们的利益有关……利益导向强烈地牵动着每个人的价值取向和行为方式。"随着大众化的发展，高校学生群体呈现出多样化的类型特征，这也就决定了他们在利益需要上呈现出多元性特点。学生组织通过发挥利益整合作用，将不同利益需要的学生群体，整合并归入学生根本利益的统一体中，最大限度满足多元学生群体的利益需要。

3. 教育功能

学生组织中的学生代表主要是由广大学生民主选举产生的优秀分子构成，因此学生组织成员较普通学生而言，具有一定的先进性和模范带头作用。在思想上，学生组织成员始终保持着先进性，积极向党组织靠拢。在行动上，学生组织成员则表现为高度的集体荣誉感和团结力。学生组织成员在思想和行动上表现出的先进性感染着身边的同学，对身边同学的政治素养、集体主义荣誉感，以及大局意识的提升有着模范带头作用。

4. 服务功能

面对大学生群体多元化的特征，学生组织通过开展多层次的活动满足学生们多样化的兴趣和需要：开展文体、科技等多元化活动丰富学生的"第二课堂"；为学生创造良好的学习和生活环境；为部分困难学生提供必要的学习和生活上的支持和帮助等。学生组织尽可能地为学生开展多样化的活动，以满足广大学生成长和成才的需要。

5. 维权功能

维权功能是学生组织的又一重要功能，备受学校重视和关注。维权功能主要表现在两点。一是为维护全体学生在食堂餐饮、宿舍管理、教学活动以及校园保卫等方面的正当权益。学生组织是学校与学生之间信息沟通和协调的桥梁和纽带。学生组织的群众性质决定了其应代表广大学生的利益，应及时反映学生的意见和要求，充分发挥自身上通下达的作用。二是教育部令第41号《普通高等学校学生管理规定》指出，在校内组织、参加学生团体，以适当方式参与学校管理，对学校与学生权益相关事务享有知情权、参与权、表达权和监督权。学生是学校的主人，学生有权参与学校的重要管理过程。学生组织代表学生参与学校的重要决策是对学生在校合法的参政权的维护。

6. 人才培养功能

人才培养功能也是学生组织的一个功能延伸。人才培养功能主要表现为学生组织的内部成员与他们身边的普通同学相比，社会化程度更高，各方面能力也更强。通过各种党团活动的实践锻炼，学生组织成员的组织协调能力更强，思维也较缜密，做事也较周全，不仅提高了自身的素质和能力，还积累了宝贵的社会经验。

（三）我校学生组织概况

1. 学生会

四川铁道职业学院学生会成立于2009年，是直接代表学生参与学校教育和管理事务的学生群众性组织。在校党委的直接领导和校团委的具体指导下，学生会独立自主开展各种有益学生的工作活动，是联系学校、教师、学生之间的桥梁和纽带，是四川铁道职业学院学生代表大会的执行机构。

四川铁道职业学院学生会以习近平新时代中国特色社会主义思想为指导，以加强对学生的政治引领为根本，以全心全意服务学生为宗旨，及时向学生传达党的声音和主张，引导广大学生自觉把个人理想融入党和人民的共同奋斗之中。学生会面向全体学生，坚持从学生中来，到学生中去，听取学生在学业发展、身心健康、社会融入、权益维护等方面的普遍诉求和现实困难，并及时反馈学校，帮助学生有效解决问题，在建设校园文化和丰富学生生活等方面起着重要作用。

四川铁道职业学院学生会以主席团为中心，下设六大职能中心，分别为办公联络部、生活权益部、体育部、宣传部、纪检部和心理部。四川铁道职业学院学生会分管五个二级学院学生会：机车车辆学院学生会、城市轨道交通学院学生会、铁道工电学院学生会、电信工程学院学生会和经济管理学院学生会。在以四川铁道职业学院学生会为中心的学生群众性组织充分发挥"自我管理、自我服务、自我教育、自我监督"的作用，组织开展了许多有意义的思想学习活动、科教文娱活动和社会实践活动，充分发挥各项职能，服务广大师生。

学生会在学校党委的坚强领导下，在学校团委的悉心指导下，在学校各有关部门的大力支持下，遵循"厚德力行、博道通术"的校训精神，秉承"全心全意为同学服务"的宗旨，推动自身改革，不断创新工作方法，改变工作模式。在思想品德塑造、学术学风养成、创新创业支持、学生权益维护和校园文化建设等方面作出了大量有益的探索。

2. 学生社团管理部

四川铁道职业学院学生社团管理部成立于2009年12月。2021年，根据《高校学生社团建设管理办法》要求，撤销学生社团联合会，建立学生社团管理部。学生社团管理部（以下简称"社管部"），是由校团委指导的校级学生组织。社管部坚持以"服务社团，服务校园"为宗旨，以"同学为本"为原则，以"求真务实，开拓创新"为工作作风。社管部引导全校学生社团开展自我管理、自我教育和自我服务，是全校学生社团的服务、管理和决策机构。社管部管理社团相关事务，为社团提供必要服务，带领社团努力营造良好的校园文化氛围，培养和发展在校大学生的兴趣爱好，促进当代大学生的全面发展。

社管部实行分管负责制，设有主席团、办公室、宣传中心、社团组织部、公检部、财务部和外联部。社管部是学生社团的领导和协调机构，负责规划组织学生社团活动，并对学生社团活动进行监督和检查，发挥规范化运作、有效沟通和信息发布平台三大优势，为全校各学生社团提供条件，规范各学生社团管理，为各学生社团提供更大的发展空间。

作为青年自治组织，学生社团是培养和发展大学生兴趣爱好的广阔平台，也是培养学生自我教育、自我管理、自我服务的有效形式，是构建我校共青团"一心双环"格局的重要组成部分，是凝聚青年、丰富校园文化、培育和传承大学精神的重要载体。能否建设好高校的社团已经成为一个高校是否具有活力和文化氛围的重要标志之一。截至2024年2月，我校有29个社团，具体详见列表。

表7-1 四川铁道职业学院学生社团一览表

序号	社团名称(全称)	社团类别	序号	社团名称(全称)	社团类别
1	会友棋牌社	文化体育类	16	电力牵引协会	学术科技类
2	书法协会	文化体育类	17	接触网工协会	学术科技类
3	英语社	文化体育类	18	网球协会	文化体育类
4	音乐社	文化体育类	19	CAD（计算机辅助设计）技能协会	学术科技类
5	舞蹈社	文化体育类	20	华夏汉韵社	文化体育类
6	计算机技术协会	学术科技类	21	青年马克思主义者学习研究社	思想政治类
7	DIY创意社	文化体育类	22	城轨车辆协会	学术科技类
8	创新创业俱乐部	创新创业类	23	动漫社	文化体育类
9	影视摄影协会	文化体育类	24	数学协会	文化体育类
10	乒乓球社	文化体育类	25	滑板社	文化体育类
11	武术协会	文化体育类	26	排球社	文化体育类
12	篮球协会	文化体育类	27	模拟政协协会	思想政治类
13	足球社	文化体育类	28	建模协会	学术科技类
14	羽毛球协会	文化体育类	29	军事国防社	思想政治类
15	土木工程协会	学术科技类			

3. 国旗护卫队

四川铁道职业学院国旗护卫队成立于2009年9月，是校内唯——支半军事化管理的组织，主要负责校内日常的升降国旗任务，承担校内重大典礼、仪仗活动的升旗任务和学校派遣的其他校外活动。国旗护卫队以护卫国旗为使命，以弘扬爱国主义精神为己任，旨在加强全校师生的爱国主义精神和国防意识。

国旗护卫队是一个有着严明的纪律、硬朗的作风、团结友爱的精神、深厚的战友情谊的半军事化组织，内设有作训部、宣传部、组织部、外联部和文工部。国旗护卫队队员视国旗为第二生命，以"铁的毅力、铁的信念、铁的纪律"严格要求自己，树立崇高的人生理想，培养良好的政治素质和健全的人格力量。完善自我，追求无悔青春！

在十几年的发展中，队伍始终保持以"忠诚、勇敢、服从、奉献"为精神指导，凭借过硬的本领、严谨的作风、积极进取的精神和半军事化的管理方式，得到我校领导、教师、同学的一致认可，成为四川铁道职业学院一道靓丽的风景线。

4. 青年志愿者协会

四川铁道职业学院青年志愿者协会成立于2009年9月，是由四川铁道职业学院党委、成都市青年志愿者协会领导，以共青团四川铁道职业学院委员会为指导，由志愿从事社会公益与社会保障事业的青年组成的学生团体。四川铁道职业学院青年志愿者协会包含校园环境基金会和红十字会，以主席团为中心，下设办公室、外联部、文体部、监管部、宣传部、资管部、园艺部、策划部、知艾小分队、环保小分队、血液小分队十一大部门，分管机车车辆学院青年志愿者协会、铁道工电学院青年志愿者协会、城市轨道交通学院青年志愿者协会、电信工程学院青年志愿者协会、经济管理学院青年志愿者协会五个二级学院分会，是目前我校参与人数最多、规模最大的学生团体组织。

四川铁道职业学院青年志愿者协会奉行"我参与、我奉献、我快乐"的志愿服务精神，动员广大青年参与志愿服务工作，进一步弘扬青年志愿者"团结、友爱、互助、进步"的志愿服务精神，以爱心奉献为工作重点，倡导志愿实践服务，在"人人可为、时时可为、处处可为"的基础上，推动学校精神文明建设，倡导团结友爱、积极进取、奉献社会的新风尚，打造四川铁道职业学院"人人志愿+"的新局面。

5. 大学生艺术团

大学生艺术团是在校团委具体指导下的校级学生文艺团体，是校团委的直属机构。大学生艺术团以校园为基地，以"发展高雅特色校园文化，建设学生群众大众文化，丰富学生课余生活，提高学生艺术修养，陶冶高尚情操，努力营造清新、自然、健康的校园文化氛围"为宗旨，引导学生的业余生活有序健康地发展，促进精神文明建设，营造良好的校园文化氛围，为校园文化增添艺术活力。

大学生艺术团下设有主席团、礼仪部、秘书部、声乐部、器乐部、舞蹈部、表演部、播音主持部、大型节目团队九大组织。大学生艺术团自成立以来，每年都会积极参与并组织各种活动，如迎新晚会、五四晚会、"一二·九"主题系列活动等。除了承办、协办全校性文艺晚会之外，艺术团还承担了对外的艺术演出交流活动，每年还组织文艺节目参与地方的演出活动，向社会各界展示当代大学生的精神面貌和综合素质，为丰富校园艺术生活和促进对外文化交流作出了贡献。

6. 团委新媒体中心

团委新媒体中心成立于2016年，是在校团委领导下从事新媒体运营的青年学生组织，是校团委开展思想工作的重要依托机构。团委新媒体中心秉承"以人为本、明礼至诚、立足校园、服务师生"的宗旨，以关注校园生活、传播校园文化、弘扬校园精神为理念，以贴近实际、贴近生活、贴近青年为要求，负责我校团学工作的新闻报道、资讯采集和成果展示。团委新媒体中心负责微博、微信、抖音、QQ群等新媒体平台的建设、维护和管理更新。

围绕新媒体的具体工作，团委新媒体中心设立摄影部、编辑部、后期制作部、办公室、管理部等五个部门。

团委新媒体中心大力推动校园文化建设的发展和宣传，为全校师生带来更多的校内外精彩瞬间，以校团委新媒体之力，让四川铁道职业学院更加富有魅力。

7. 宿舍管理委员会

四川铁道职业学院宿舍管理委员会（以下简称"宿管会"）成立于2017年1月，以"自我管理、自我教育、自我服务"为指导思想，以"全心全意服务同学"为宗旨，以"创建整洁、优美、安全、舒适、文明的宿舍环境"为目标，协助管理学生宿舍，更好地服务同学。

宿管会下设主席团、办公室、文宣部、活动部、宿管部，现有组织成员200余名。组织成员负责协助生活老师管理学生宿舍，对学生宿舍内务卫生及学生行为习惯进行监督和检查。作为教师和学生之间的桥梁，宿管会及时传递学校的管理要求及学生的困难和需求，帮助同学们解决问题，发挥规范管理、有效沟通和有序运作三大优势，保障优质的住宿环境，更好地服务学生成长成才。

宿管会结合学校和自身实际，制定了宿管会章程，为更好地实现自我管理打下了坚实基础。同时，宿管会还根据学生实际，组织了"公寓文化节"活动，丰富了学生的课余生活，提高了学生的综合素质。宿管会在时代变化中与时俱进，根据人才培养需求不断拓展具有实际意义的教育活动，在宿舍内进行广泛宣传，积极做好精神文明建设工作。

8. 易班学生工作站

易班学生工作站成立于2023年，是学校易班发展中心下设学生组织，设有编辑部、策划部、技术部、办公室4个部门。负责易班机构群、公众号的构建、审核和管理；负责学校易班的使用推广和师生的培训工作；结合学校实际，开发符合师生需求的新应用；依托学校易班，开展大学生思想政治教育、学生事务管理，进行舆情监控和舆论引导；负责易班建设的经验总结和宣传报道工作。

二、学生干部，自我管理

（一）学生干部的角色定位

学生干部是高校内一个特殊的学生群体，是学校教育管理的一支重要力量，是学生中的优秀分子。他们既是教育管理的重要对象，又是教育管理最基层的组织实施者。他们既是辅导员和各类团学组织不可或缺的助手，又是学生联系老师和上级领导部门的纽带，责任重大。

作为学生干部，应该履行学生干部的使命，做一个合格的学生干部。学生干部的使命是什么呢？学生干部应紧紧围绕促进学生学习这个中心，牢牢抓住培养学生成才这条主线，协助老师，带领同学，服务同学，为学校的稳定、发展作出了自己的贡献。同时，通过做学生工作，学生干部全面提高自己的综合素质和能力，在工作过程中，学会做人、学会做事、学会做干部，为将来走向社会打下坚实的基础。

（二）学生干部应具备的素质

习近平总书记指出："青年兴则国家兴，青年强则国家强。青年一代有理想、有本领、有担当，国家就有前途，民族就有希望。中国梦是历史的、现实的，也是未来的；是我们这一代的，更是青年一代的。中华民族伟大复兴的中国梦终将在一代代青年的接力奋斗中变为现实。全党要关心和爱护青年，为他们实现人生出彩搭建舞台。广大青年要坚定理想信念，志存高远，脚踏实地，勇做时代的弄潮儿，在实现中国梦的生动实践中放飞青春梦想，在为人民利益的不懈奋斗中书写人生华章！"习近平总书记对青年提出了明确的希望和要求，大学生作为青年的重要组成部分，更应该发挥应有作用，而学生干部作为大学生中的优秀代表，更应对自身素质和能力提出更高的要求。

具体来说，学生干部应具备以下几种素质。

1. 思想道德素质

良好的思想道德素质是当好学生干部的根本。学生干部本身的道德品质及由此产生的道德效果对全体学生影响很大，高尚的道德情操是学生干部自身的榜样力量和吸引人、感召人、引导人的内聚力。孔子曰："其身正，不令而行；其身不正，虽令不从。"学生干部要自觉认识自己所从事的学生工作的重要意义，树立远大的理想，具备强烈的政治责任感，明确肩负的重托，保持旺盛的工作热情，兢兢业业，积极工作。学生干部要尊敬老师，团结同学，自觉遵守法律和学校的一切规章制度，把学会做人作为第一要务。

2. 能力素质

强大的能力素质是当好学生干部的基础。学生干部要想出色地完成学校交给的各项工作任务，就应该不断地增强自己的领导才能，提高自己的能力素质。

3. 人文素质

全面的人文素质是当好学生干部的魅力所在。人文素质包括四个方面。一是人文学科知识，包括思想、政治、语言、文学、历史、哲学、艺术、道德等内容。二是文化知识，特别是民族文化知识，包括文化的基本传统、基本理念、基本精神，以及民族精神、民族传统等内容。文化教育的目的是接受本民族共同认可的基本世界观、价值观和行为模式，促进个人同社会之间的相互认同。文化教育不是纯粹的知识教育，而是思想观念教育和思维方式、生产方式、生活方式的教育。三是人类意识，包括人类文明的基本成果、人类共同的道德观和价值观、人类共同的行为规范等内容。树立人类意识的目的是让每一个人学会同他人和谐相处、同自然环境和谐相处，使人们增强相互合作，促进可持续发展。四是精神修养知识，包括精神境界、精神修养、理想人格、信仰信念等内容。具备全面的人文素质，能使学生干部成为一个知识渊博、心胸开阔、举止优雅、人格高尚的人，就会使学生干部凭借人格魅力在同学中树立威信。

4. 心理素质

良好的心理素质是当好学生干部的保障。良好的心理素质包括广泛的兴趣、丰富的情感、坚定的意志等方面。良好的心理素质是学生干部对同学实现有效领导的一个重要因素。一个人如果兴趣狭窄、情感贫乏、意志薄弱、性格孤僻、缺乏主动精神和自主能力，人际关系就会不协调，很难有大的作为。

广泛的兴趣能使自己更加接近和了解同学，更多地涉猎各方面的知识，增加和同学们的共同语言，从而有效地激发和培养同学的集体主义观念。

丰富的情感是联络和沟通同学之间关系的有效途径，可以增强学生干部的感染力和影响力，使学生干部得到同学的信任和敬佩。同学之情是纯洁的、高尚的，作为学生干部更应懂得这一点。

坚定的意志就是要求学生干部要自觉地确定目标，并为实现这一目标而努力奋斗，在工作中表现出主动精神和独立自主精神，勇于为自己的决定和行动承担责任。学生干部对工作中出现的挫折和干扰要有坚强的自制力，要善于控制自己的情绪，保持高度的自信心。只有这样，学生干部才能带领同学们完成预定的学习任务和各项工作。

5. 集体主义素质

具备集体主义素质是当好学生干部的必要条件。集体主义素质强调的就是团队精神。作为学生干部，我们每个人的素质固然十分重要，但如果不能把自己融入学生会这个集体中去，个人的能力就不能充分发挥，整体的力量也会削弱。在学生会或班委会这样一个集体里，学生干部彼此在性格、气质、知识、能力上取长补短，互相尊重。这种心理及能力上的互补，有利于学生干部集体的团结，有利于形成合力，为当好学生干部创造条件。在一个集体里，学生干部必须有主见、有胆识、善用人、顾全局，学生干部应以平等的态度尊重其他学生干部，充分听取别人的意见，集中大家的智慧，团结协作，合作共事。只有大家齐心协力，工作起来才能有信心、有干劲、有成效。

（三）学生干部应掌握的工作方法

对于每一位学生干部来说，都有一个共同的愿望，就是做好自己的工作。但是，这不是一件简单的事。我们常常看到这种现象：有的学生干部，在工作中方法得当，既不紧张，又不劳累，对待工作应付自如，成绩出色；而有的学生干部，虽整天忙忙碌碌，但成绩平平，甚至差错百出。除了其他因素以外，主要是工作方法的原因。所谓工作方法，是指为达到一定的工作目标所采取的手段和途径。作为一名学生干部，在工作任务确定之后，一定要注意选择科学有效的工作方法，否则可能事倍功半。

1. **调查研究的方法**

学生干部做事之前,不要急于去做,而是要在先听清楚、记清楚、搞清楚、想清楚后才开始操作。先调查研究,了解自己的班级、部门、工作对象、工作内容,以及老师和上级对工作的要求等情况,听取他们对自己工作的要求和建议,争取他们的帮助和支持。把各方面的意见和要求集中起来,经过认真思考,就会形成自己的工作思路,找出解决问题的方法。

2. **制订工作计划的方法**

工作计划要具体明确,其内容主要包括:开展工作和任务的时间安排、人员安排、实施步骤,如何检查落实等。工作计划制订出来以后,要征求有关老师和同学的意见,要加以修改和完善。起草工作计划是厘清学生干部工作思路的过程,同时也是集中集体智慧的过程。经过制订计划、征求意见、修改计划的过程,可以让学生干部更加深入地了解大家的意见,使工作计划更加符合实际,符合同学们的愿望和要求。

3. **动员群众的方法**

首先,学生干部要从同学的角度来思考问题,而不是从自己的角度来思考问题。比如,要求同学们积极参加体育锻炼,不能只强调学校要求和集体纪律之类的原因,更重要的是要讲清坚持体育锻炼给同学们身体和学习所带来的好处。其次,动员同学要多以朋友的身份,而不是以干部的身份给同学们提要求,要平易近人,切忌摆架子,板起面孔训人。最后,要有好的口才,要善于演讲,在大庭广众之下能侃侃而谈,语言精彩,号召力强,就有可能赢得更多同学的理解和支持。

4. **制度管理的方法**

学生干部要做好班级或部门的工作,必须制定切实可行的规章制度。制定规章制度时,要针对班级和部门的实际,先拟出初稿,然后征求有关教师和同学的意见,再加以修改和完善。教师认可,多数同学同意,就说明制度是可行的。有了制度就必须公开宣布,严格执行。

5. **分工协作的方法**

要做好工作,学生干部之间必须进行分工,明确每一名学生干部的职责范围、工作内容。分工时,一方面,要注意每个干部的工作任务要基本相当,防止有的干部因工作任务过重而影响学习;另一方面,每名学生干部的工作任务加起来要覆盖整个部门的职责范围,不能有空白,同时不能交叉重叠。分工的同时还要讲相互补位,即所谓分工不分家。

6. **总结提高的方法**

学生干部必须有总结工作的意识,通过定期总结工作,以获得经验教训。总结经验不仅是个人的事,还是集体共同的任务,学生干部要虚心听取老师和同学们的意见和建议。同时,学生干部还要观察其他学生干部的工作,从他们的成败中吸取经验教训。学生干部只有边工作边总结才能不断取得进步。

7. **团结的方法**

首先,学生干部要起模范带头作用,要公正无私,对同学一视同仁,不搞亲亲疏疏，要心胸开阔，善于同与自己意见不一致的同学一道工作，尊重他们的意见。其次，学生干部还要通过开展丰富多彩的文体活动来增进同学们的友谊，加强集体内部的团结，感受集体生活的乐趣。再次，学生干部要正确使用表扬和批评，一般不要公开批评犯错误的同学，尤其不要点名批评，只批评不良现象就行。私下里，学生干部则要找犯错误的同学谈话，指出其错误，这样可以防止犯错误的同学产生对立情绪，使批评的效果更好。与批评相反，表扬则要点名，要大张旗鼓地进行，但表扬的人和事要真实可靠，切忌夸大，要实事求是，这样才能起到鼓励先进、鞭策落后的作用。最后，学生干部要关心集体中的每位同学，对任何同学的困难，能解决的就积极地帮助解决，不能解决的要向有关老师反映，使同学们感受到集体的温暖，对集体产生归属感。这样，集体的凝聚力就会增强。

（四）学生干部应正确处理好以下几个关系

1. 在角色定位上，处理好学生与干部的关系

学生干部，顾名思义，既是学生，又是干部，而且首先应是个学生，然后才是干部。学生干部既是教育者，又是受教育者，具有双重身份。如何准确进行自我角色定位是学生干部必须解决好的一个基本问题。学生是学生干部最主要的社会角色。既然是学生，学生干部应该与其他学生一样，以学为主，认真完成好各项学习任务，自觉遵守学校各项规章制度，积极参加各项学生活动，主动融入普通学生中去，不能脱离学生集体。学生干部是干部，又与普通学生不同，要高标准严格要求自己，以自己在思想、学习、生活及工作等方面的示范与带动作用去影响学生，要发挥好老师与学生之间的桥梁与纽带作用，为学生服务，不能搞特权、谋私利。

2. 在发展任务上，处理好学习与工作的关系

学习与工作的矛盾是每个学生干部都会面临的一个普遍性问题。作为学生干部，不可能像一般同学那样把全部精力或主要精力都用于学习，经常要耗费比一般同学更多的时间和精力用于工作，经常要影响到课余学习时间，偶尔甚至还要占用正常的学习时间。从这个角度上看，学习与工作是有矛盾的。在实际生活中，也确有因处理不当而影响学习和工作，进而影响个人成长和发展的案例。怎样才能既圆满地完成学习任务，又尽职尽责地做好学生干部工作，即怎样才能正确处理学习与工作的关系，做到学习与工作两不误呢？

（1）要把学习放在首位。学习是学生的天职，不好学就不可能是好的学生干部。不能认为当了学生干部，锻炼工作能力就比学习更重要，不能因为工作忙就放松自己对学习的高标准要求，更不能因为工作而耽误学习。如果学生干部的学习成绩不好，即使自己的工作能力再强，在同学中也很难树立起威信。学生干部的主要任务是学习而不是工作，必须始终将学习放在第一位，做到勤奋好学，学有所成。要把当学生干部的压力变成动力来促进自己的学习。学生干部的模范作用，不单纯地体现在带头活动，还体现在学习上是榜样，这样方能提高自己在学生中的威信。

（2）要科学地安排时间。虽然学生干部的工作要用一定的精力与时间，但是只要科学地安排，时间总是有的。要善于安排时间，合理分配工作和学习的时间，尽可能把工作安排在课余及休息时间，不随意挤占学习时间，若因紧急工作而挤占的学习时间要及时补上。在学习的时候认真学，在工作的时候专心干，做到"鱼与熊掌兼得"。另外，平时既不浪费时间，又善于"挤"时间，像鲁迅先生那样"把别人喝咖啡的工夫用在了学习上"。

（3）要提高工作效率。一个人的工作能力，绝对不是用工作时间的长短来衡量的，最重要的还是效率，要争取在有限的时间内做好工作或完成任务。效率越高的人，在时间安排上越主动，兼顾两者的余地就越大。因此，学生干部在工作作风上要雷厉风行，不要拖拉，要用最短的时间完成工作，从而保证有更多的时间用于学习。另外，在工作中要讲究艺术和方法，尽量发动其他干部或同学一起工作，把工作量分解，减轻自身的工作负担，同时在工作时要学会利用零散的时间。

3. 在人际交往上，处理好老师与同学的关系

学生干部是连接学生和老师的纽带，是架设在学校和学生之间的桥梁，是沟通师生之间、同学之间、学生与领导之间的枢纽。这种特殊的地位和作用要求学生干部具有较强的人际交往与协调能力。老师希望学生干部当好学生的带头人，起好先锋模范作用，还要充当好教育管理者的角色协助学校对学生进行日常教育管理。同时，老师希望学生干部要做好学生的发言人，要代表学生的意愿和要求，要切实为学生服务，维护好学生利益。老师与同学对学生干部角色的不同期待增加了学生干部处理人际关系的难度。不少学生干部由于处理不好与老师和同学的关系，从而给自己心理上带来了不少的问题，也影响了正常的学习、生活和工作。那么，学生干部如何处理好老师和同学的关系呢？

（1）与老师的关系。师生关系是学生干部首先必须处理好的人际关系。这里的老师既指上课的教师，又指学生工作者和辅导员。从教师的传道、授业、解惑出发，从学生的从师求学、拓展知识的角度出发，应建立尊师爱生、亦师亦友的密切师生关系，这有利于学生干部圆满完成学业。从学生干部工作职责的要求考虑，也需要他们经常与老师保持密切的联系。学生干部一方面在老师的具体指导下有效地开展工作，另一方面起到上情下达、下情上报的桥梁作用。要正确处理好师生关系：一是要尊重老师，维护老师的威信，缩短与老师之间的心理距离；二是要积极主动与老师交流，力争在学习、思想、情感、工作等方面得到老师的帮助指导；三是要及时认真完成老师布置的工作任务；四是在工作中多请示、多汇报，但不要越级汇报。

（2）与同学的关系。搞好同学关系，建立良好的群众基础，对学生干部顺利开展工作是很重要的。学生干部都是从同学中产生的，是由大家推选出来的，学生干部首先是为同学服务的。学生干部应树立"从同学中来，到同学中去"的观念和"全心全意为同学服务"的思想，从小事做起，积极为同学服务。要真诚地关心体贴同学，及时汇报解决他们在学习和生活中的困难，做他们学习上的领头人、工作上的带头人、生活上的贴心人。作为学生干部，要平等待人、以理服人、公正为人，不能厚此薄彼、拉帮结派。要尊重同学的人格和尊严，不能随意对同学进行好与坏的分类，对同学的缺点与错误进行批评也要讲究方法和策略。

（3）与学生干部的关系。学生干部之间有时既是竞争对象，又是合作伙伴。作为学生干部，要正确对待和处理竞争与合作的关系，学会在竞争中合作，在合作中竞争，既要平等竞争，又要真诚团结、精诚合作。尺有所短，寸有所长，每个人的能力都是有限的，要从"三个和尚没水吃"的典故中去领悟这样一个道理——合则两利、分则两害。因此，学生干部要多合作，少争功，多沟通，多商讨，防止家长制和"一言堂"。集体决议要坚决执行，个人意见允许保留，不能把讨论会上的不同意见在同学中散布。学生干部之间应尽量避免矛盾冲突，工作时应相互支持和不相互拆台。

4. 在行为动机上，处理好个人利益与服务他人的关系

为什么要当学生干部？不同的人有不同的回答。有的学生干部是以成才为目的，希望通过学生干部岗位的锻炼，完善自身的知识和能力结构，在工作实践中增见识、长才干，成为能够适应社会竞争的高层次、高素质人才，即锻炼型；有的学生干部则是以服务学校、服务老师、服务同学为目的，充当学校、教师与学生的桥梁角色，即服务型；也有的学生干部以发挥专长，满足表现欲望为出发点，渴望展示自我，充分表现才能，即表现型；当然，也有极少部分同学更加看重的是担任学生干部之后能够获得的各种利益，即功利型。在这四种类型的动机中，锻炼型和服务型占主流。如何端正当学生干部的行为动机，处理好个人利益与服务他人的关系是学生干部面临的又一个基本问题。为此，学生干部须注意以下几点。

（1）要把服务奉献放在首位。为同学服务是学生干部的根本职责和首要目的。只有具备了服务奉献的思想，才能不辞辛劳、踏踏实实地干好学生干部工作，才能在服务奉献的实际行动中不断提高自身能力。学生干部要坚持做好工作，争着去服务、去奉献，积极承担更重的担子，要在学习中工作，在工作中奉献，在奉献中成长。

（2）要合理追求个人发展。当代学生的主体价值意识较强烈，注重个性的发展和自我价值的实现，敢于自我肯定，乐于展现自我。但过分追求个人发展和自我价值的实现，片面强调自我设计、自我发展，只关心自我利益的满足，讲究实惠，这实质是个人本位主义和以自我为中心思想的表现，是危险的，是错误的。

（3）要正确看待社会、学校和教师对学生干部群体的评价与认可。在毕业生就业市场上，用人单位十分青睐学生干部、学生党员，因为学生干部、学生党员能力强、素质高，具有服务奉献精神，而不是简单因为有学生干部这个称号。学校、老师在入党、评奖、评优等方面给予学生干部较多倾斜，是对学生干部工作的肯定与认可，而不是给学生干部的待遇。这些外界的评价与认可是做好学生干部工作的结果，而不应当作为个人目的去追求，否则只会适得其反。

5. 在团体归属上，要处理好工作群体与班集体的关系

根据学生干部执行领导和管理职能的不同领域，可以将学生干部分为四大类型：一是班级学生干部，包括班委会和团支部的学生干部，这是学校最基层的学生干部，数量最为庞大；二是院级学生干部，包括团总支、学生分会等学生干部；三是校级学生干部，特指校团委、校学生会等校级组织的学生干部；四是社团学生干部，包括校内各种正式成立的社团、协会组织的负责同学。在这四类学生干部中，除班级学生干部群体与班集体是一致的外，其余均不一致。学生干部在团体归属上又应如何处理好工作群体与班集体的关系呢？

（1）要始终把自己置于班集体之中，作为班级普通的一员，积极参加班级活动，主动与同学交往。班集体是学生干部学习、生活和工作的基础和后盾。大多数学生干部都是从班级学生干部开始干起的，一步步干到院级或校级学生干部。不能因为自己工作离开了班集体，也不能因为自己工作忙而不与或少与班级同学交往。不能把自己凌驾于班集体之上，不参加班级活动，不遵守班级规范，不履行班级成员义务。

（2）要处理好与班级学生干部的关系。不能因为自己是院级或校级的学生干部，层次高，权力大，与领导、老师接触机会多，对学生工作的信息了解多，就自觉高人一等，对班级学生干部的工作发号施令，指手画脚，从而挫伤他们工作的积极性，影响他们在班级同学中的威信；也不能对班级工作漠不关心，要积极支持班级学生干部开展工作，为他们出谋划策。

（3）兼职的学生干部要以班级工作为先。有的学生干部既是班级学生干部，又是校级或社团干部，首先一定要做好班里的工作，不能认为班级工作不起眼、难出成绩而轻视它。实际上，班级工作会影响班级同学对你的认识与评价。

第二节　社会实践与志愿服务

社会实践活动是在校大学生利用课余时间，接触社会，提高个人能力，发挥聪明才智，积累社会经验，为社会作贡献的活动。2018年5月2日，习近平总书记在参加北京大学师生座谈会时，勉励广大青年"要力行，知行合一，做实干家"。实践是理论联系实际的重要途径，为大学生提高自立自强的能力和适应社会的能力提供了必要的锻炼机会，也为大学生思想道德素质的养成提供了依据和动力。

一、大学生参与实践活动的意义

（一）大学生参与实践活动是理论联系实际的需要

实践是检验真理的唯一标准。习近平总书记指出："我们的学习应该是全面的、系统的、富有探索精神的……既要向书本学习，也要向实践学习；既要向人民群众学习，向专家学者学习，也要向国外有益经验学习。"通过社会实践，大学生可以巩固所学知识，培养对书本知识的应用、传播和创新能力；社会实践既可以丰富课堂教学的内容，又可以磨炼学生意志，开阔学生眼界，明确学生责任，同时还能体现学生的价值。

（二）大学生参与实践活动是积累社会经验的需要

实践活动可使大学生与现实打交道，直接地领悟和体会世俗社会的生活。社会实践活动可以更多地提供给大学生证明个人力量的机会，并不断地驱使他们以独立的社会人的姿态培养自己、管理自己、支配自己。久而久之，大学生独立生活的能力、处理社会问题的经验便会在实践活动中不断提高和积累起来。

（三）大学生参与实践活动是提升能力的需要

社会实践活动是一项综合工作，需要运用到各种能力。大学生通过社会实践活动，能提升自身的进取能力、适应能力、创新能力、应变能力、行动能力、领导能力、判断能力、沟通交流能力、人际关系能力、团队合作能力、专业实践能力等。从这一点来看，大学生通过参与社会实践活动来提升能力的愿望与当代高等教育的培养目标是相吻合的。

（四）大学生参与实践活动是服务社会的需要

在社会实践活动中，大学生不仅增长了见识，提高了服务社会的能力，而且加深了对社会的认识，对国情民情的了解，对党的路线、方针、政策的理解，从而进一步明确了自己的历史使命，增强了社会责任感，自觉地把自己的前途和祖国的富强、人民的富裕、民族的复兴紧密结合起来，并按照社会和时代的要求塑造自己，自觉地把个人的远大理想融入国家和民族发展的大业中去。

二、大学生参与实践活动的基本原则

（一）安全第一的原则

大学生参与实践活动，应树立"安全第一"的意识，制定安全预案，确保实践安全和人身安全。要做到确保实践安全：一方面，实践的组织方要正规、负责，不参与没有安全保障、安全承诺的实践活动；另一方面，实践的内容要健康，不参与可能会损害身体健康的活动，不参与不合法、不符合道德规范的活动。

外出参加社会实践活动时，需要注意以下几个安全事项。

（1）提前了解实践地的自然环境及人文环境，根据当地情况安排好食宿交通等，特别是赴偏远地区的实践活动。

（2）提前查询天气预报，确定活动期间的天气变化，确保活动顺利进行。

（3）提前准备好预防中暑、防治蚊虫和各种常见疾病的药品、急救包。

（4）确保所有成员的联系方式始终有效，同行师生应互换电话、微信等联系方式，方便联系沟通。

（5）不去无防护设施的危险地段，保证结伴出行，防止走错路、迷路或者遇到其他的危险。

（6）防止发生财物被盗的情况及人身伤害。睡觉时，要锁好门窗；外出时，要将贵重物品随身携带，切忌将其留在房间内；乘车时，要将包背在胸前；路途比较遥远时，大家要轮流睡觉，保证有人照看财物。

（7）要乘坐有安全保障的交通工具，不要乘坐私家车，尽量不要乘坐夜车。

（8）遇到安全问题或异常情况时，应及时向带队老师和学校汇报。

（二）保障学业的原则

实践活动作为第二课堂内容，是第一课堂的延伸和补充。学生的中心任务仍然是理论知识学习，实践活动不应影响正常的课程学习，不能本末倒置。大学生利用课余时间参与实践活动，无可厚非。我们提倡勤工俭学，鼓励大学生参加社会实践，但不能影响正常学习。一些同学对兼职情有独钟，导致影响了正常学习。有的同学甚至逐渐对学习失去兴趣和信心，将勤工俭学变成勤工"减"学，导致不能正常毕业。

（三）满足个人发展的原则

大学生实践活动是大学教育的一个组成部分，是一种隐性教育，多数情况下由大学生自己设计、自己策划、自己组织实施。大学生是主导，既是组织者，又是参与者。因此，大学生应当树立职业生涯规划意识，将实践活动与个人的职业发展目标联系起来。实践活动有利于大学生正确认识自我，客观地评价自己；有利于大学生正确认识外在客观环境，科学合理地制定职业目标；有利于大学生能力的发展，为实现自己的职业目标奠定基础。

三、大学生参与实践活动的主要方式

大学生参与实践活动的方式有很多，常见的方式有大学生"三下乡""返家乡"社会实践、志愿服务、勤工助学、竞赛活动、岗位见习等。

（一）大学生"三下乡"

"三下乡"是指文化、科技、卫生下乡，大学生"三下乡"是各高校在暑期开展的一项旨在提高大学生综合素质的社会实践活动。活动成员以志愿者的形式深入基层，深入农村，传播先进文化和科技知识，体验基层民众生活，调研基层社会现状。通过一系列实践活动，可以提高大学生的社会实践能力和思想认识，同时更多地为基层群众服务，开展时间主要集中在每年的7月和8月。

大学生"三下乡"社会实践的流程包括以下几个方面。

（1）确定主题。拟定实践主题对社会实践非常重要，实践主题是整个实践活动的思想指导。好的实践主题必须联系实际，切忌空谈和夸张。

（2）做好策划。确定实践主题后，大学生必须根据主题思想做好详细的活动策划，策划以书面或电子文档形式呈现。活动策划的优劣直接关系到整个活动的成败，它规定了活动的具体内容、活动形式，以及各种注意事项等。

（3）提出申请。大学生向所在学校或学院提出书面申请，同时上交活动策划并领取"三下乡"社会实践表格。活动进行过程：围绕活动策划内容，有序开展实践活动，并在实践过程中不断调整优化实践方案。

（4）撰写总结。社会实践活动结束后，成员需要对社会实践活动作出总结，撰写社会实践总结报告并上交。社会实践总结报告应包括实践者对整个社会实践活动的基本描述、实践心得以及实践评价。大学生"三下乡"社会实践活动一般由高校团学系统组织实施，活动涉及面广，形式多样，主要有理论普及宣讲、科技支农支教、教育关爱服务、文化艺术服务、助力脱贫攻坚、红色之旅、国情社情调查等。大学生"三下乡"社会实践活动可以是单人形式，也可以是小组形式。一般来说，小组形式更加有利于社会实践活动的开展。

（二）"返家乡"社会实践

1. 活动目的

为深入学习贯彻习近平新时代中国特色社会主义思想，学习宣传贯彻党的二十大精神，认真落实习近平总书记关于青年工作的重要思想，坚持"受教育、长才干、作贡献"的宗旨，按照"团中央统一规划、省级团委统筹指导、地市级和县级团委自主实施"及"因需设岗、按岗招人、双向选择、属地管理、就近就便"的工作原则，重点开展县（市、区、旗）辐射带动其他县（市、区、旗），发挥县级团委的"生源地"优势，组织大学生返回家乡参加社会实践，帮助大学生提升社会化技能，建立在外高校学子与家乡联系的制度化渠道。

2. 实践内容

（1）政务实践。组织学生深入地方党政机关、事业单位一线岗位，承担具体工作，尤其在党史学习教育、政策宣传解读等方面积极发挥作用。

（2）企业实践。通过大学生专业方向与企业岗位需求的双向匹配，组织学生参与家乡企业的实际工作。鼓励涉农专业学生到合作社、农业企业等参加实践。

（3）公益服务。组织学生通过志愿服务等方式，在农村、社区，以及"青年之家""四点半课堂"等基层一线的公益岗位，开展扶贫济困、扶弱助残、课业辅导、服务群众等工作，弘扬"奉献、友爱、互助、进步"的志愿者精神。

（4）社区服务。动员学生主动向村（社区）报到，在乡镇（街道）团委和村（社区）团组织的统一领导和调度下，就近编入志愿者组织、青年突击队等，通过多渠道力所能及地参与基层治理的日常工作。其中，相关县（市、区、旗）面向实施"社区青春行动"的每个社区安排不少于10名大学生来开展社会实践。

（5）兼职锻炼。结合当地具体情况，组织安排符合条件的学生担任乡镇（街道）团委及村（社区）团组织等基层团组织的兼职干部，参与相关工作，发挥积极作用。

（6）文化宣传。组织学生探究家乡特色文化，用好家乡丰富资源，讲好家乡生动故事，开展多种形式特别是生动活泼的理论宣讲、文化宣传和网络直播等活动，弘扬主旋律、传播正能量。

（7）网络"云实践"。动员学生充分发挥移动互联网和智能网络平台的作用，从地方经济社会发展，特别是乡村振兴等领域入手，开展社会调查，常态化开展"云组队""云调研""云实践"等活动，形成乡村调查报告等实践成果。

各级团组织结合当地实际，可同时实施若干项实践内容，也可从中选取一到两项逐步推进，突出价值感召力和实践质量，务求实效。

3. 大学生申请参加步骤

信息获取：关注"创青春"微信公众号和家乡所在地的省级行政区、地级行政区、县级行政区的团组织微信公众号，阅读"返家乡"系列相关推文。

报名申请：在"创青春"微信公众号的"服务平台"中的"社会实践"栏目入口，登录岗位对接系统，按分类、区域搜索岗位信息，确认选择合适的岗位后，填报并提交报名信息，等待审核和系统提示信息，按信息指示开展后续操作。系统通过双向选择方式录取人员。

参加实践：返乡后，大学生按照当地团委和用人单位要求，及时了解岗位、认知岗位、适应岗位，加强学习，高质量完成岗位任务。大学生要遵纪守法、诚实守信、保守秘密，积极主动参与具体工作，彰显新时代青年大学生的精神面貌和责任担当。

记录成长：关注"创青春"微信公众号和视频号，将实践日记、体会制作成文案和短视频，通过后台留言方式或@的方式参与投稿。大学生应及时与校团委、指导教师、朋辈等分享交流，向更多的同学、老师宣传展示自己的家乡。

总结分享：做好实践总结思考，对返乡实践中形成的优秀成果可以邀请指导教师做进一步挖掘，转化成学术型实践成果或活动型实践成果。积极参加各级团组织开展的总结交流活动，以及"返家乡"社会实践的个人和团队评先推优活动。

（三）志愿服务

志愿服务是现代社会文明进步的重要标志，是高校思想政治教育的重要载体，也是大学生参与社会实践活动的重要方式。志愿服务对培养大学生的公民意识、志愿服务精神具有重要的意义。

1. 志愿服务的主要类别

志愿服务的主要类别包括助学、助老、助残、关注弱势群体、保护环境、开展社会公益性宣传活动、提供文体娱乐服务等。

2. 参与志愿服务的主要途径

（1）参加组织。大学生可以加入一些开展志愿活动的组织，或者临时参与的活动。比如，加入青年志愿者协会或者学院分会，这些社团会有组织、有规模地开展志愿活动。

（2）青年志愿者注册。志愿者们可以在"志愿中国""志愿四川""青聚锦官城"等微信公众号或网站实名注册，其中的志愿者可申请加入微信公众号、网站中一些团体发起的志愿活动。

（3）联系政府或公益组织。如果担心自己开展志愿活动找不到门路或者出力不讨好的话，可以跟团委、妇联，或红十字会、孤儿院、敬老院等组织联系，这些组织会不定期地开展志愿活动。

（4）自发进行公益行动。个人虽然时间精力有限，但也可以帮助他人，可以通过一些小事来进行公益活动。自己家里不再需要但仍能使用的物品，如旧衣物、学习用品、玩具等，可以整理好后捐献给当地的志愿服务站点或者临时救助站点等。

（四）勤工助学

勤工助学指学生利用课余时间，通过劳动取得合法报酬，用于改善学习和生活条件的实践活动，是学校学生资助工作的重要组成部分，也是提高学生综合素质和资助家庭经济困难学生的有效途径。有关勤工助学的更多内容，可通过《四川铁道职业学院学生手册》中的《四川铁道职业学院学生勤工助学管理办法》了解。

（五）岗位见习

岗位见习实践活动一般与大学生的职业目标相联系，此类实践活动具有岗前预演的作用，不仅可以帮助大学生提早体验岗位工作，而且可以真正增强大学生的就业能力和进入职场的适应能力。大学生岗位见习的形式主要包括专业实习、创业孵化、兼职、生产锻炼等模拟活动。以就业实习基地为载体的岗位见习，可以培养大学生爱岗敬业、奉献社会等精神，以及提高大学生的专业能力，加深大学生对专业知识社会价值的认识。

第三节 校园文化活动

为加强校园文化建设，丰富同学们的大学生活，营造浓厚的校园文化氛围，学校每年都会举办丰富多彩的校园文化活动。

（一）川铁大讲堂

学校于2022年开设川铁大讲堂，让师生通过讲堂与科学家、专家、学者、工匠展开对话交流。川铁大讲堂的主题分为思想建设类、政策解读类、学术交流类、名匠分享类等，一般以专题讲座或报告会等形式开展。主讲人一般是在国内或省内高等教育界有一定影响力的专家学者、在本领域造诣精深的企业精英、在本行业卓有成就的知名专家、具有丰富管理经验的各界领导、行业前沿的研究人员、名人名匠、优秀校友等。

截至2023年12月，学校先后邀请中央电视台一套《开讲啦》栏目特邀主讲人陈建国、中国科学院院士翟婉明、中国中铁科学研究院院长李林、西南交通大学教授李芾、党的二十大代表立克拢拢等开展讲座20余场，在师生中引起热烈反响。

（二）迎新晚会

每年的迎新晚会都是学校的重头戏，拉开了新学期的序幕。

迎新晚会的目的在于表达学校对新生的欢迎，以文化活动的形式让学生能更好更快地融入大学生活，在校园里迅速而准确地找到自己的定位，激发学生对新学校、新生活的热爱。

（三）读书文化节

读书文化节在每年的4月份开启，学校将会组织开展一系列丰富多彩的文化活动，如"阅读之星"评选、图书荐购、图书馆馆徽设计大赛、名师讲坛、跟着电影学党史、汉字听写大赛等。读书文化节已成为我校的办学特色和文化名片。

（四）五四文艺晚会

五四运动孕育了以"爱国、进步、民主、科学"为主要内容的伟大五四精神。为了培养当代青年的爱国意识，激发青年大学生的爱国热情，让他们在剧院舞台展示自我，我校每年都会举办五四文艺晚会。该活动逐渐成为我校大学生参与度高、覆盖面广、影响力大的特色文化品牌。

（五）校园歌手大赛

我校在努力提高学生学习成绩的同时，也在努力提高学生的综合素质。丰富同学们的课余生活也是一项重要内容，校园歌手大赛是学生课余生活的重要组成部分。通过大赛，学生抒发了自己的美好情感和对未来的追求向往，为其大学生涯留下了珍贵的回忆。

（六）"火车头杯"系列比赛

为丰富我校学生业余文化生活，努力营造活跃、和谐的校园文化氛围，充分展示我校学生积极向上的健康风貌，学校每年将会举办"火车头杯"系列比赛。以学生喜闻乐见的艺术形式和校园文化为表现主体，弘扬时代精神，激发青春活力。自2016年来开展的"火车头杯"系列比赛包括足球、篮球、排球、乒乓球、羽毛球等体育类比赛，以及辩论赛、Logo（标志）设计大赛等院级综合对抗赛。

（七）社团文化节

在丰富多彩的校园文化当中，社团文化节无疑是一道亮丽的风景线。社团文化节以舞蹈表演、汉服展示、器乐演出、知识竞赛、趣味小游戏等活动为主，吸引广大师生参与其中，充分展示我校学生社团发展所取得的丰硕成果，弘扬当代学生社团积极向上的精神，展现独具魅力的社团活动，并以此为契机，营造健康高雅的校园文化氛围，积淀深厚的校园文化底蕴，培养"向真、向善、向美、向上"的校园文化特质，促进大学生综合素质的全面提高。

（八）纪念"一二·九"运动系列活动

纪念"一二·九"运动系列活动是我校传统的文化活动，活动形式新颖，主题丰富，教育意义突出，将历史情怀融入文化活动中，更好地展现我校学子的风采。活动以爱国主义教育主题班团课、主题诗会、主题歌会、国旗下演讲等为主要形式，引导青年学生继承革命传统、牢记历史责任、弘扬爱国主义精神。

（九）"挑战杯"竞赛暨"创青春"全国大学生创业大赛

"挑战杯"竞赛共有两个并列项目：一个是"挑战杯"全国大学生课外学术科技作品竞赛，俗称"大挑"；另一个则是"挑战杯"中国大学生创业计划竞赛，俗称"小挑"。为贯彻落实党中央有关指示精神，适应大学生创业发展的形势需要，在原有"挑战杯"中国大学生创业计划竞赛的基础上，中国共产主义青年团团中央、中华人民共和国教育部、中华人民共和国人力资源和社会保障部、中国科学技术协会、中华全国学生联合会决定，自2014年起，共同组织开展"创青春"全国大学生创业大赛。这两个项目的全国竞赛交叉轮流开展，每个项目每两年举办一届。

（十）各学院自主的竞赛活动

各学院立足本院实际，结合专业特点，推进"岗课赛证"综合育人，坚持"人无我有、人有我优、人优我特"的理念，自主运作，创新形式，丰富内容，建立校内技能竞赛体系，推动各学院竞赛品牌打造。如机车车辆学院——牵载杯、城市轨道交通学院——匠心杯、电信工程学院——智信杯、铁道工电学院——工电杯、经济管理学院——经道杯等。通过形式多样化、内涵多元化、运作自主化的多元互融的学科竞赛和文化活动，不断提升学生专业综合技能素养，培育和传承工匠精神。

根据《四川铁道职业学院高等职业教育质量报告（2023年度)》统计，学校2022—2023学年开展校级比赛43项，面向西南铁道职业教育集团开放比赛10项，承办省级职业院校技能大赛2项，开展其他类别技能大赛3项。学生参加各类竞赛并获得市厅级及以上奖项共160项，其中国家级16项，省部级125项，市厅级18项。

问题思考

1. 结合你的兴趣、爱好，思考自己在大学里想加入什么学生组织？想得到哪些能力的锻炼？
2. 你希望参与哪些社会实践活动？为什么？
3. 你参与过什么特别有意思的校园活动吗？

第八章　大学生礼仪修养

> **学习目标**
> 1. 了解大学生仪容、仪表、仪态的基本规范。
> 2. 掌握人与人之间交际交往的基本理念和基本规范，提升人际交往能力。
> 3. 掌握在校园中的各种场合应有的礼仪规范，提升礼仪修养。

第一节　大学生个人形象礼仪

古人云："文质彬彬，然后君子。"仪容、仪表、仪态是一个人内在涵养的外在表现。在人际交往中，得体的仪容、仪表、仪态犹如一张形象生动的名片。端正的相貌、整洁的衣冠、恰当的修饰既可以给人以美的感受，又能给对方留下良好的第一印象。大学生被称为"准社会人"，在与他人的交往时应注重自身外表的修饰，既可以展示良好的个人形象，又能够传递较高的内在修养，这更是尊重交往对象的重要表现。所以，学习并注重塑造良好的个人形象尤为重要。

一、仪容礼仪

仪容，通常是指人的容貌，具体包括人的头发、面部及身体上所有未被服饰所遮盖到的肌肤。在个人仪容礼仪中，应重点把头发、面部、手、腿等处作为重点。

（一）头发

（1）整洁的头发。整洁的头发会使人显得精神抖擞、容光焕发。大学生应经常梳洗头发，做到无头屑、无油垢、不凌乱。通常情况下，应当每周至少清洗头发2~3次，做到头发无灰尘、无头屑、无异味。

头发的修剪如同清洗一样，也应定期进行，以保持头发整齐。头发的长度要做到长短适中、男女有别。一般来说，男性的头发长度以5~7 cm为宜，不能过短，如剃成光头；也不宜留长发、大鬓角，否则容易给人留下性格粗犷、萎靡不振、办事拖沓的印象。女性的发型以端庄、简洁、秀丽为好，注意别让头发遮住眼睛。女性头发的长度还应考虑个人的身高、年龄等因素。例如，身高较矮的女性若留着过腰的长发，在视觉上会显得更矮。

（2）恰当的发型。选择发型时，应遵循自然清新、干净利落、端正大方的原则，更重要的是，个人发型的选择还应考虑所处的具体场合。

在社交场合中，个人的服饰通常比较个性、时尚，故发型也应与穿着的服饰相协调。例如，女性着连衣裙时，可选择披肩发，或在颈后盘成低发髻；女性着运动装、休闲装时，可将头发梳成高马尾，亦可自然披散；女性着晚装时，可将头发盘起或挽在颈后，以显示出庄重、高雅。

（二）面部

（1）眼睛。"眼睛是心灵的窗户"。大学生应注意眼睛清洁，及时清除眼角分泌物，清洁时要避开他人，不能当人面用手绢、纸巾去擦拭或用手去抠。同时，大学生还要注意用眼卫生，预防眼病。佩戴眼镜的同学还应注意眼镜的选择与眼镜的清洁卫生，如眼镜款式是否与本人脸型、气质、职业相匹配。

（2）鼻子。养成每天洗脸时清洁鼻子的好习惯。切忌当众清洁鼻孔，当着他人的面挖鼻孔或擤鼻涕，既易引人反感，又影响个人形象。如果鼻毛长出鼻孔，则应及时修剪。

（3）嘴巴。现代礼仪要求人们注意嘴的卫生，牙齿洁白、口腔无异味是交往礼仪中的基本要求，具体应做到以下四点。

①保持干净：吃东西后，马上擦嘴，并及时清除牙缝中残留的食物，但不能当众剔牙。

②口气清新：早晚刷牙，饭后漱口；口中不能有烟、酒、葱、蒜、韭菜、腐乳等气味；不得已的话，与人接触前可咀嚼口香糖来清除口中异味；因牙病或其他疾病造成口中有异味的，应及时治疗。

③避免异响：咳嗽、打嗝、打哈欠时，一般应尽量避开他人，一旦忍不住，要用手绢或手捂住嘴，并向他人道歉。

④修面剃须：男性要每天剃须，在一些社交活动前，胡子浓密者还应当再剃一次，但不要当着外人的面使用剃须刀。

（4）耳朵。耳朵位于脸部的两侧，仍然在他人注视的范围内，因此应注重耳部除垢。在日常洗澡、洗头、洗脸时，应顺便清洗耳朵，并定期清除耳孔中不洁的分泌物。需要注意的是，不要在他人面前除耳垢。

（5）颈部。颈部是面部的自然延伸，因此，在对眼睛、鼻子、嘴巴、耳朵进行修饰时，也要一同对颈部进行修饰。要保持颈部皮肤清洁，每天洗脸时应顺便清洗一下颈部，防止脸上干干净净，颈后却藏污纳垢。

（三）手部

在日常生活中，手是与他人接触或递接物品时运用得最频繁的部位，手的清洁在某种程度上也反映着一个人的精神风貌，在人际交往中被视为个人的"第二张脸"。因此，要注意对手的保洁与清洗，在用餐前、如厕后、接触过脏东西及手部有任何污渍时，都要及时清洗干净。

在与他人交往时，不可乱用双手，如用手抓痒痒、搔头皮、揉眼睛、抠鼻孔、挖耳孔、剔牙等，这些动作既不卫生，又不雅观。除此之外，还应注意要勤剪指甲，不留长指甲，剪指甲时要避开他人。

除手部外，还要注意手臂的礼仪。人们因为自身生理条件的原因，一部分人手臂上的汗毛长得过长、过浓，当确实有碍观瞻时，建议采用适当的方法进行脱毛。此外，腋毛外露是极其不雅观的，尤其是女性更应注意这一点，若要穿着暴露腋窝的服装，务必在此之前剃去自己的腋毛。

（四）腿部

在人际交往中，不仅要注重自身下肢所穿服饰的选择与搭配，还要格外注重对自己腿部的修饰。具体来说，对腿部的修饰应注意以下两个问题。

（1）不光腿。在比较正式的场合中，光腿是不礼貌的。例如，男性在正式场合不能穿暴露腿部的服装，如短裤等，以免露出两条"飞毛腿"。又如，女性在正式场合穿裙子，尤其是穿套裙时，不穿袜子是不合时宜的，但在非正式场合，尤其是在休闲活动中，则无此限制。

（2）不光脚。在比较正式的场合，也是不允许光着脚穿鞋子的，这既是为了美观，又是一种礼貌。一些可能使脚过于暴露的鞋子，如凉鞋、拖鞋、镂空鞋、无跟鞋等，通常被视为不能登上大雅之堂的。即使穿了袜子而出现露脚趾、露脚后跟时，也会显得非常散漫，不够端庄、正式。

（五）化妆

化妆是修饰仪容的一种高级方法，它指按一定技法使用化妆品对自己进行修饰、装扮，以便使自己的容貌变得更加靓丽。在人际交往中，进行适当的化妆是必要的，这既是自尊的表现，又是对交往对象的重视。关于社交场合化妆的原则，一般有以下四条。

1. **美化原则**

化妆旨在使人变得更加美丽，因此，在化妆时，要注意适度矫正、修饰得法。在化妆时，不要任意发挥，寻求新奇，有意无意将自己老化、丑化和怪异化。

2. **自然原则**

化妆既要求美丽、生动、具有生命力，又要求真实、自然。化妆的最高境界是"妆成有却无"，即没有明显的人工美化的痕迹。

3. **得法原则**

虽然化妆讲究个性化，但有一些基本的知识必须通过学习来掌握，难以无师自通。例如，工作时化妆宜淡，社交时化妆可以稍浓，香水不宜涂在衣服上和容易出汗的地方，口红与指甲油最好为一种颜色等。

4. 协调原则

高水平的化妆强调的是整体效果的和谐悦目，即协调。所以在化妆时，应努力使妆面协调、全身协调、场合协调、身份协调，以体现自己慧眼独具，品位不俗。

化妆是一门关于美的艺术。关于化妆的一些具体技巧，感兴趣的同学可参阅网上的视频或书籍。

二、仪表礼仪

仪表主要包括服装、配饰等。仪表不仅能表现一个人对学习、工作和生活的态度，还能体现出对他人的尊重与友好。大学生的服饰礼仪有着自身的特点，不仅要符合大学生的身份，显示出阳光活泼的年龄特点，还要符合内在的气质要求，以充分展现出文明大方、规范得体的青春形象。

（一）仪表礼仪"三遵循原则"

1."三应"原则

应事：着装要求适应具体所处的场合。正式场合要传统保守，社交场合要时尚个性，休闲运动场合要舒适自然。

应人：着装要适应个人年龄、性别、体型、身份等，应扬长避短。

应制：着装要合乎规范，遵循约定俗成的固定搭配和穿着之法。

2."TPO"原则

Time（时间）原则：着装要适应四季不同、年龄不同、时代不同。

Place（地点）原则：着装要适应不同环境和地理位置。

Occasion（场合）原则：着装要适应不同场合的气氛。

3."三色"原则

"三色"原则，即身上的服装颜色，从上到下，从里到外，包括鞋袜、发饰等一般不超过三个色系。

（二）大学生课堂着装礼仪规范

1. 课堂上穿戴应干净整洁

男生衣着以大方稳重、潇洒而不粗野为宜；女生衣着以高雅文静、时尚而不轻浮为宜。衣着不可褶皱，不能有污渍和异味。

2. 课堂上穿戴应文雅大方

不穿拖鞋、背心、短裤进入课堂及公共场所。男生不穿沙滩裤或光膀子；女生不穿奇装异服或吊带衫等过分透、露、短、紧的服装。

3. 若佩戴党员徽章、团徽、校徽等时，应整齐地将之佩戴在左胸，不佩戴与学生身份不符的首饰，上课时不戴帽（身体不适例外）。

4. 参加典礼等庄重场合时，要着正装出席，不能随便着装，要注意着装的规范，并以此来表达尊重。

（三）正装礼仪

正装是指出席正式场合应穿着的服装。国际上，在社交场合比较正式的、比较通行的正装是西装，又称为西服。大学期间，学生难免要参加各种典礼，上台参加各种比赛，参加各类面试，需要着正装出场。倘若不了解西装的穿着礼仪，就会贻笑大方。一套得体的西装，可以使男生显得潇洒、自信、风度翩翩，可以使女生显得优雅、落落大方。

1. 西装的穿法

尺寸合适，摘除商标，熨烫平整，扣好纽扣，不卷不挽，慎穿毛衫，巧配内衣，少装东西。

2. 穿西装的标准

领子：低于衬衫1 cm左右。

袖口：伸手时短于衬衫1.5 cm左右。

肩宽：比自身肩宽多1.5 cm左右。

胸围：以比能穿一件单衣和薄羊毛衫稍宽为准。

衣长：能盖住4/5的臀部。

扣子：单排扣，若是一粒扣，可扣可不扣；若是两粒扣，则扣上不扣下；若是三粒扣或四粒扣，最下面一粒不扣。双排扣则必须扣上所有的扣子。坐下用餐时，可以把西装扣子全解开，方便活动，用餐完毕起立时，按规定扣好扣子。

裤长：能盖住1/3的鞋面，裤腰扣上后可插入一手掌。

衬衫：以白色或浅色为主，以领子的第一粒扣子在扣上后能插进1～2个手指为宜。打领带时，将第一粒扣子扣上；不打领带时，将第一粒扣子解开。袖口扣子扣全，下摆掖进裤子里。

领带：打好后，领带的尖端应恰好触及皮带扣。

鞋袜：黑色皮鞋可擦亮，深色棉袜的长度在脚踝以上。

3. 女性正装

女性正装款式多样，其中套裙是职业女性的标志性服装。套裙通常包括：一件女性西装上衣和一条半截裙。一般而言，裙长及膝或在膝盖以上5 cm为宜，超过膝盖10 cm就显得太短了。

三、仪态礼仪

仪态又称"体态"，是指身体在站、坐、行、蹲时所呈现出的姿态。仪态无时无刻不存在于举手投足之间，优雅的体态是人有教养、充满自信的表现。举止落落大方，动作合乎规范，是个人礼仪最基本的要求。

（一）站姿

站姿是一种静态的美，又是其他动态身体造型的基础和起点。站姿是衡量一个人外表乃至精神状态的重要标准。

1. 正确的站姿

两脚跟相靠，脚尖分开45°～60°，身体重心放在两脚上。或两脚并拢立直，两肩平整，腰背挺直，挺胸收腹。两眼平视前方，嘴角微闭，微收下颌，稍带微笑。好的站姿不只是为了美观，对于健康也是很重要的。

2. 不同站姿的要领

（1）男性站姿

①标准站姿：身体立直，抬头挺胸，下颌微收，双目平视，嘴角微闭；双手自然垂放于身体两侧；双膝并拢，两腿绷直；脚跟靠紧，脚尖分开呈"V字形"或双脚并拢。

②前腹式站姿：身体立直，抬头挺胸，下颌微收，双目平视，嘴角微闭；双脚平行分开，两脚间距不超过肩宽，一般以20 cm为宜；双手手指自然并拢，右手搭在左手上，虎口相对，轻贴于腹部，不要挺腹或后仰。

③手后背式站姿：身体立直，抬头挺胸，下颌微收，双目平视，嘴角微闭；双脚平行分开，两脚间距不超过肩宽，一般以20 cm为宜；双手在身后交叉，右手搭在左手上，贴于臀部。

（2）女性站姿

①标准站姿：身体立直，抬头挺胸，下颌微收，双目平视，嘴角微闭，面带微笑；双手自然垂放于身体两侧；双膝并拢，两腿绷直；脚跟靠紧，脚尖分开呈"V字形"。

②前腹式站姿：身体立直，抬头挺胸，下颌微收，双目平视，嘴角微闭，面带微笑；两脚尖略分开，右脚在前，将右脚跟靠在左脚脚弓处，两脚呈丁字步；双手自然并拢，右手搭在左手上，虎口相对以不透光为主，轻贴于腹前（肚脐处），身体重心放在两脚间。

3. 站立时的注意事项

（1）站立时，切忌东倒西歪、无精打采，不要懒散地倚靠在墙上、桌子上。

（2）不要低着头、歪着脖子、含胸、端肩、驼背。

（3）不要将身体的重心明显地移到一侧，只用一条腿支撑身体。

（4）不要两腿交叉站立。

（5）在正式场合，不要将手插在裤袋里面，切忌双手交叉抱在胸前，或是双手叉腰。

（6）男性双脚左右开立时，注意两脚间的距离不可过大，不要挺腹翘臀；女性更要注意双脚之间的幅度，且分开得越小越好，并拢最得体。

（二）坐姿

坐是一种静态造型。在职场中，优雅的坐姿传递着自信、友好、热情的信息，也显示出高雅庄重的良好风范。良好的坐姿可以预防近视，增强自信心。

1. 正确的坐姿

上身自然挺直，挺胸，双膝自然并拢，双腿自然弯曲，双肩平整放松，双臂自然弯曲，双手自然放在双腿上或椅子、沙发扶手上，掌心向下。不论何种坐姿，上身都要保持端正，坐如钟。若坚持这一点，不管怎样变换身体的姿态，都会优美、自然。

2. 不同坐姿的要领

（1）男性坐姿

①标准式：上身挺直，头正肩平，两手自然放在两腿或扶手上，双膝自然分开，分开距离小于肩宽，小腿呈90°垂直落于地面。

②前伸式：在标准式坐姿的基础上，两腿前伸，两膝关节略微分开，双脚在踝关节处也可交叉。

③后点式：在标准式坐姿的基础上，上身微向前倾，两小腿向后屈回，用前脚脚掌着地，膝盖略开，也可交叉。

④开关式：在标准坐姿的基础上，双膝略开，两小腿前后分开，两脚一前一后，两手分别搭在两腿上，自然弯曲。

⑤正身叠式：两腿重叠垂直于地面，两小腿内收，脚尖下点，双手放在扶手上或轻搭腿上。

（2）女性坐姿

①标准式：上身挺直，头正肩平，两臂自然弯曲，两手交叉叠放在两腿中部，两膝并拢，小腿垂直于地面，两脚尖朝正前方。着裙装的女士在入座时要用双手将裙摆向内收拢，以防坐出褶皱，或因裙子折叠而使腿部裸露过多。

②左（右）侧点式：在标准坐姿的基础上，双膝并紧，上身挺直，两小腿向左前斜伸出，左脚脚跟靠近右脚内侧，左脚脚掌内侧着地，右脚脚跟提起，双手叠放于右腿上，头可稍转向左侧。

③左（右）侧挂式：在侧点式坐姿的基础上，将右脚提起挂在左脚踝关节处，两膝并拢，上身左转45°，立腰挺胸。

④侧身重叠式：髋部左转45°，头、胸向右转，右小腿垂直于地面，左腿重叠于右腿上，左腿向里收，左脚尖向下。

⑤屈直式：膝盖并拢，大腿靠紧，两小腿一腿前伸，另一小腿屈回，两脚内侧在一条直线上。

3. 坐姿的注意事项

（1）坐时不可前倾后仰，或歪歪扭扭。

（2）双腿不可过于分开，或长长地伸出。

（3）不可将大腿并拢、小腿分开，或将双手放于臀部下面。

（4）腿、脚不可不停抖动。

（5）坐沙发时，不应太靠里面，不能呈后仰状态。

（6）双手不要放在两腿中间。

（7）脚尖不要指向他人。

（8）不要双手撑椅。

（9）不要把脚架在椅子或沙发扶手上，或架在茶几上。

（三）走姿

行走中的步态称为走姿，走姿是人体所呈现出的一种状态，是站姿的延续。走姿是展现人的动态美的重要形式，行走时的节奏可以展现一个人的行事风格，也可以体现一个人的职业状态。走路是有目共睹的肢体语言。

1. 正确的走姿

以站姿为基础，面带微笑，下颌微收，目光平视。头正肩平，挺胸收腹，重心稍向前倾。双臂自然摆动，摆幅在30°～35°为宜。步幅适度，步速平稳。理想的行走轨迹是两脚内侧落地时在一条直线上。

2. 不同走姿的要领

（1）一般走姿：步幅适中，一般男性每步在40～60 cm，女性步幅略小；步速均匀，行进中不要突然加速或减速；重心放准，行进时身体向前微倾，重心落在前脚掌上；身体协调，行进时脚跟先着地，膝盖在脚跟落地时应当伸直，腰部要成为重心移动的轴线，双臂前后自然摆动；体态优美，行走时双眼平视前方，挺胸收腹，直起腰背，伸直腿部，步伐轻捷而稳健。

（2）后退步：向他人告辞时，应先向后退两三步，再转身离去。退步时，后退的步幅要小。转体时要先转身体，后转头。

（3）侧身步：当引导来宾时，应尽量走在宾客的左前方，身体半转向宾客方向，左肩稍前，右肩稍后，保持两三步的距离，必要时加以手势引导。当走在较窄的路面或在楼道中与人相遇时，也要采用侧身步，两肩一前一后，并将胸部转向他人，不可将后背转向他人。

3. 走姿的注意事项

（1）行走时，切忌内八字、外八字；不可左顾右盼、弯腰驼背、摇头晃肩、扭腰摆臀。

（2）不可摆手过快，幅度过大或过小。

（3）行走时尽量避免在人群中穿行。

（4）注意行走时的先后顺序，养成主动让路的好习惯。尽量不要超越前面的人，如果遇特殊情况需要超越时，要说"借过""对不起"等。

（四）蹲姿

蹲姿是人们在比较特殊的情况下采取的一种暂时体态。蹲姿适用的情况主要有给予客人帮助时、与小朋友交流时、捡拾地面物品时、整理自身鞋袜时等。

1. 正确的蹲姿

当弯腰超过45°时，要做下蹲的动作；两脚前后分开，小腿前直后平；上身挺直，动作轻缓；下蹲时，臀部向下，同时应使头、胸、膝关节保持在同一个角度上；男性下蹲时，两腿之间要有适当距离，女性下蹲时要将膝盖并拢。

2. 蹲姿的注意事项

（1）不要距人过近下蹲，应与身边之人保持一定的距离，以防迎头相撞。

（2）不要正对着人下蹲。

（3）避免弯腰撅臀。

（4）避免上身过于前倾，若女士着领口较大的服装时，应护住胸口。

第二节　大学生交往礼仪

在现实生活中，交往是人类最基本的社会活动。各种具体的人际交往形式都有规范可循，这种规范就是交往礼仪，即人们在各种具体的交往场合中处理人际关系时所必须恪守的行为规范。在大学中，学生经常要与老师、同学打交道。因此，大学生应掌握一些与老师、同学交往的礼仪，并正确地加以运用，保持良好的师生、同学关系。

一、与老师交往的礼仪

与老师的交往是大学生人际交往的最重要的内容之一。老师是大学生感悟人生、获取知识、学有所成的引路人。古人云："师同父母。"作为深受老师教诲之恩的大学生，在与老师交往的过程中应尊敬老师，尊重老师的劳动，虚心接受老师的批评教育，严格遵循有关礼仪规范。

（一）教学中应注意的礼节

（1）为老师做好课前准备，如擦干净黑板、讲台、协助搬教学仪器等。

（2）上下课时要和老师相互致礼。

（二）请教老师问题时应注意的礼节

（1）事先把请教的问题考虑清楚，以便明确地向老师提出问题。

（2）请教的态度要谦虚，不要随便打断老师的讲述。若遇观点不同时，可用征询的语气委婉地说出自己的不同意见，谦虚地与老师探讨。

（三）进出办公室的礼节

（1）学生进老师办公室时，一定要先敲门，得到允许后方可进入。

（2）进入后应与看到自己的其他老师点头致意。

（3）注意不要坐在其他老师的座位上，也不要随便乱翻办公室的东西。

（4）事情办完，应及时离开办公室，并礼貌地与老师告别。告别一般是先谢后辞，如"谢谢老师，再见!"

（5）进出办公室的动作要轻，不要大声喧哗，以免影响其他老师工作。

（四）与老师交谈的礼节

（1）身到。和老师在一起时，身体姿态要到位。有座位则先请老师入座，如果老师不坐，学生也应该站立，保持恰当的距离。交谈距离应保持在1.5m左右，太近或太远都是不礼貌的。无论是坐着，还是站着，都要姿态端正。

（2）眼到。与老师交流时，要注意眼神交流，不东张西望，不要扫视老师的办公环境。

（3）耳到。认真倾听老师的话，不要心不在焉，左耳进右耳出。

（4）口到。交流过程中，要给予老师语言上的回应。不要随便打断老师的谈话，谈话中若遇有急事需要离开时，应向老师打招呼表示歉意。

（5）心到。所谓"良师益友"，指的就是与老师像朋友一样平等交流，用心体会老师的话，信任老师。与老师交谈态度应诚恳，说话应实事求是。

此外，在校园遇到老师时，应该主动向老师问好，切不可因害羞或不好意思开口而故意假装看不见。即便这位老师已经不为你授课，也要上前热情地打招呼，不能给老师一种"用人朝前，不用人朝后"的感觉。

二、与同学交往的礼仪

同学之间的交际具有平等性和非功利性的特点，在这一基础上建立起来的友谊纯洁、稳定、长久。如何在学生时代处理好同学之间的关系，关键的一点是要以礼相待。

（一）善于交友，不自卑、不自傲

同学之间交往要互助，这样才能有益于双方。近朱者赤，近墨者黑。要善于交友，学会选择志同道合的朋友，真诚待人。同学之间在人格上是完全平等的，因此彼此要相互尊重，过于自傲或者过于自卑都会拉大同学之间的距离，影响同学之间的正常交往。

对于同学遭遇的不幸、偶尔的失败、学习上暂时的落后等，不应嘲笑、冷落、歧视，而应该给予热情帮助。既要帮助对方分析原因，总结经验教训，也要用安慰、鼓励的话语去抚平对方心灵的伤痕。有时，即使是一句话也不说，只陪对方散步、打球也不失为友爱的方式。

（二）团结同学，不排斥他人

在一个班集体或者一个宿舍中，总有一些关系不错的同学，相互的生活习惯相似，共同话题比较多。但切忌长时间只接触关系要好的同学，而不和他人相处，形成小群体。尤其是当小群体的利益与集体利益发生矛盾时，则应以大集体的利益为先，舍弃小群体的利益。

（三）同学交往，不互相攀比

由于还没有经济收入，同学们的生活水准取决于家庭的经济状况，因此，不能相互攀比物质生活情况。这样做既不能体现个人能力，又不能展现家庭的优越性，反而不利于人际交往。如果要比较，应与同学比志气，比成绩，比社会实践，这些东西才能显示自我的能力。

（四）语言文明，不出口伤人

在交流的过程中，讲话要诚恳谦虚、温文尔雅，关心同学的兴趣和情绪，讲究语言美，切忌自以为是、出言不逊、恶语伤人。听同学说话时，不要轻易打断别人的讲话；要插话或提问时，一定要先打招呼。若同学说得欠妥或说错了，应在不伤害同学自尊心的情况下，恳切、委婉地指出。

不要在背地里说长道短，这是同学间相处最忌讳的事情。即便听到别人说，也要分析真伪，不轻易相信，要有自己的是非判断标准。

（五）合理退让，不揭人短处

同学之间天天相处，难免会有一些磕磕绊绊或意见上的分歧，要注意克制自己、尊重别人，要破除身上的"骄""娇"二气。在与他人发生争论的时候，要心平气和地讲道理，要作出合理退让，不能一味地发泄情绪或用不文明的语言辱骂同学，更不能粗暴地动手打架。争论时不能翻旧账，不要对已经过去的事情耿耿于怀、揭人短处，更不能对同学进行人身攻击和具有侮辱性的言语攻击。

（六）与异性同学交往时的注意事项

男女同学交往时，要以礼相待，相互尊重、相互帮助。男同学应彬彬有礼，女同学应文雅大方，接触的地点要公开，举止、言谈要大方有礼，相互不要靠得太近。男女同学之间不宜过分亲昵，过分亲昵不仅显得太轻佻，易引起对方反感，还容易造成误会。

男女同学之间，不互起绰号，不讲粗话、脏话，不长久凝视对方，不打打闹闹。对异性同学的容貌、身体和衣着，不评头论足。在体力劳动等方面，男同学应该主动关心、帮助和照顾女同学。

三、掌握交往的艺术

作为涉世不深的青年学生，一方面乐于人际交往，另一方面应提高交往能力。甚至有个别同学将正常的人际交往视为畏途，勉强应付。因此，除了掌握与老师、同学交往的礼仪外，还应了解更多交往的艺术。

（一）语言艺术

"良言一句三冬暖，恶语伤人六月寒。"这句话告诉我们交往时要注意运用语言艺术。语言艺术运用得好，就能优化人际交往；相反，如果不注意语言艺术，往往在无意间就出口伤人，产生矛盾。

1. 称呼得体

称呼反映出人们之间心理关系的密切程度。恰当得体的称呼，使人能获得一种心理满足，使对方感到亲切，人际交往便有了良好的心理气氛。称呼不得体，往往会引起对方的不快甚至愤怒，使人际交往受阻或中断。因此，在人际交往过程中，要根据对方的年龄、身份、职业等具体情况，以及交往的场合，双方关系的亲疏远近来决定对方的称呼。对长辈的称呼要尊敬，对同辈的称呼要亲切、友好，对关系密切的人可直呼其名，对不熟悉的人要用全名称呼。

2. 说话注意礼貌

（1）适度地称赞对方。每个人都希望别人赞美自己的优点，如果我们能够发掘对方的优点，进行赞美，对方会很乐意与你多交往。但是，赞美要适度，要有具体内容，不能曲意逢迎。真诚的赞美往往能获得出乎意料的效果。

（2）正确运用语言，表达清楚、生动、准确，有感染力、逻辑性强，少用俚语和方言，切忌滥用辞藻、含含糊糊、干巴枯燥。

（3）语音、语调、语速要恰当，要根据谈话的内容和场合，采取相应的语音、语调和语速。

（4）讲笑话时要注意对象、场合、分寸，以免笑话讲得不得体，伤害他人的自尊心。

（5）避免争论。青年大学生喜欢争论，但争论往往是在互不服输、面红耳赤，甚至演化成直接的人身攻击或严重的敌意中结束，这对人际关系的不良影响是显而易见的。因此，大学生要尽量避免争论，而要通过讨论、协商的途径解决分歧。

语言艺术运用得好，就能吸引对方，从内容到形式适应对方的心理需要、知识经验，使人际交往密切起来。

（二）非语言艺术

非语言艺术一般包括眼神、手势、面部表情、位置、距离等。掌握和运用好这种交往艺术，对大学生搞好人际交往是必不可少的。面部表情是内心情绪的外在表现，它能表达人的态度和情感，如眉飞色舞表示内心高兴，怒目圆睁表示愤怒等。交往中还可用肢体动作来表达思想，大学生在人际交往中，应根据谈话的内容和场合，正确运用非语言艺术，巧妙地表达自己的思想感情，有时能起到"此时无声胜有声"的作用。下面，笔者主要介绍一些常用的手势及表情等。

1. 手势

手势是人们交往时不可缺少的动作。手势表现的含义非常丰富，表达的感情也非常微妙复杂，如招手致意、挥手告别、拍手称赞、拱手致谢、举手赞同、摆手拒绝等。手势是最有表现力的一种体态语言。常用的手势及要领如下。

（1）请。请的动作是引导礼仪中的一种。在接待宾客时，它往往是迎宾环节中最重要的一环，能够树立单位良好的社会形象，给人留下热情的服务形象。请的要领：指人、指物、指方向时，应当是手掌自然伸直，掌心向上，手指并拢，拇指自然稍稍分开，手腕伸直，使手与小臂呈直线，肘关节自然弯曲，指向目标。

（2）鼓掌。鼓掌传达的是一种毋庸置疑的意念，表示力量、喝彩、鼓舞、奋起，也表示喜悦、欢迎、感激。作为一种礼节，鼓掌应当恰到好处。鼓掌的要领：面带微笑，抬起双臂，抬起左手手掌到胸部，掌心向上，以右手除拇指外的其他四指轻拍左手中部。此时，节奏要平稳，频率要一致。鼓掌要适时适度，掌声大小应与气氛相协调。

（3）握手。在社会交往中，握手可以表达友好，并加深双方的理解与信任，还可以表示尊敬、景仰、祝贺、鼓励，并且往往象征着合作、和解、和平。握手的要领：握手时两人相距一步，双腿立正，上身稍向前倾，伸出右手，虎口相对、四指并拢，两人手掌与地面垂直相握，时长通常以3～5s为好；握手的力度应适度，应有眼神和语言的交流，随后松开手掌，恢复原状。

（4）鞠躬。鞠躬同握手一样，也是表示对他人敬重的一种礼节。在我国，鞠躬常用于晚辈对长辈表达由衷的敬意和感谢，也常用于服务人员对宾客致意，有时还用于向他人表达深深的感激之情或诚恳的道歉之意。鞠躬的要领：行鞠躬礼时，脱帽、立正、双目注视对方，面带微笑，然后上身向前倾斜，自然弯下15°～30°左右，低头，眼睛向下看。有时，为深表谢意，前倾度数可加大。鞠躬礼毕，直起身时，双目还应有礼貌地注视对方，使人感到诚心诚意。

（5）递接物品。在日常生活中，递接物品在所难免，礼貌地递接物品也是一种礼节。递接物品的要领：递送时，上身略向前倾，双手接取或递送。要将文件或证件等正面向上并朝向对方递送。拿杯子要拿中下部，避免手部触碰杯口，如无人接，要轻拿轻放。递送笔、剪子、刀之类的尖锐物品时，避免尖锐部分朝向对方。别针之类的小东西，可以将它们托在纸上递给对方。

2. 表情

表情是人们内心情绪的外在表现，最能够表现出人的真情实感。健康的表情应该是自然诚恳、和蔼可亲的，是一个人优雅风度的重要组成部分。同时，表情对人的语言起着解释、澄清、纠正、强化的作用。构成表情的主要因素是微笑和目光。

（1）微笑。笑容有很多种，如大笑、微笑、怯笑、苦笑等，但其中最美的还是微笑。微笑是一种礼节，它能够消除人与人之间的陌生感，创造融洽、和谐、互尊互爱的氛围，减轻人们身体和心理上的压力。在人际交往中，为了表示相互敬重、友好，保持微笑是十分必要的。大学生日常可有意加强微笑的练习。

（2）目光。眼睛是心灵的窗户。在人际交往中，一个良好的交际形象的目光应该是亲切的、和蔼的和有神的。我们要有意识地用眼神交流，正确地表达内心的情感。

在人际交往中，根据场合和交往对象的不同，注视他人身体的部位也有所不同。一是社交凝视，注视区域是以双眼为上限，注视位置在对方唇心到双眼之间的三角区域，适用于一切社交场合的目光凝视，如群众、同事间的交流，能营造一种平等放松的交往氛围。二是亲密凝视，注视位置是对方双眼到胸部之间的区域，适用于亲人、恋人之间的交流。在与他人关系比较生疏的情况下，选择这种方式的凝视将会被视为无礼或者不怀好意，有非分之想。三是公务凝视，注视区域是以双眼为底线，注视位置在对方双眼到额头之间的区域，适用于洽谈业务或谈判等，给人一种严肃、认真的感觉。

值得注意的是，在人际交往中，不要盯住对方某一部位用力、长时间地看，尤其是异性之间。与人说话时，目光集中在对方的下巴；听人说话时，要看着对方的眼睛，这是一种既讲礼貌又不容易疲劳的方法。不斜视或者偷偷注视对方，这样做容易使交往对象有被监视的感觉，自己的形象也会因此受损。谈话时切勿东张西望或者看表，如果想中断谈话，可有意识地将目光转向他处。

3. 倾听

大学生要学会有效地倾听。人际关系学者认为倾听是维持人际关系的有效法宝，几乎所有的人都喜欢听他（她）自己讲话的人。所以，大学生要学会有效地倾听。在沟通时，听者要少讲多听，不要打断对方的谈话，最好不要插话，要等别人讲完之后再发表自己的见解。要尽量表现出聆听的兴趣，听别人讲话时要正视对方，切忌小动作，以免对方认为你不耐烦。力求在对方的角色上设身处地地考虑问题，对对方表示关心、理解和同情，不要轻易地与对方争论或妄加评论。

第三节　校园公共场合礼仪

学校是一个人成长的地方，校园礼仪是师生应共同遵守的尊重彼此的行为规范，也是学生的一门必修课。本节主要介绍学生在课堂、食堂、宿舍以及参加会议活动时应有的礼仪。

一、课堂礼仪

课堂是同学们共同学习的场所，小班授课一般有40～50人，大班授课甚至要上百人，授课的老师只有1人。因此，自觉遵守课堂礼仪对师生高质量地完成课堂任务尤为重要。

（一）请关闭手机或将手机调为振动、静音

关闭手机或将手机调为振动、静音模式是课堂上的基本礼仪，课前应检查自己的手机是否关闭，或者是否调为振动、静音。学生在课堂上应做到手机不响，不随意接打电话。

（二）迟到请走后门

尽量早几分钟进教室为上课作准备。由于特殊原因迟到，如果教室有两扇门，请从后门进入。遇到只有一扇门的教室，应该轻轻进入，就近找位置坐下。若老师看你，可轻声说"对不起"。如果要去卫生间，最好在课间休息时，如果课堂上实在忍不住了，也没有必要让整个教室的人听到你跟老师打报告，只要安静地走开就行了。

（三）上课请注意形象

尽管大部分课堂对仪容仪表没有太多的要求，但学生依然要以着装严肃、大方、得体为准则。不要化过浓的妆上课，更不要在课堂上照镜子、梳头，甚至补妆。

（四）请随身带离垃圾

大学不像中小学那样对课堂纪律要求得那么严格，但是，有的潜在规则时刻在考验你作为一个大学生的礼仪修养。尽量不要把食物带进教室，上课的时候不要吃东西或咀嚼口香糖，下课后应随身带离垃圾。

二、食堂用餐礼仪

学校食堂是师生共同就餐的场所，这里就餐人数多，就餐时间集中，工作人员往往比较繁忙，因此大学生应注意就餐礼仪。

（一）遵守秩序，注意礼貌

按规定时间就餐，遵守秩序，互相礼让，自觉按先后次序排队购买饭菜，不插队，更不应打闹、起哄或出现其他不文明行为。购买饭菜时，注意使用礼貌的称呼和语言，如"师傅""阿姨""请""麻烦你""谢谢""对不起"等。

（二）爱护卫生，节约粮食

进食堂不随地吐痰，不把骨头、菜屑等到处乱丢，剩余的饭菜应倒在指定地方。进餐时不要打喷嚏、咳嗽，万一不能控制，必须把头转个方向，用纸巾掩住口鼻。注意节约粮食，购买的饭菜应以吃饱为度，不要超量购买，以免吃不完造成浪费。

（三）端稳托盘，注意避让

学生在端汤盘到餐桌用餐时，要端稳托盘，注意避让，不要边走边吃，或边走边看手机，以免碰撞发生烫伤意外。如果不小心将汤溅到别的同学身上，要礼貌地说声"对不起"。如果别的同学不小心将汤溅到自己身上，也不要大动肝火。

（四）合理意见，礼貌提出

就餐时，如果发现饭菜有异物或质量问题，不要与食堂工作人员发生争执，更不可冲动，大发脾气，做出不理智行为，应找有关管理人员反映情况，以帮助食堂改进工作，提高服务质量。

三、宿舍生活礼仪

宿舍是大学生共同生活的场所，学生有超过一半的时间待在宿舍。所以，在这里生活得怎么样，将直接影响同学之间的人际关系以及学生的学习状况。宿舍也是反映学生精神文明和礼仪修养的一个窗口。因此，大学生除了遵守学校宿舍的管理规定外，还应做到以下五个方面。

（一）内外整洁，美化环境

住集体宿舍要注意清洁卫生，自觉搞好个人卫生。衣服、被褥要勤洗。早上起床后，床位要打扫干净，被褥要铺叠整齐，洗漱用具、衣服鞋袜要放好。在搞好个人卫生的同时，还应关心集体、关心他人。除了规定的值日外，大学生要主动自觉地搞好公共卫生，保持宿舍的内外整洁并美化环境，如贴一些内容健康的图画、养一些花草等，努力为学习、生活创造一个舒适、优美、整洁、卫生的良好环境。

（二）搞好团结，爱护公物

在日常生活中，难免会发生一些矛盾和不愉快的事情，大家要克制自己，宽以待人，互相谅解。即使是原则问题，也应心平气和地说明道理。当别人发生争吵时，不要袖手旁观，更不能火上浇油，而应耐心劝解，帮助解决矛盾，搞好团结。要爱护公用物品，如果不小心弄坏了，要及时报修，并按价赔偿。

（三）主动关心，热情照顾

同学生病时，要主动关心，热情照顾，如陪同看病、上食堂买饭、打开水等，尽可能帮助病人处理一些力所能及的事情。同时，要保持宿舍的安静，并给病人以精神安慰，促使其尽快恢复健康。另外，遇到同学在生活上有困难时，应提供力所能及的帮助。

（四）注意节制，勿扰他人

由于每个人的兴趣爱好、生活习惯、性格情趣不同，自己娱乐的时候不要高声怪叫，妨碍他人看书学习，注意作息时间，按时休息。起床或就寝的时候，动作要轻，声音要小，尽量不要开灯，以免影响别人休息。

（五）同学隐私，适当回避

当同学有亲友来访并谈论一些私事时，其他同学要适当回避。有的学生不愿将自己的某些情况，或家中的某件事告诉别人，也不愿细谈。其有权保密，个人隐私应受到尊重。在集体生活中，每位同学都要尊重别人的隐私权，凡别人不愿谈的事，不要去打听。

四、图书馆礼仪

学校图书馆拥有成千上万的馆藏图书，是一个知识的海洋，又是一个科学的殿堂。学生们进入图书馆以后，要遵守图书馆的借阅指南，讲礼貌，守公德。

（一）保持安静

保持图书馆内的安静，进入图书馆时走路要轻（女生不宜穿高跟鞋走动）、入座起座时要轻、翻看书刊时要轻。在图书馆要尽量少说话，遇到朋友时，最好以点头微笑的方式打招呼。若需要与学友交换意见或接打电话，应简明快捷。较长时间的讨论或打电话，则应到室外进行。

（二）遵守秩序

在借还图书时，要按先后次序排队，不要争先恐后，更不要插队。进入图书阅览室时，不要为自己的同伴预占位置，也不要去抢占暂时离开的读者的座位，如果临时走开，回来时发现自己的座位被他人占据，此时不妨轻声商量，达成互相谅解。此外，在阅览室看书时，应一本一本地取下来阅读，不要同时占用几本书，阅读后要及时将书籍放回原处，以便他人阅读。

（三）爱护阅读环境

在图书馆阅读时，不要乱扔纸屑、随地吐痰、大声咳嗽、吃零食或嚼口香糖，在图书阅览室边看书边吃东西，不仅影响他人阅读，破坏学习气氛，还易弄脏图书。雨天进入图书馆时，应注意把雨具放在指定地点，还要把鞋底的泥水弄干净，以免溅到其他读者身上或把图书馆的地面弄脏。离开阅览室时，应把自己的座位清理干净，废弃的纸张应自觉扔进馆内的垃圾篓，或带到馆外扔到垃圾箱内。

（四）爱惜图书

爱惜图书，不能因自己需要某种资料而损坏图书，应该避免在书上画线、做标记或折页、写字等。若需要某种资料，可借出复印或拍照获取。

五、活动礼仪

（一）升降国旗的礼仪

国旗是神圣而庄严的。升降国旗，应该在一种严肃、庄重的气氛和场合中进行。举行升旗仪式时，队列要安静整齐，并面向国旗。当主持人宣布迎旗时，在场的师生要庄严肃立。升旗奏国歌时，全体同学要立正、脱帽，并行注目礼。聆听国旗下演讲时，要做到神情专注，适时适度鼓掌。若有特殊原因，未能按时到达指定地点，在国歌声响起时，要原地肃立。降旗时，同样要立正，并行注目礼。

(二) 观看文艺演出的礼仪

观看文艺演出要有时间观念，应提前入场，必要的话，还要自觉接受安全检查，并听从现场工作人员的指挥。如果已经迟到，应悄悄入座。穿过座位时，姿势要低，声音要轻，以不影响他人观看演出为宜。在文艺演出的中途，观众不宜退场。如果你要提早离开，最好选择坐在最靠边的座位或是最后一排，且等到剧目间隔或幕间休息时再离开，以免你的离开影响他人。

演出过程中要保持安静，关掉手机，或者将手机调成静音或振动状态，不在演出场所内做出吸烟、吃零食、嚼口香糖、闲聊、接打电话等不文明行为。对演出中的精彩部分，可以适时适度鼓掌，不起哄、不喝倒彩。

演出结束后，应把自己的座位清理干净，将各种垃圾带出场外，依序退场，不拥挤，不在场内滞留。

(三) 运动会礼仪

运动会是学校重要的活动之一。在运动会上，无论观众还是运动员都要遵守纪律，注意礼仪。要听从指挥，按时进场、退场，不随意中途离席。

观众不要过分大声喧哗，或施以嘘声讥笑、粗言辱骂等失礼行为，要适时适度地鼓掌，不起哄、不喝倒彩、不吃零食，不随意投掷空罐、纸屑、果皮，以免影响比赛。

运动员要遵守比赛时间，尊重比赛对手，不弄虚作假；要服从裁判的判决，不与裁判直接发生争吵（可于比赛结束后向工作人员申诉），并以公平竞技的态度来对待比赛。

(四) 参加讲座（会议、报告）的礼仪

大学生参加讲座（会议、报告）时，应衣着整洁、仪表大方，要遵守纪律和公德，要准时出席，不迟到、不早退、不任意离席，并在指定的位置就座，不自由散漫，到处走动。在讲座（会议、报告）过程中，要全神贯注、保持肃静，不要闭目养神、玩手机、看与讲座（会议、报告）内容无关的书籍、吃零食，更不要与旁人交头接耳、窃窃私语或高声谈话。对讲座（会议、报告）中的精彩部分，可以鼓掌，以表示赞同和钦佩。在一般情况下，不要随意离开。如有特殊原因需离场时，也应悄悄离场，以减少对报告人和听众的干扰。

在讲座（会议、报告）进行时，如果需要听众发言，要先举手，得到主持人的同意后，方可发言。发言中要注意观点明确，以理服人。对讲座（会议、报告）中的某些观点不同意，或由于讲座（会议、报告）中的引例和数据不够准确而有不同看法时，可以采取正确而礼貌的方式予以处理，可通过向主讲人递条子的办法指出讲座（会议、报告）中的某些欠妥之处，或可在讲座（会议、报告）结束后向组织者提出意见。对不同的意见，不要乱扣帽子，切忌出言不逊、恶语伤人。

讲座（会议、报告）结束后，应依序退场，并把自己的座位清理干净，将各种垃圾带出场外。

问题思考

1. 请对照本章所学内容纠正自己平时的仪容、仪表、仪态。
2. 你认为在与老师、同学的交往中，最应该注意哪些方面的问题？
3. 请根据本章的所学内容简述主要的校园公共场合礼仪。

第九章 安全教育

学习目标

1. 了解安全相关知识常识，增强安全防护意识。
2. 掌握安全防范技能、防灾避险能力、安全信息搜索与安全管理技能，提高自我保护能力，培养学生的安全责任感。

第一节 国家安全

2015年7月1日，全国人民代表大会常务委员会通过的《中华人民共和国国家安全法》第一章第十四条规定，每年4月15日为全民国家安全教育日。全民国家安全教育日是为了增强全民国家安全意识，维护国家安全而设立的节日。

一、什么是国家安全

《中华人民共和国国家安全法》第一章第二条规定：国家安全是指国家政权、主权、统一和领土完整、人民福祉、经济社会可持续发展和国家其他重大利益相对处于没有危险和不受内外威胁的状态，以及保障持续安全状态的能力。

当代国家安全包括16个方面的基本内容：政治安全、国土安全、军事安全、经济安全、文化安全、社会安全、科技安全、网络安全、生态安全、资源安全、核安全、海外利益安全、生物安全、太空安全、极地安全、深海安全。

二、当前大学生国家安全意识现状

我国当前面临的国际环境复杂多变，而部分大学生的国家安全意识不强，对国家安全的认识不足，具体体现在以下三个方面。

（1）大学生对国家安全的概念仍停留在军事、国防、领土、战争、情报、间谍等一些传统、局部的认识上。只有全方位理解国家安全，才能端正大学生的思想认识，增强国家安全意识。

（2）把国家安全片面等同于情报、间谍等活动，自觉维护国家安全的责任意识不足，容易产生"国家安全与己无关"这种极其错误的观念。维护国家安全不仅是公民的义务，还是公民的权利。大学生应该摒弃错误观念，以国家主人翁的姿态，积极正确地履行维护国家安全的各项义务。

（3）对国内外敌对势力破坏活动的警惕性不强，安全意识淡化。存在"对外开放无密可保""和平期间无间谍"等麻痹思想，甚至给国家安全和利益造成重大损失，教训极为惨痛深刻。

三、为什么要维护国家安全

国家安全不是模糊的、遥远的概念，而是具体的、细微的实践，它与每个人都息息相关。国家安全不仅关乎国家的兴亡，还关乎每个公民的切身利益。维护国家安全，既能保护国家利益，又能保护个体利益。一旦国家安全受损，我们就可能付出巨大代价。将维护国家安全上升到法律层面，以法律形式确定全民国家安全教育日，彰显了我们全面依法治国和推进国家安全宣传教育工作的坚强意志和决心。我们要认真学习宣传《中华人民共和国国家安全法》，增强每个人的国家安全意识和维护国家安全的能力。这是实现国家富强、民族振兴的重要保证，是公民爱国主义精神的具体表现，是每个公民义不容辞的职责。

四、大学生应该怎么维护国家安全

（一）始终树立国家利益高于一切的观念

国家安全涉及社会生活的方方面面，是国家、民族生存与发展的首要保障。科学技术是没有国界的，但知识分子不能没有自己的祖国。所以，把国家安全放在高于一切的位置，既是国家利益的需要，又是个人安全的需要。

（二）要努力熟悉有关国家安全的法律、法规

据统计，涉及有关国家安全和保密工作的法律、法规有一百多种，我们都应该有所了解，弄清什么是合法，什么是违法，可以做什么，不能做什么。其中，特别应当熟悉这些法律、法规：《中华人民共和国宪法》《中华人民共和国国家安全法》《中华人民共和国保守国家秘密法》《中华人民共和国刑法》《中华人民共和国刑事诉讼法》《科学技术保密规定》等。对遇到的法律界限不清的问题，要肯学、勤问、慎行。

（三）要善于识别各种伪装

从理论上讲，有关国家安全的常识、规定都比较完善了，依规行事不会出什么大问题，但是，实际生活比我们想象的要复杂得多。比如，有的情报人员采用五花八门的手段，套取国家秘密、科技情报和政府内部情况。如果丧失警惕，就可能上当受骗，甚至违法犯罪。因此，在对外交往中，既要热情友好，又要内外有别、不卑不亢；既要珍惜个人友谊，又要牢记国家利益；既可争取各种帮助、资助，又不丧失国格、人格。识别伪装既难又易，关键就在于淡泊名利。对发现的别有用心者，要依法及时举报，进行斗争，决不准其恣意妄行。

（四）要积极配合国家安全机关的工作

国家安全机关是国家安全工作的主管机关，是与公安机关同等性质的行政机关，分工负责对间谍的侦查、拘留、预审和执行逮捕。当国家安全机关需要大家配合工作的时候，在工作人员表明身份和来意之后，每个同学都应当按照《中华人民共和国国家安全法》规定的义务的要求，尽力提供便利条件或其他协助，如实提供情况和证据，做到不推、不拒，更不能以暴力、威胁的方法阻碍工作人员执行公务，还要切实保守好已经知晓的国家安全工作的秘密。

俗话说："国富则民富，国强即民强。"国家安全机关为国家、民族的生存发展提供了有力的保障。维护国家安全是大学生报效祖国，弘扬爱国主义精神的重要体现。尽管我们的国家现在处于和平时期，但"天下虽安，忘战必危"，大学生作为社会主义的接班人和建设者，心系国家安全并自觉维护国家安全是神圣的职责。在当今全球化浪潮的席卷下，恐怖主义仍然存在。我国安全形势是好的，但不稳定因素依然存在。我国在和平道路的征途上还会遭遇各种风险和挑战。所以，维护国家安全是大学生履行义务，关心支持国家的必然要求。

五、危害国家安全的典型案例

案例一

近年来，境外反华势力利用互联网等渠道对我国开展意识形态"攻心战"，歪曲炒作境内热点事件，攻击诋毁我国政治制度。少数涉世未深的青年学生受到煽动蛊惑，不慎落入陷阱，被裹挟参与敌对活动，成为境外反华势力的"棋子"。

宋某是某高校在校学生，一次，在浏览国外网站时，网页给他推送了一个广告链接，引导他跳转到某反华政党官方网站。出于好奇的心态，也为了能够免费浏览该网站的新闻，宋某按照网站提示，申请加入该反华政党，并填写了姓名、电话号码以及邮箱等个人信息。

注册后，宋某陆续收到来自该反华政党发送的电子邮件，内容大多为介绍该反华政党的政治纲领及其近期反华活动的情况，并且邀请宋某以志愿者身份帮助该反华政党进行拉票、筹款等活动。除了加入该反华政党以外，宋某还关注多个境外反华账号，对相关反华内容进行浏览、转发和评论。

在深入侦查、固定证据的基础上，国家安全机关依法对宋某进行行政询问，并根据《中华人民共和国反间谍法》相关规定，给予宋某警告的行政处罚决定，并出具行政处罚决定书。经过教育转化，宋某对自己的行为表达了悔过态度，停止关注境外反华网站，删除相关负面言论，承诺今后不再从事类似活动。

案例二

1985年出生的陈某原为我国某军工科研院所下属公司的一名网络管理员。某日，陈某在公司门口偶遇了一名叫"彼得"的外国人。"彼得"自称是一名技术专家，想购买一些技术资料，并许以高额报酬。

在高额报酬的诱惑下，陈某凭借从事网络管理工作的便利和权限，窃取并向境外间谍情报机关提供了该科研院所的文件共5500多份，其中，机密级146份、秘密级1753份，以及其他大量内部文件。

2019年3月，北京市第二中级人民法院以间谍罪判处陈某无期徒刑，剥夺政治权利终身。

第二节 网 络 安 全

随着高度信息化与网络化时代的来临，社会对计算机网络的依赖达到空前高的程度，而网络安全问题也随之变得越来越严峻。网络安全无论从国家层面，还是对于用户来说，都具有重要的意义，我们需要注重网络安全。

一、什么是网络安全

国际标准化组织（ISO）为计算机网络安全下定义：为保护数据处理系统而采取的技术的和管理的安全措施，保护计算机硬件、软件和数据不会因偶然和故意的原因而遭到破坏、更改和泄露。

从不同的角度出发，网络安全的定义有一定差别。从广义角度看，网络安全主要保障网络中的硬件、软件与信息资源的安全性。从用户角度看，网络安全主要保障用户数据在网络中的保密性、完整性与不可否认性，防止用户数据的泄露、破坏与伪造。从管理角度看，网络安全主要保障合法用户能够正常使用网络资源，避免计算机病毒、拒绝服务、远程控制与非授权访问等安全威胁，提供及时发现安全漏洞与制止攻击行为等安全手段。从教育角度看，网络安全主要保障信息内容的合法与健康，控制包含不良内容的信息在网络中传播。

二、大学生网络犯罪的常见形式

根据大学生网络犯罪的现状，大学生网络犯罪主要有以下五种形式。

（一）用计算机网络进行网上欺诈交易

网购在人们现在的生活中占据着越来越重要的位置，同时，电子商务正在逐步取代传统的买卖双方见面的市场交易方式。在这种虚拟的网上交易中，消费者通常只能借助网络了解商品信息，并通过电子银行进行结算。这就给大学生网络犯罪提供了很多可以钻的空子，大学生的网络欺诈交易主要都是通过网络商务活动进行的，如开设网络商店，建立拍卖网站等。

（二）利用计算机网络进行盗窃等侵害他人财产的犯罪

网络自身并不是无懈可击的，也存在着各种漏洞和缺陷。大学生利用丰富的计算机知识和高超的计算机技术，通过网络非法侵入他人的计算机，获取他人的信息，侵害他人财产。例如，入侵他人金融账号进行盗窃，使用他人账号进行上网或网购的犯罪。

（三）利用计算机网络建立色情网站，传播淫秽信息

一方面，网络上关于淫秽、色情的信息有很多；另一方面，大学生正处于一个情绪易波动的年龄，面对淫秽、色情信息的抵抗力较弱，容易发生运用自己的技术传播淫秽信息，建立色情网站的犯罪行为。

（四）利用互联网散布反动言论，危害国家安全

网络信息量巨大，但其中的内容良莠不齐，有很多腐朽没落的思想文化混杂其中。非法分子往往利用互联网的这一特点散布传播非法消息，通过技术软件进行造谣、煽动，影响社会稳定与民族团结。大学生是一个易冲动的群体，容易被非法分子利用，相信谣言或被腐朽文化逐渐侵蚀，影响正常的思维方式，从而让大学生利用互联网散布反动言论，增强歧视和仇恨，破坏民族团结，影响社会稳定。

（五）制造网络病毒，造成社会恐慌

大学生法律意识淡薄，往往出于炫耀自己的目的，开发出一些病毒，并通过病毒造成的严重后果来显示自己的能力，而且意识不到自己的行为已经严重危害了社会安全。

三、大学生理性文明上网行为规范

（1）遵守《中华人民共和国网络安全法》《中华人民共和国计算机信息网络国际联网管理暂行规定》《计算机信息网络国际联网安全保护管理办法》，以及关于保护知识产权的法律法规和上级有关规定，严格执行安全保密制度，不利用学院校园网或相关平台从事任何违反法律、法规、规定的活动。

（2）接受并配合国家有关部门和学院主管部门依法进行的监督、检查和指导。

（3）使用自己的账号上网，不盗用他人账号、不转借个人账号。

（4）保证不制作、不复制、不查阅和不传播下列信息：
①煽动抗拒、破坏宪法和法律、行政法规实施的信息；
②煽动颠覆国家政权、推翻社会主义制度的信息；
③煽动分裂国家、破坏国家统一的信息；
④煽动民族仇恨、民族歧视，破坏民族团结的信息；
⑤捏造或者歪曲事实，散布谣言，扰乱社会秩序的信息；

⑥宣扬封建迷信、淫秽、色情、赌博、暴力、凶杀、恐怖、教唆犯罪的信息；

⑦公然侮辱他人或者捏造事实诽谤他人的信息；

⑧损害国家机关信誉的信息；

⑨其他违反宪法和法律、法规的信息。

（5）不利用校园网或相关平台在互联网上发表任何言论、不传播任何信息。

（6）不从事下列危害计算机信息网络安全的活动：

①未经允许，进入计算机信息网络或者使用计算机信息网络资源的活动；

②未经允许，对计算机信息网络功能进行删除、修改或者增加的活动；

③未经允许，对计算机信息网络中存储、处理或者传输的数据和应用程序进行删除、修改或者增加的活动；

④故意制作、传播计算机病毒等破坏性程序的活动；

⑤其他危害计算机信息网络安全的活动。

（7）发现网络上的违法犯罪行为和有害信息时应及时报告。

四、大学生网络安全防范常识

（一）防范网络电信诈骗

1. 常见电话类诈骗

（1）冒充公检法诈骗。犯罪分子冒充公检法工作人员拨打受害人电话，以事主身份信息被盗用涉嫌洗钱犯罪为由，要求将事主资金转入国家账户配合调查。

（2）医保、社保诈骗。犯罪分子冒充医保、社保中心工作人员，谎称受害人医保、社保出现异常，可能被他人冒用、透支，涉嫌洗钱、制贩毒等犯罪，之后冒充司法机关工作人员以公正调查，便于核查为由，诱骗受害人向所谓的"安全账户"汇款实施诈骗。

（3）解除分期付款诈骗。犯罪分子通过专门渠道购买购物网站的买家信息，再冒充购物网站的工作人员，声称"由于银行系统错误原因，买家一次性付款变成了分期付款，每个月都得支付相同费用"，之后再冒充银行工作人员诱骗受害人到自动取款机办理解除分期付款的手续，实则实施资金转账。

（4）包裹藏毒诈骗。犯罪分子以事主包裹内被查出毒品为由，称事主涉嫌贩毒犯罪，要求事主将钱转到国家安全账户以便公正调查，从而实施诈骗。

（5）票务诈骗。犯罪分子冒充航空公司客服人员，以事主"航班取消、提供退票、改签服务"为由，逐步将事主引入诈骗圈套，要求其多次进行汇款操作，实施连环诈骗。

（6）虚构车祸诈骗。犯罪分子虚构受害人亲属或朋友遭遇车祸，以需要紧急处理交通事故为由，要求对方立即转账。当事人因情况紧急便按照嫌疑人指示，将钱款打入犯罪分子指定的账户。

（7）虚构手术诈骗。犯罪分子以虚构受害人子女或老人突发急性病需紧急手术为由，要求事主转账方可治疗。遇此情况，受害人往往心急如焚，按照嫌疑人指示转款

（8）购物退税。犯罪分子事先获取到事主购买房产、汽车等信息后，以税收政策调整，可办理退税为由，诱骗事主到自动取款机上实施转账操作，将卡内存款转入骗子指定的账户。

（9）"猜猜我是谁"。犯罪分子获取受害者的电话号码和姓名后，打电话给受害者，让其"猜猜我是谁"。随后，根据受害者所述，犯罪分子冒充熟人，并声称要来看望受害者。随后，犯罪分子编造其被治安拘留、卷入交通肇事等理由，向受害者借钱。很多受害人没有仔细核实就把钱打入犯罪分子提供的银行卡内。

（10）破财消灾诈骗。犯罪分子先获取事主的身份、职业、手机号等资料，拨打电话并自称黑社会人员，受人雇佣并要对其加以伤害，但事主可以破财消灾，随即提供账号要求受害人汇款。

2. 网络诈骗类

（1）钓鱼网站诈骗。犯罪分子以银行网银升级为由，要求事主登录假冒银行的钓鱼网站，进而获取事主的银行账户、网银密码及手机交易码等信息实施犯罪。

（2）QQ诈骗。犯罪分子通过搜索财务人员QQ群，以会计资格考试大纲文件等为诱饵发送木马病毒，盗取财务人员使用的QQ号码，并分析、研判出财务人员老板的QQ号码，再冒充公司老板向财务人员发送转账汇款指令。

（3）网购诈骗。犯罪分子开设虚假的购物网站或淘宝店铺，一旦事主下单购买商品，便称事主系统故障，订单出现问题，需要重新激活。随后，犯罪分子通过QQ发送虚假的激活网址，受害人填写好淘宝账号、银行卡号、密码及验证码后，银行卡上的金额便不翼而飞。

（4）订票诈骗。犯罪分子利用门户网站、旅游网站、百度搜索引擎等投放广告，制作虚假的网上订票公司网页，发布机票订购、火车票订购等虚假信息，以较低票价引诱受害人上当。随后，再以身份信息不全、账号被冻结、订票不成功等理由要求事主再次汇款，从而实施诈骗。

（5）二维码诈骗。诈骗分子以降价、奖励为诱饵，要求受害人扫描二维码成为会员，实则附带木马病毒。受害人一旦扫描安装，木马病毒就会盗取其银行账号、密码等个人隐私信息。

3. 预防网络诈骗的措施

（1）保护个人信息，妥善保管好自己的身份证、手机、银行卡、网银U盾等。

（2）不出租、出借、出售电话卡、金融账户，包括银行卡、微信、支付宝账户及支付二维码等。

（3）科学上网，不登录或点击来历不明的网址、短信及邮件，不轻易添加陌生人为好友。

（4）通过正规渠道办理银行账户业务，在自动取款机等自助设备操作时，注意安全防范。

（5）从正规渠道下载安装网上银行、手机银行安全控件和客户端软件，关闭计算机系统远程登录功能。

（6）设置较为复杂的账户密码，不使用简单数字排列的密码或以生日、证件号码、电话号码等为密码。

（7）如发现出租、出借、出售"两卡"（电话卡、银行卡）及网络账号的线索，应及时向公安机关举报。

（8）寻找兼职工作要警惕，不要被高薪轻松的噱头诱惑，切忌抱有侥幸心理参与"两卡"犯罪。

（9）下载并注册"国家反诈中心"APP。谨记"96110"电话号码是国家反诈预警专线，如遇可疑情况，不能确定是否属网络电信诈骗，可及时拨打电话进行咨询。

（10）下载注册"蓉城反诈卫士"小程序。"蓉城反诈卫士"是成都市公安局推出的一款反诈预警小程序，只要注册了账号，就会永久、自动纳入反诈预警保护。

（二）警惕校园贷

常见的校园贷手段有以下几类。

（1）未放款先收费。放款之前先收费是无抵押贷款最常见的伎俩。诈骗分子抓住借款人急于求成、缺乏常识的心理，第一步先取得信任，号称只需要提供身份证之类的信息就可以拿到借款；第二步编造各种理由，提前收取借款人的费用，通常以材料费、保证金等事由忽悠借款人上钩；第三步当借款人将钱打入对方账户后，诈骗分子便消失。

（2）承诺低息，实为高利贷。很多无抵押贷款骗局打着"日息低至××"的幌子，将借款人骗过来，最后以高利息放款。这种高利贷通常伴随着暴力催收。

（3）包装资质承诺成功。"不管你是黑户还是白户，当天就能办下贷款。"这是经常可能收到的诈骗短信内容。通常情况下，如果一旦缴纳手续费，按对方要求办理贷款，最终遇到的结果就是贷款没到手，高额的手续费先被骗走。

（4）花钱消除信用污点。由于不少借款人申贷被拒是个人信用产生污点所致，于是诈骗分子也做起了这种买卖。通常情况下，诈骗分子号称在银行里有熟人，可以花钱消除征信污点，一旦上套，大笔的好处费就进了诈骗分子的腰包，而你的个人征信污点没有被消除。

如何识别校园贷骗局？警方支招，看到这五大关键词，就说"不"：无须任何抵押、贷前先交费、超低息贷款、抵押贷款不要抵押物、无须见面传真合同。

更重要的是，作为在校大学生，要树立正确的消费观念，合理安排好生活费的使用，不超前消费，养成勤俭节约的习惯，量入为出。

（三）防范网络非法集资

网络非法集资的特点有四个：一是未经有关部门依法批准，包括没有批准权限的部门批准的集资，以及有批准权限的部门超越权限批准的集资；二是承诺在一定期限内给出资人还本付息，还本付息的形式除以货币形式为主外，还包括实物形式或其他形式；三是向社会不特定对象及社会公众筹集资金，集资对象多为低收入群体，其承受经济损失的能力较弱；四是以合法形式掩盖非法集资的性质。

防范非法集资的注意事项有以下五点：

（1）加强法律知识学习，增强法律观念；

（2）要时刻紧绷防范思想，不要被各种经济诱惑蒙骗，摒弃发横财和暴富等不劳而获的思想；

（3）在投资前，做足详细调查，对集资者的底细了解清楚；

（4）若要投资股票、基金等金融证券产品，应通过合法的证券公司申购和交易，不轻信非法从事证券业务的人员和机构，以及不盲目相信小广告、网络信息、手机短信、推介会等；

（5）社会公众不要轻信非法集资犯罪嫌疑人的任何承诺，以免造成无法挽回的巨大经济损失。

（四）防范网络传销

网络传销一般有两种形式：一是利用网页进行宣传，鼓吹轻松赚大钱的思想，如网页上的"轻点鼠标，您就是富翁""坐在家里，也能赚钱"等信息；二是建立网上交易平台，靠发展会员聚敛财富，主要通过交纳一定资金或购买一定数量的产品作为入门费，从而获得加入资格，或通过发展他人加入其中，形成上下线的层级关系，将直接或间接发展的下线所交纳的资金作为计算报酬的依据。

防范网络传销需注意以下两个方面。

（1）在遇到相关创业、投资项目时，要仔细研究其商业模式。无论打着什么样的旗号，如果经营的项目并不创造任何财富，却许诺只要交钱入会，发展人员就能获取回报，就应提高警惕。

（2）克服贪欲，不要幻想一夜暴富。如果抱着侥幸心理参与其中，最终只会落得血本无归、倾家荡产的下场，甚至走向犯罪的道路。

（五）防范假冒网站

假冒网站的主要表现形式有两种：一是假冒网站的网址与真实网站的网址较为接近；二是假冒网站页面的形式和内容与真实网站较为相似。

不法分子欺诈的手法通常有三种：一是将假冒网站地址发送到客户的电脑上或放在搜索网站上诱骗客户登录，窃取客户信息；二是通过手机短信、邮箱等，冒充银行名义发送诈骗短信，诱骗客户登录假冒网站；三是建立假冒电子商务网站，通过假的支付页面窃取客户网上银行信息。

防范假冒网站的措施如下：

（1）直接输入所要登录网站的网址，不通过其他链接进入；

（2）登录网站后，应留意核对所登录的网址与官方公布的网址是否相符；

（3）登录官方发布的相关网站辨识真伪；

（4）安装防护软件，及时更新系统补丁；

(5) 当收到邮件、短信、电话等被要求到指定的网页修改密码时，或当通知中奖并被要求在领取奖金前先支付税金、邮费等时，请务必提高警惕。

（六）防范"两卡"犯罪

1. 什么是"两卡"

"两卡"是指手机卡、银行卡。其中，手机卡包括日常使用的移动、电信、联通三大运营商的电话卡，虚拟运营商的电话卡，同时还包括物联网卡；银行卡包括个人银行卡、对公账户及结算卡、非银行支付机构账户（即平时使用率很高的微信支付、支付宝等第三方支付平台）。

2. 什么是"两卡"犯罪

"两卡"犯罪指非法出租、出售、买卖"两卡"的违法犯罪活动。

3. "两卡"犯罪包含哪些

"两卡"犯罪是指非法出租、出售、买卖"两卡"的违法犯罪活动。"两卡"犯罪涉及的罪名包括帮助信息网络犯罪活动罪，妨害信用卡管理罪，窃取、收买、非法提供信用卡信息罪，侵犯公民个人信息罪，掩饰隐瞒犯罪所得、犯罪所得收益罪、诈骗罪等。

4. 非法出租、出售、买卖"两卡"，可能承担的严重后果

（1）信用惩戒

银行将相关信息移送金融信用基础数据库，违法违规记录到个人征信报告，将在一定时间内影响相关人员的贷款和信用卡申请。

（2）限制业务

5年内暂停相关单位和个人银行账户非柜面业务，支付账户所有业务。也就是说，相关单位和个人5年内不能使用银行卡在ATM存取款，不能使用网银、手机银行转账，不能刷卡购物，不能通过购物网站快捷支付，不能注册支付宝账户，不能使用支付宝、微信收发红包和扫码付款。

（3）法律处罚

对于买卖、转借、转租手机卡、银行卡或者支付账户的单位和个人，公安机关将根据《中华人民共和国反电信网络诈骗法》对其违法行为予以行政处罚。情节严重、构成犯罪的，根据《中华人民共和国刑法》，以帮助信息网络犯罪活动罪，妨害信用卡管理罪，窃取、收买、非法提供信用卡信息罪，侵犯公民个人信息罪，掩饰隐瞒犯罪所得收益罪，诈骗罪等依法追究刑事责任。

5. 特别提醒

出租、出售、出借、购买个人银行账户、手机卡和各类支付账户，都属于违法犯罪行为。把自己的卡提供给犯罪分子使用，就是犯罪分子的帮凶，同样要承担法律责任。不论何种情况，在面对不法分子提出租借、收购手机卡、银行卡和支付账号等要求时，一定要保持清醒头脑，明辨是非，不为所动，千万不要以身试法，法律不会因为你是受骗者而减轻惩罚。

五、涉网络安全案例

案例一

2024年2月16日，浙江杭州博主徐某艺在某平台发布"在法国巴黎捡获一年级学生秦朗的寒假作业"相关视频，迅速引发全网关注热议，多日占据多个平台热搜榜。2月17日，江苏南通杨某在该视频评论区假冒"秦朗舅舅"进行引流并进行造谣、摆拍、直播，引发"全网寻人"行动。2月19日，徐某艺再次发布视频谎称"已联系到秦朗母亲"。

公安机关查明徐某艺与其公司编导薛某编造剧本，在网上购买寒假作业本，摆拍视频进行发布。浙江杭州公安机关已对徐某艺、薛某以及涉事公司处以行政处罚，并责令公开道歉，随后对其账号予以阶段性禁言。江苏南通公安机关已对杨某处以行政处罚，徐某艺账号已关停。

案例二

某校学生黄某，经民警调查，有参与"两卡"犯罪的重大嫌疑。之后，民警在该校内将黄某逮捕。经讯问，黄某在明知上游系境外诈骗分子的情况下，仍利用自己的手机及电话号码帮助诈骗分子架设通信设备实施诈骗，同时发展其他同学成为自己的下线，并怂恿同学积极参与，提供手机和手机卡供黄某使用，用于作案。黄某因涉嫌诈骗罪被公安机关执行"取保候审"强制措施，其余涉案4人分别被给予行政罚款或"两卡"惩戒处罚。

第三节　财　产　安　全

一、预防盗窃

盗窃是指以非法占有为目的，秘密窃取国家、集体或他人财物的行为。盗窃是一种最常见并为师生深恶痛绝的违法犯罪行为。其中，数额较大（一般在1000元以上）的称为刑事案件中的盗窃案，数额较小的按治安案件的偷窃案查处。高校中内盗发案率较高，主要是由于少数大学生对自己要求不严，人生观和价值观扭曲，法律意识淡薄，不顾家庭和自身的经济承受能力，追求时髦，导致没有钱花就去偷，逐步走上违法犯罪的道路。

预防和打击高校盗窃案，不仅是公安机关和学校保卫部门的重要任务，还是每个大学生应尽的责任和义务。增强防盗意识，掌握防盗的基本常识和技能，是防盗和保证安全的基础。

（一）学生宿舍如何防盗

（1）贵重物品不用时，最好锁在抽屉、柜子（箱子）里。
（2）注意保管好自己的钥匙，不要轻易借给他人。
（3）睡觉时锁好门窗，不将贵重物品放在窗台或靠窗的桌子上。
（4）假期不在宿舍时，要锁好门窗，不将贵重物品放于室内。
（5）最后离开宿舍的同学，要关好窗户并锁好门。
（6）不要留宿外来人员。
（7）刷卡进门时，防备可疑人员尾随进入。

（二）公共场所如何防盗

（1）贵重物品应随身携带或放在寄存处。
（2）在图书馆，物品存放在柜子里并且上锁。
（3）对形迹可疑的陌生人要提高警惕，留心观察。
（4）在人数较少的教室自习时，尤其要警惕。
（5）离开前清点物品，发现有物品被盗时，及时向保卫处报告。

（三）逛街购物时，如何防盗

（1）尽量少带现金，不露财。
（2）不把钱、手机放在后裤兜中。
（3）试衣时，要将背包和手袋交同伴照管。
（4）在超市购物时，不将包或衣物放在手推车或篮子里，以防被拎走。
（5）在外就餐时，将背包和手袋放在自己能照看得到的地方。
（6）不要光看热闹而忽视自己的财物。
（7）避开总黏在身边的陌生人。

二、预防抢劫、抢夺

抢劫是指以非法占有为目的，以暴力、胁迫或者其他方法施行的将公私财物据为己有的一种犯罪行为。抢夺指以非法占有为目的，乘人不备，公然夺取他人的财物。这两类犯罪行为都侵害了他人的人身权利，而且容易转化为凶杀、伤害、强奸等恶性案件，严重侵犯大学生的财产及人身权利，威胁大学生生命安全，造成大学生生命及精神上的损害，比盗窃犯罪具有更大的危害性，必须积极防范。

（一）如何预防抢劫和抢夺案件

（1）外出时不携带过多显眼的现金和贵重物品。
（2）不炫耀或显露现金或贵重物品。
（3）现金或贵重物品最好贴身携带。
（4）尽量避免在午休、深夜或人少的时候单独外出。

（5）不单独滞留或行走在偏僻、阴暗处。

（6）发现有人尾随或窥视，要朝有人、有灯光的地方走。

（二）万一遭受抢劫该怎么办

（1）如果具备反抗能力和时机，应及时发动进攻，制服或使作案人丧失继续作案的能力。

（2）在反抗时，可借助有利地形，利用身边的砖头、木棒等可以自卫的武器，与作案人相持，使作案人短时间内无法近身。

（3）无法与作案人抗衡时，可看准时机向有人、有灯光的地方或居民区奔跑，并大声呼救。

（4）当已处于作案人的控制之下无法反抗时，可按作案人的要求交出部分财物，巧妙地用语言与其周旋，使作案人放松警惕，看准时机反抗或摆脱控制。

（5）采用间接反抗法，即趁作案人不注意时，在作案人身上留下暗记，如在其衣服上擦点泥土、血迹，或在其口袋中装有标记的小物件等。

（6）尽量准确地记下作案人的特征，如身高、年龄、体态、发型、衣着、胡须、伤疤、语言、行为等。

（7）及时报案，准确描述作案人的特征，有助于相关部门及时组织力量布控，抓获作案人。

（8）牢记"人身安全第一"，必要时舍弃财物以保证人身安全。

三、涉财产安全案例

2016年末，某校公安处抓获一名惯犯。此人经常假扮学生，混迹于食堂之中，专盯边走边玩手机的学生，趁学生打饭将手机临时放入衣兜里的时候偷窃手机，或等候在门帘处，趁学生出入时掀门帘的空当下手。小偷频频得手，但最终还是被公安处的老师抓获。据小偷交代，他发现不少学生随身携带手机、平板电脑等贵重物品，就动了盗窃的念头，而之所以选择学校食堂下手，是因为高校就餐时间往往比较集中，学生们也是挤在一起打饭，自己行窃不容易被发现。

第四节 交 通 安 全

一、交通事故的危害

大学生交通安全是指大学生在校内和校外的道路行走、乘坐交通工具时的人身安全。只要有行人、车辆、道路这三个交通安全要素存在，就有交通安全隐患。也许只是一个小小的意外，就会造成严重后果，断送美好的前程，甚至付出生命的代价。我校临近交通要道，车辆通行量大、车速快，道路情况复杂，容易突发交通事故，同学们一定要注意交通安全。

二、交通事故的预防

（一）提高交通安全意识

不管是校内还是校外，发生交通事故最主要的原因是思想麻痹、安全意识淡薄。作为一名在校大学生，遵守交通法规是最起码的要求，若没有交通安全意识，则很容易造成生命危险。

（二）自觉遵守交通法规

除提高交通安全意识、掌握基本的交通安全常识外，还必须自觉遵守交通法规。以下四点是同学们必须掌握并要在日常生活中严格遵守的。

（1）乘公交车时，人多拥挤，车辆往来频繁，时停时开，且速度变化快。乘坐公交时，通常要注意几点：不要抢车、扒车或拥挤上车，防止发生纠纷；轻装简行，不要带大量财物，谨防扒手；随身携带财物，要注意防护；无座时，要抓紧扶手站好，防止被碰伤；女生乘车，在人多时，要注意保护自己，采取正确的站姿，防止发生性骚扰。

（2）步行通过马路时，要走有斑马线的人行横道、地道桥、高架桥；要养成勤观察的习惯；遵守交通规则，"但常行于所当行，常止于所不可不止"；熟悉交通符号标志，对"禁止通行"和"危险"标志标识的地域，不要逞强通过；不要翻越隔离栏等。

（3）骑自行车（电动车）时，要仔细检查车辆状况是否正常，重点看刹车装置是否有效；遵守交通规则，不逆行，不抢行；载人载物不要超宽、超高、超重；停车存放地点要安全可靠，停车要落锁；在交叉路口，要严格遵守交警指挥或信号灯指示；在多人同行时，要顺行不要并行等。

（4）驾驶机动车时，各类手续要齐全；自觉遵守《中华人民共和国道路交通安全法》和对机动车驾驶员的有关规定；严禁酒后驾车、无证驾车；注意交通标志和道路行驶提示；注意把握行驶速度，确保行人和自身安全。

（三）乘车选择与注意事项

（1）乘车选择。下列车辆不可乘坐：超员、超载的，喜欢超速行驶的，司机酒后驾驶的，司机无证驾驶的，司机过度疲劳的，运营手续不全的等。

（2）注意事项。不要将随身携带的物品乱放；不要轻易暴露携带的钱财；不要接受不熟悉的人给的要入口的物品，如香烟、饮料、食品等；不要携带易燃易爆物品和乘坐有易燃易爆物品的车辆。

三、发生交通事故的应急处置

万一发生交通事故，不要慌乱，要沉着冷静。

（1）保护自己，看有无受伤。如果有受伤，要立即拨打医疗救护电话"120"，或拦车、打的到附近医院救治。同一起事故中有多人受伤，自己属于轻伤的，要帮助别人；自己属于重伤的，要求助别人，共同脱离危险。

（2）保护交通事故现场。事故现场的勘查结论是划分事故责任的依据之一，若现场没有保护好，会给交通事故的处理带来困难，造成"有理说不清"的情况。因此，在警察到来之前，应保护好现场，不要移动现场物品。

如果肇事车辆逃逸，要记清车牌、颜色、车型等特征，并报告给警察。

（3）在校外，要立即拨打交通事故报警电话"122"向交警部门报告；在校内，小的交通事故可报告学校保卫处调解处理。

四、涉交通安全案例

案例一

2018年，一大学女生，在毕业前夕，出校门搭乘一辆三轮车狂飙，结果摔倒在马路边。该女生头部受重伤，致脑神经瘫痪。因为该三轮车系无证经营，该女生的医疗费得不到保险赔付。该女生本人的命运未卜，家庭的经济处境陷入困顿之中。

案例二

2017年10月，某大学的男生丁某，周末与几个同学逛街。街上车辆川流不息，不一会儿，丁某掉了队。正当他着急四处张望时，同学在马路对面大声叫丁某的名字，他就慌忙朝马路对面跑过去。此时，一辆大卡车飞驰而来，将丁某撞倒并从他身上碾压过去。为此，丁某付出了生命的代价。

第五节 消防安全

消防安全是指预防和扑救火灾的安全措施。消防安全工作是一项科学性强、社会性强的工作，涉及各行各业、千家万户，关系到经济发展、社会稳定和人民安居乐业。只有在全社会普及消防法律法规和消防知识，提高全体人民的消防意识，提高全体人民预防和扑救火灾的能力，才能有效地预防和减少火灾。

一、学生宿舍常见的火灾隐患

（1）电线和电器长时间通电导致自燃。在宿舍内，同学会从室内固定插座处插接多头插排，为电脑、台灯等电器连接电源，为手机充电或作其他用途。有的同学甚至将电线与多头插排从被褥下穿过，或搭放在床上与可燃物接触。电源线、插排、充电器、照明灯等长时间通电不断电，易使电线和电器蓄热，从而导致自燃并引发火灾事故。

（2）使用大功率电器。少数同学图方便，违反宿舍防火安全管理规定，私自使用"热得快"、电炉、电饭锅等烧水、做饭。有的同学使用劣质电器等，极易造成电线短路、超负荷用电并引发火灾事故。

（3）宿舍内吸烟，不熄灭烟头并乱扔。有的同学吸完烟后不熄灭烟头，随手扔掉，甚至直接丢进废物桶里；另有少数学生躺在床上吸烟，烟头一旦掉在床上就不易被发现。这些都是引发宿舍火灾的隐患。

（4）使用明火焚烧杂物。在宿舍或走廊内焚烧杂物是引发宿舍火灾的隐患之一，如果人离开而火未熄，或是火太大无法控制，极易引发火灾。

（5）携带或私存易燃易爆物品。杀虫剂、摩丝、香水、打火机等易燃易爆物品放在高温或太阳可以直射的位置，极易引发爆燃。在宿舍内存放、燃放烟花爆竹是极度危险并被严禁的行为。要做好对杀虫剂、摩丝、香水、打火机等易燃易爆物品的存放管理。

（6）外出不关闭电源。手机、充电宝、电脑等每次充满电都要很久，同学们经常充上电之后转身就去上课，甚至外出时也忘记切断电源。这些电器长期蓄热，也很容易引发火灾。

二、大学生应知应会的消防安全常识

（1）自觉维护公共消防安全，发现火灾，应迅速拨打"119"电话报警，消防队救火不收费。

（2）发现火灾隐患和消防安全违法行为可拨打"96119"电话，向当地消防部门举报。如果在校内发现火灾隐患和消防安全违法行为，应及时向老师报告。

（3）不埋压、圈占、损坏、挪用、遮挡消防设施和器材。

（4）不携带易燃易爆危险品进入公共场所、乘坐公共交通工具。

（5）不在严禁烟火的场所和人员密集的场所动用明火和吸烟。

（6）家庭和单位配备必要的消防器材并掌握正确的使用方法。

（7）正确使用电器，不乱接电源线，不超负荷用电，及时更换老化电器和线路，外出时要关闭电源开关。

（8）正确使用、经常检查燃气设施和用具，发现燃气泄漏，迅速关闭阀门、打开门窗，切勿触动电器开关和使用明火。

（9）不占用、堵塞或封闭安全出口、疏散通道和消防车通道，不设置妨碍消防车通行和扑救火灾的障碍物。

（10）不躺在床上或沙发上吸烟，不乱扔烟头。

（11）进入公共场所时，应注意观察安全出口和疏散通道，记住疏散方向。

（12）遇到火灾时，应沉着、冷静，迅速正确逃生，不贪恋财物、不乘坐电梯、不盲目跳楼。

（13）必须穿过浓烟逃生时，尽量用浸湿的衣物保护头部和身体，捂住口鼻，弯腰低姿前行。

（14）身上着火时，可就地打滚或用厚重衣物覆盖，压灭火苗。

（15）大火封门无法逃生时，可用浸湿的毛巾衣物堵塞门缝，发出求救信号，等待救援。

三、火场逃生方法

（1）早逃生。在一般情况下，火势由初起到狂烧，只需十几分钟，留给人们的逃生时间非常短暂。因此，在发生火灾时，一定不要埋头抢救家庭财产而导致悲剧的发生，而要快速逃离。

（2）要保护呼吸系统。在逃生时，用水蘸湿毛巾、衣服、布类等物品，掩住口鼻，以避免吸入烟雾导致昏迷或者中毒，避免被热空气灼伤呼吸系统导致窒息的危险。如果烟雾较浓，应用膝、肘着地，匍匐前进。

（3）要从通道疏散。如从疏散楼梯、消防电梯等处逃离，也可考虑利用窗户、阳台、屋顶、落水管等脱险。

（4）要利用绳索滑行。用结实的绳子，或将窗帘、床单、被褥等撕成条、拧成绳，用水沾湿后拴在牢固的管道、窗框、床架上，被困人员逐个顺绳索滑到下一楼层或地面。

（5）底层跳离，适用于二层楼。跳前先向地面扔一些棉被、枕头、床垫、大衣等柔软的物品，以便软着陆，然后用手扒住窗户，身体下垂，自然下落，以缩短跳落高度。但千万要记住勿跳高楼，因为从10米以上的高度往下跳，很少有能生还的。因此，最要紧的是求救，应该立即用水蘸湿床单、被褥，用其塞紧门窗，防止烟雾灌进来，同时要不断地向床单、被褥上泼水，防止其干燥。

（6）要借助器材。通常使用的有缓降器、救生袋、网、气垫、软梯、滑台、导向绳、救生舷梯等。

（7）要暂时避难。在无路逃生的情况下，可利用卫生间暂时避难。避难时，要用水喷淋门窗，把房间内一切可燃物淋湿，延长时间。在暂时避难期间，要主动与外界联系，以便尽早获救。

（8）利用标志引导脱险。在公共场所的墙上、顶棚上、门上、转弯处，都设置有紧急出口、安全通道和逃生方向箭头等标志，被困人员按标志指示方向顺序逃离。

（9）要提倡利人利己。遇到不顾他人死活的行为和前拥后挤的现象时，要坚决制止。只有有序地迅速疏散，才能最大限度地减少伤亡。

四、如何报火警

（1）报火警时，应沉着并准确地讲清起火所在地区、街道、房屋门牌号，讲明燃烧物是什么，以及火势大小。

（2）留下报警人姓名，以及所用的电话号码。

（3）派专人在路口接应和引导消防车进入火场。

（4）要主动向消防员说明起火情况。

五、涉消防安全案例

案例一

2014年，某高校学生陈某违规使用大功率电器"热得快"，停电后未将插头拔下，并顺手将"热得快"放于抽屉中。来电后，"热得快"由于短路引燃抽屉中的物品，造成火险，幸被及时扑灭，并未造成重大财产损失。

案例二

2020年，某高校学生何某，于22时点燃了一盘蚊香，并按老习惯放在床边后便蒙头大睡。凌晨4时许，蚊香引燃了蚊帐，发生火灾。火灾烧毁建筑面积120平方米，造成1名学生死亡，4名学生重伤。

案例三

2018年，某高校学生唐某，因长时间使用电烘鞋器，引起线路由于过热起火，学校保卫部门及消防部门迅速赶到，将火扑灭。事情发生过程中，一套书桌、书籍、衣物等被烧毁。

第六节 预防毒品

一、什么是毒品？

根据《中华人民共和国刑法》第三百五十七条规定："本法所称的毒品，是指鸦片、海洛因、甲基苯丙胺（冰毒）、吗啡、大麻、可卡因以及国家规定管制的其他能够使人形成瘾癖的麻醉药品和精神药品。"从毒品流行的时间顺序看，可分为传统毒品和新型毒品。传统毒品一般指鸦片、海洛因等阿片类流行较早的毒品。新型毒品是相对传统毒品而言，主要指冰毒、摇头丸、氯胺酮、安钠咖、甲喹酮等。

二、毒品的危害

说起毒品的危害，可以概括为"毁灭自己，祸及家庭，危害社会"十二个字。

（一）毁灭自己

（1）不同的毒品摄入体内，都有各自的毒副反应及产生的戒断症状，对健康形成直接而严重的损害。有的人甚至因吸毒过量导致死亡。此外，由于毒品对消化系统、呼吸系统、心血管系统、免疫系统的影响，滥用毒品可导致多种并发症的发生，如急慢性肝炎、肺炎、败血症、心内膜炎、肾功能衰竭、心律失常、血栓性静脉炎、动脉炎、支气管炎、肺气肿、各种皮肤病、慢性器质性脑损伤、中毒性精神病、性病及艾滋病。百年前就有诗曰："剜骨剃髓不用刀，请君夜吸相思膏。" 相思膏，即鸦片。

（2）毒品不仅对躯体造成巨大的损害，还由于毒品的心理依赖性，使得吸毒者沦为毒品的奴隶。他们生活的唯一目标就是设法获得毒品，并失去对工作、生活的兴趣与工作、生活的能力。长期吸毒者精神萎靡，形销骨立，人不像人，鬼不像鬼。因此，有人告诫吸毒者："吸进去的是白色粉末，吐出来的却是自己的生命。"

（二）祸及家庭

一个人一旦吸毒成瘾，就会人格丧失，道德沦落，为购买毒品耗尽正当收入后，就会变卖家产，四处举债，倾家荡产，六亲不认。"烟瘾一来人似狼，卖儿卖女不认娘。"家中只要有了一个吸毒者，从此全家就会永无宁日，就意味着这个家庭贫穷的开始。妻离子散、家破人亡往往就是吸毒者家庭的结局。

（三）危害社会

（1）吸毒与犯罪如一对孪生兄弟。吸毒者为获毒资往往置道德、法律于不顾，越轨犯罪，严重危害人民的生命安全与社会治安。

（2）吸毒者丧失工作能力与正常生活的能力。对吸毒者医疗的各种费用，缉毒、戒毒力量的投入，药物滥用防治工作的开展，这些都是社会经济需投入的巨大成本。

三、大学生如何预防毒品

（1）接受毒品基本知识和禁毒法律、法规的教育，充分认识毒品违法犯罪活动的危害性。加强自身的学习和修养，培养高尚的情操和道德观念。

（2）树立正确的人生观，不盲目追求享受，寻求刺激，赶时髦。

（3）不听信毒品能治病、减肥、解脱烦恼和痛苦、给人带来快乐等各种花言巧语。

（4）提高对毒品的抵御能力，不要结交有吸毒恶习的朋友。

（5）进出公共场所（酒吧、KTV）要谨慎。绝对不可因好奇而品尝毒品，防止上瘾而难以自拔。

（6）积极参加健康向上的文体活动，培养广泛的兴趣和爱好。

第七节　防灾减灾

2008年5月12日，一场有着巨大破坏力的地震在四川汶川发生，造成重大人员伤亡和财产损失。为进一步增强全民防灾减灾意识，推动提高防灾减灾的工作水平，经国务院批准，从2009年开始，每年的5月12日定为全国防灾减灾日。灾害无情，只有掌握自救、互救知识，才能增大生存机会。本书主要为同学们介绍一些针对常见自然灾害的自救常识。

一、地震中如何自救

（1）发生大地震时不要急，要根据所处环境迅速作出保障安全的抉择。如果住的是平房，可以迅速跑到门外。如果住的是楼房，千万不要跳楼，应立即切断电闸，关掉煤气，暂避到洗手间，或桌子、床铺等下面，震后迅速撤离，以防强余震。

（2）先找藏身处。如果在学校、商店、剧院等人群聚集的场所遇到地震，切忌慌乱，应立即躲在课桌、椅子或其他坚固物品下面，待地震过后再有序地撤离。

（3）远离危险区。如果在街道上遇到地震，应用手护住头部，迅速远离楼房，前往街心一带。如果在郊外遇到地震，要注意远离山崖、陡坡、河岸及高压线等。遇到地震时，正在行驶的汽车和火车要立即停车。

（4）如果被埋，要有坚定的生存毅力，并消除恐惧心理。不能脱险时，应设法将手脚挣脱出来，清除压在身上的物体，尽快捂住口鼻，防止烟尘窒息，等待救援。要保持头脑清醒，可大声呼救，用石块或铁具等敲击物体以尝试与外界联系，保存体力，延长生命。想方设法支撑可能坠落的重物，若无力自救脱险时，应尽量减少体力消耗，等待救援。

二、遭遇突发山洪、泥石流怎么办

（1）一定要保持冷静，迅速判断周边环境，尽快向山上或较高地方转移。如果一时躲避不了，应选择一个相对安全的地方。

（2）山洪、泥石流暴发时，不要沿着行洪道方向跑，而要向两侧快速躲避。

（3）山洪、泥石流暴发时，千万不要轻易涉水过河。

（4）被山洪、泥石流困在山中，应及时报警，并与当地政府的防汛部门取得联系，寻求救援。

三、雷雨天气如何防御雷击

（一）在室内

（1）关好门窗，以防俗称"滚地雷"的球状闪电闯入室内。

（2）断开各类电源和插头；打雷时，尽量不要打电话或使用手机上网。

（3）尽量避免触摸金属管道，不使用淋浴设备。如果雷电打在房顶，电流会通过热水器或水管进入室内，尤其是太阳能热水器，已经成为雷雨天最危险的电器。

（4）晾晒衣服、被褥等用的铁丝不要拉到窗户、门口，以防铁丝引雷。

（5）不要靠近室内金属设备，如暖气片、自来水管、下水管等。

（二）在户外

（1）穿雨衣或撑木把伞，尽量不用铁把伞。不要靠近高楼外墙和路灯、电线杆，更不要进入凉棚、岗亭等无避雷装置的设施内。

（2）千万不要在树下避雨，也不要多人挤在一起避雨。如果来不及离开，应注意与树干、树枝保持两米以上的距离，找些干燥的绝缘物（如非金属物品）放在地上，保持双脚并拢，蹲下，双手放在膝上，手臂不要接触地面，尽量减少身体与地面的接触面积。

（3）别停留在山顶、山脊的凉亭等地方；如果正在钓鱼、划船、游泳，应赶紧撤离开放水域；如果在空旷场地，如高尔夫球场、足球场，也应及时离开。

（4）不要快速开摩托车、快速骑自行车和在雨中狂奔，因为身体的跨步越大，电压就越大，雷电也越容易伤人。

（5）最好关掉手机电源，特别是在空旷地带，手机很有可能成为雷电的放电对象。

四、洪水来临时的自救措施

（1）如果接到洪水警报，应快速到高地等安全处避难。当来不及转移时，应立即爬上屋顶、大树等高的地方暂时避险，等待援救。

（2）在地势低洼的住宅区、商业区，人们可用沙袋、草包、挡板堵在门口等进水处，做好围堵的措施，一旦房屋进水，应立即切断电源及燃气气源。

（3）远离电线杆、高压线塔，避免发生触电而危及生命。

（4）注意暴雨引发的其他灾害，如山体滑坡、泥石流等。

（5）做好防洪准备，准备必要的医疗药品，妥善放置贵重物品，准备必要的衣服、食品、矿泉水，做好自救和等待救援的准备。

第八节 大学生兼职安全

随着社会的发展与进步，越来越多的大学生选择走出校门到社会中兼职。兼职不仅可以解决大学生经济上的问题，还可以帮助认识社会并了解不同层次的人，丰富大学生的社会阅历，为大学生将来步入社会积累人生经验。但毕竟大学生阅历尚浅，安全意识欠缺，为防止某些安全意外的发生，大学生做兼职时应注意以下各个事项。

一、考量自己的能力

考量自己有哪些方面的特长，自己的身体状况是否能胜任某些兼职工作，心理是否够成熟来抵御某些风险，等等。简单来说，不是所有的同学都适合做兼职，不要盲目跟风，要量力而为。应该适时选择适合自己的工作，这样不仅可以快乐工作，还可以在工作中找到自己正确的位置。

二、确保兼职的可靠性

寻找兼职时，一定要保证兼职的信息可靠。如果找中介公司，要看看是不是正规的中介公司；如果是朋友介绍的，一定要向朋友确认信息的来源；如果是厂家直接招聘，也一定要事先对这个厂家有一定的了解。总之，一定要确保兼职信息的可靠性，可以找自己非常信任的朋友或者老师帮忙介绍，这样风险相对小一些。

三、看准兼职的时间

寻找兼职时，要充分考虑兼职的时间，最好是在不耽误上课的前提下。如果兼职占据上课时间，那就得不偿失了。最好不要选择在晚上兼职，那样的话，第二天上课会很累。一般兼职可以选择在周六、周日，或者法定节假日，也可以选择在没有课的时间去兼职。

四、离学校的距离问题

寻找兼职时，有一个问题也是必须要考虑的，那就是离学校的远近。大家都知道离学校远了，有事不好往回赶。所以在选择兼职时，要选择离学校近一点的地方。路远不仅是回来时比较麻烦，而且如果下班时间晚了也不安全。同时，距离远了也会增加交通费。所以，大家一定要选好合适距离的兼职。

五、注意安全问题

现在，有些中介公司会以帮大学生找工作为由向他们收取一定的费用。在遇到这种情况时，一定要保证自己财产的安全，不要给中介任何费用。在兼职中，如果雇佣方要收取培训费或者压薪水，那么，就重新找一份兼职吧。再者，就是协议问题，不要轻易把自己的身份证等重要物件交给对方，也不要签在这里做几年的合同，在薪水支付上，也要和对方达成一致，这样可以保证自己的利益不受侵害。

六、涉大学生兼职安全案例

台州某高校的一名在校大学生想找一份兼职工作。年初，他在某招聘网站上发现一则兼职招聘信息。他认为兼职招聘信息内容诱人，很适合自己。次日，他打电话咨询。接电话的是一名自称公司人事客服的女子。简单了解了他的情况后，该女子给他发了一个兼职流程，要他去公司面试，如果成绩合格，马上可以录用。找到对方提供的地点后，他发现这是一家娱乐场所，有很多人在等待。随后，人事客服把他领进一间办公室。一番面试下来，他对自己的表现很不满意。过了几天，自称公司孙经理的人打来电话，说他面试不理想，但可以培训后再安排岗位，要先交500元培训费。他觉得机会难得，就填写了个人履历表，并根据孙经理提供的账户，用某支付软件交了培训费。孙经理说："录用上岗后，培训费可以退还，这是为了防止新员工跳槽。"他交了钱并参加了培训，一星期后，孙经理又说培训后还要通过考核才能上岗，不通过则还要继续培训。就这样，他经过三次培训，但考核都没通过。而且，和他一起参加考核的人没有一个通过。在参加培训的这段时间里，他还发现公司没有实际工作岗位，就打算要回培训费并离开公司。孙经理以自己不管财务为由搪塞，要他等财务人员回来再协商。然而，他一直没有接到录用通知，也没有等到财务人员的回复。几天过后，他再去公司，已是人去楼空。他打电话给孙经理，对方电话已关机。

问题思考

1. 大学生常见的安全问题有哪些？
2. 大学生如何防范网络电信诈骗？
3. 大学生如何防范毒品的侵害？
4. 学生宿舍常见的火灾隐患有哪些？

第十章 健康体质

学习目标

1. 了解常见的运动及注意事项。
2. 了解常见疾病的预防知识以及安全用药常识。
3. 掌握艾滋病防治知识。

第一节 运动与健康

一、运动与健康的关系

俗话说"生命在于运动",可见运动的重要性,适当运动是健康的保证。运动不仅锻炼肌肉、骨骼、内脏,还可以提高智力,陶冶情操。更重要的是,运动要讲科学,只有科学地运动才有利于健康。

(一)体育锻炼与身体健康

体育锻炼通过科学的身体活动形式给予人体各器官、各系统一种良性刺激,促使身体的形态结构、生理机能等方面发生一系列适应性反应和变化,从而增强体质、增进健康。实践证明,科学的体育锻炼不仅有利于人体骨骼、肌肉的生长,还能改善血液循环系统、呼吸系统、消化系统的机能状况,有利于人体的生长发育,提高抗病能力,增强机体的适应能力。体质的强弱受多种因素影响,体育锻炼是增强体质的有效手段之一。

(二)体育锻炼与心理健康

体育锻炼不仅对人的身体产生影响,而且会对人的心理产生影响。体育锻炼具有舒缓紧张情绪的作用,能够改善心理状态。体育锻炼能使人精力充沛地投入学习、工作。体育锻炼可以陶冶情操、保持健康的心态,充分发挥个体的积极性、创造性和自主性,从而提高自信心和价值观,使个体在融洽的氛围中健康、和谐地发展。体育锻炼中的集体项目与竞赛活动可以培养人的团结、协作及集体主义精神。

二、了解常见的十项运动

（一）跑步

跑步是日常普遍的一种体育锻炼方法，是有效的运动方式。跑步能减肥塑形，保持年轻活力，增强心肺功能，提高睡眠质量，增强肠胃蠕动功能。跑步的最佳时间是早晨与傍晚。

注意事项

（1）不蹲坐休息

跑步后，若立即蹲坐下来休息，会阻碍下肢血液回流，影响血液循环，加深机体疲劳。该情况多见于那些运动量比较大的活动，如长跑。正确的做法是在每次跑步结束后，多做一些放松、整理活动，如慢行、抻腿等。

（2）不在大汗淋漓时洗冷水浴（或游泳）。跑步后大汗淋漓时，毛细血管扩张，体内热量大量散发。此时，若遇冷水，则易导致毛细血管骤然收缩，易使身体的抵抗力降低，从而引起疾病。

（3）不省略整理活动。每次跑步后感觉心力俱乏时，应适当放松，如做徒手操、步行、放松按摩等，会有助于消除肌肉的疲劳，快速恢复体力。

（4）不贪饮冷饮。跑步时会损失大量热量，急需补充运动饮料。但运动后人体消化系统仍处于抑制状态，贪饮大量冷饮，极易引起肠胃痉挛、腹泻、呕吐，并易诱发肠胃疾病。

（二）游泳

游泳是一项全身性运动，人以各种不同姿势划水前进，在水中或水面游动。游泳可大致分为实用游泳、竞技游泳、花样游泳。游泳可以舒展肌体，增强人体的心肺功能，提高肺活量，有调节体温的功能，能提高身体对疾病的抵抗力。

注意事项

（1）不可在不熟悉的水域游泳。在天然水域或水下情况很复杂的区域，不要贸然下水，防止发生意外。

（2）游泳时最怕晒伤，为防止晒斑的发生，离开水面上岸后，最好用伞遮阳，或到有树荫的地方休息，也可以把浴巾披在身上保护皮肤，有条件的话，尽量涂防晒霜。

（3）尽量不要空腹游泳，因为这会影响食欲和消化功能，还会在游泳中引发头昏乏力等意外情况。也不要在吃饱后游泳，因为这会影响消化功能，严重的还会导致呕吐、腹痛。

（4）游泳前一定要先做准备活动，因为水温通常比体温低，若免去准备活动，易导致身体产生不适感。

（5）不可游泳后马上进食，因为这样会突然增加肠胃的负担，并容易引起肠胃疾病。

（6）不要在剧烈运动后游泳，这会加重心脏负担。体温的急剧下降降低了抵抗力，容易引发感冒、咽喉炎等。

（7）女性经期不可游泳，此时，病菌易进入子宫、输卵管等处，从而引起感染并导致多种妇科疾病。

（三）健美操

健美操是一项深受广大群众喜爱的融集体操、舞蹈、健身于一体的体育项目。健美操大量吸收了迪斯科舞、爵士舞、霹雳舞中的上下肢、躯干和头颈的动作，特别是髋部动作。这给健美操增添了活力，有利于减少臀部和腹部脂肪的堆积，也有利于改善动作的协调性和灵活性。

注意事项

（1）准备活动。充分的准备活动能使关节、韧带、肌肉温度升高，增加身体的灵活性，提高神经系统的兴奋程度和心血管的活动水平，从而防止运动伤害发生。

（2）合理安排锻炼计划。锻炼者要根据身体素质安排健美操运动的时间、强度、练习组数等。有慢性病的人要在医生的指导下进行锻炼，心血管疾病患者更应减少剧烈运动，避免快速旋转头部和发生突发性动作。

（3）及时补充水分。在锻炼过程中，要注意及时补充水分，以保证身体健康和正常肌体的需要。补充水分的方法最好是少量多次，随时保持体内水分的平衡。

（4）进食后两小时进行锻炼。一般而言，进食后间隔两个小时才可以进行健美操锻炼。因为，进食后胃中食物充盈，立刻运动会影响消化，容易出现腹痛、恶心等症状。运动后，应休息30分钟再进食。

（5）空腹锻炼不可取。长期空腹锻炼会导致体重急剧下降，脏器功能受损，影响健康。

（6）锻炼时的服装选择。最好选择有弹性、柔软、合适的服装。每次练习后，要及时清洗服装，保持服装干净。鞋子大小要合适，并具备一定的弹性和弯曲性，切忌穿高跟鞋和厚底鞋。

（四）篮球

篮球是以手为中心的身体对抗性体育运动，是奥运会的比赛项目。篮球是一种以上篮、投篮和扣篮为中心，从而进行对抗的体育运动方式。由于篮球的特色很明显，从而成了很多人热爱的运动。打篮球可以让人充满活力，不仅能增强自身的抵抗力和身体素质，还能更好地培养团队精神，以及提升集体荣誉感。

注意事项

（1）需要必要的器材来保护关键部位。篮球比赛对抗十分激烈，因此非常容易出现韧带拉伤和关节扭伤。所以，在运动前，除了穿高帮篮球鞋以外，还应该佩戴护踝、护膝以及护齿等。

（2）合理安排运动量。长时间的大运动量不仅会造成身体机能下降和抵抗力下降，而且会妨碍正常的休息时间。正常来说，每次运动量控制在1小时左右最好。

（3）掌握合理的打球技术。打篮球的朋友应该注重基本功的训练。刚开始学的时候可以慢慢来，不要心急。

（4）打完篮球后，不要喝碳酸饮料。喝碳酸饮料非常容易造成身体中的钙流失，特别是在刚运动以后。

（5）打完篮球后，应该迅速擦干汗水并换好衣服。慢慢地走动，等到身体恢复平静状态的时候再离开。

（五）足球

足球是一项以脚为主控制和支配球，两支球队按照一定规则在同一块长方形球场上进行进攻、防守对抗的体育运动项目。由于足球运动对抗性强、战术多变、参与人数多等特点，故被称为"世界第一运动"。

注意事项

（1）踢足球对身体素质的要求较高，因此平时要多做运动，如跑步、跳高、跳远等。

（2）踢足球前，要做好准备活动，先慢跑一会，再做一些热身操。等全身都活动开了，再练习踢球。这样，踢球时才不易受伤。

（3）踢完足球，不要马上坐下来休息，应在球场中走动一下，让身体逐渐平静下来，这样才有利于快速消除疲劳。

（4）身体不舒服、睡眠不足、精神不振时，最好不要踢足球，因为稍不注意，可能就会出现膝盖扭伤、脚腕扭伤等情况。

（5）要是脚腕扭伤，不要继续运动，应立即到场下休息，并找医生查看脚腕的受伤情况。

（6）饭后半小时内，不要踢足球。因为足球运动是对抗比较剧烈的运动，不适宜在饭后进行，否则会影响肠胃消化，并引起胃部不适。

（六）排球

排球属于球类运动之一，深受人们的喜爱。但是，排球是跳跃运动，扣球、拦网，运动员必须不断腾空而起，挥臂击球。排球运动员的急性损伤主要是在腾空、落地、扣球、救球等过程中造成的肩锁关节损伤、肩袖损伤、指间关节扭挫伤和脱位、腰椎骨折、膝关节的外侧副韧带损伤、半月板损伤、踝关节扭伤等。

排球运动中的这些损伤，对身体的功能损害，有的较短期，但有的则是长期甚至是终身的。在运动之前，要做好准备运动，放松关节，可减少运动损伤的发生。

注意事项

针对排球运动常见的运动损伤，本书推荐了以下几种方法，防止运动损伤。

(1) 先围着排球场跑几圈，变换跑步方式，如交叉步跑、急速S弯变向跑。

(2) 跑完后开始活动手腕、脚腕、膝关节和髋关节，多做几次。

(3) 接着是放松脊柱，先是前后左右活动一下颈椎，然后前后扭动一下腰椎。当然，你还可以压压腿、扩扩胸，做几个跳跃动作，尽量放松各个关节。

(4) 另外，运动时要戴上护膝、护踝、护腕、护肘、指套等，保护容易受伤的关节，千万不要做容易受伤的人。

(5) 如果在运动中不慎受伤，应立即停止运动并及时处理，如果出现严重的损伤就要及时就医。

（七）乒乓球

乒乓球被称为中国的"国球"，是一种流行的球类体育项目，包括进攻和防守。乒乓球是一项极具娱乐性且强度适宜的运动项目，是一项安全性极高的体育运动。乒乓球运动能增强心肺功能、提高和改善神经系统的机能、提高视觉系统的机能。

注意事项

(1) 进行环境检查。球台四周要较宽敞，不要有太多障碍物，以免运动中受到伤害。地面要干燥，水要及时拖干，防止滑倒受伤。

(2) 做好准备活动。运动前应做一些专门性练习，如慢跑、徒手操，来活动各关节、韧带和肌肉，使人体能适应乒乓球运动的各项要求。

(3) 控制运动负荷。心脏功能较弱的人应避免进行竞技性比赛，因为随着竞技程度的加剧，运动强度也会加大很多。对于心脏功能较弱的人来讲，可能会产生不良影响，应引起足够的重视。

(4) 做好整理活动。运动后应及时进行整理放松运动，可采取慢跑、四肢摆动、局部按摩等多种措施。进行整理活动的时间一般为5~10分钟。

(5) 防止运动损伤。

打乒乓球时，手腕、肘、肩部、腰部用力较大，常易引起手腕关节肌腱牵引过度及肩关节周围的腱鞘炎，其他如膝关节、腰部也易因运动不当而引起运动损伤。因此，要循序渐进，运动量由小到大，掌握正确的打球方法，避免引起运动损伤。

（八）羽毛球

羽毛球是一项在室内、室外都可以进行的体育运动。依据参与的人数，可以分为单打、双打。打羽毛球可以消耗身体多余的热量以达到帮助减肥的目的，还可以缓解颈椎不适、调节视力等。另外，多练习羽毛球可以锻炼个人的控制力、耐力。

注意事项

(1) 打球前，一定要做好准备活动，充分伸展筋骨，否则很容易受伤。要掌握正确、灵活的握拍方法，应纠正拳握法和苍蝇拍握法。

(2) 发球时尽量要从发高远球开始练起，待熟练掌握后可以再尝试去练习其他的发球方法。练习后场技术时，也要在把高远球掌握熟练之后再练习平高球、吊球和杀球。并且，注意后退的过程一定要先侧身抬肘，这样可以把全身的力量都集中到打球的瞬间。还有就是需要有后绕引拍的动作，就像抽打鞭子一样。击球前，握拍要放松，否则容易使不出力量。

（3）无论是后场球还是前场球的练习，都要从原地练习开始，再到移动击球练习。从多球移动到单球移动时，一定要用前脚掌着地，但是不能全脚掌着地。因为打羽毛球是一个不断移动的过程，而且打完一个球一般都要回到中心位置，这就需要前脚掌的蹬地和前跨，否则时间慢了就来不及了。

（4）刚开始练后场球的时候，尽量先不要在场地内练习（因为那时肯定打不到球），而是要先练抽打吊线球——把球用绳子系在你握拍手伸直的高度，然后反复练习原地抽打高球，直到有一定的手感。

（九）自行车

骑自行车是一种健康自然的运动方式。骑行可以改善记忆力，还可以改善与运动有关的大脑区域的活动情况。长期坚持骑自行车可增强心血管功能，提高人体新陈代谢的能力和免疫力，起到健身的作用。

注意事项

（1）检查保养。骑自行车前，要做必要的安全检查：看一下车胎是否有气，刹车是否正常，车铃是否响动，车链是否完好等。空闲时别忘记对自行车进行必要的保养，使爱车更好地为你服务。

（2）遵守规则。骑车上路时，必须遵守交通规则，安全骑行。车速不要太快，尤其在人多车多的地方。不要骑行过快，不能闯红灯、上机动车道，不能在马路上排成一横排，不要只管说笑，忘乎所以。

（3）戴上防护头盔。不要怕麻烦，骑车的时候应戴上头盔。

（4）车座调舒适。根据自己的身高调整好车座高矮，保持水平状态，不可往上翘起。选择相对来说比较宽的车座，座位舒适了，人也不容易感到累。

（5）科学坐姿。骑车时要保持正确的坐姿，骑行过程中，可以不时提一下身子，促进血液循环，但膝盖处不要伸直，避免胯部承重过大，对身体造成不良影响。

（6）雨雪天气。遇到雨雪天，道路滑、视线弱，骑车时更应该集中注意力，慢速骑行。遇到水洼、上下坡、回头弯道时，应处处当心。不好骑时，应下车推行。下雨时，雨衣最好选择鲜艳点的。

（6）时间路程。除非体力强、技术好以外，否则不建议长途、长时间骑行。

（十）瑜伽

瑜伽是一项有着悠久历史的关于身体、心灵的练习，起源于印度，其目的是修身养性。瑜伽姿势简单优雅，是一种有助于身体、心灵和谐统一的运动方式，包括调身体的体态法、调气息的呼吸法、调心情的冥想法等，以达到身心的合一。

注意事项

（1）空腹练习。练习瑜伽前应保持空腹状态，可预防因消化系统运作时而抢去的供应大脑及四肢的血液和营养。同时，也可避免因身体扭动、弯曲而对胃部及内脏引起的不适。

（2）用鼻呼吸。空气中可能存在灰尘、病毒，用鼻子呼吸能阻隔污染物，亦能令吸入的空气变得温暖和湿润，减少对呼吸道的刺激。更重要的是，瑜伽讲求呼吸的控制，若无法正确地呼吸，会妨碍瑜伽的效果。

（3）量力而为。每个初学者身体的柔软度、耐力及学习能力各有不同。练习瑜伽时应该按照个人体能量力而为，跟从导师的指导学习。切勿急于求胜，高估自己的能力，盲目仿效导师，练习高难度的瑜伽动作。这样只会增大受伤的概率，并产生挫败感，最终得不偿失。

（4）沐浴护肤。瑜伽课后，不要急于马上入浴，应待脉搏平稳、体温恢复正常且稍作休息后才沐浴。特别是练习高温瑜伽后，毛孔扩张，身体容易着凉。洗澡时，水温不应过热或过冷，以免刺激皮肤，使皮肤变得干燥和失去弹性。沐浴后，宜涂上一些润肤霜，保持皮肤润滑。

（5）适量喝水。瑜伽体位有助于按摩腹部内脏，促进肠道蠕动，帮助消化，预防便秘、腹部胀气等问题。练习后半小时宜喝适量开水，有助于肠道蠕动，加快排出体内毒素。

三、健身运动的基本原则

（一）安全性原则

安全性原则是指在体育活动过程中要确保体育锻炼者不出现或尽量避免运动伤害事故，这是运动健身的首要原则。不同年龄、不同性别和不同身体机能状况的人，在参与体育活动的全过程时，都应当遵循安全性原则。

（二）全面发展原则

全面发展原则是指在运动锻炼中，要使身体各部位、各器官系统的机能水平都得到提高。身体机能的全面发展既体现在改善心肺功能和提高免疫能力上，又表现在提高有氧运动能力、肌肉力量、柔韧性等身体素质上。要取得全面发展的效果，就应当选择全身主要肌群参与的运动项目，如跑步、游泳、球类运动等。

（三）超负荷原则

超负荷原则是指人体在体育锻炼中，运动负荷要逐渐增加。超量恢复是超负荷原则的理论基础。当人体进行一段时间的体育锻炼后，身体机能和运动能力在一定程度上可以超过以前的水平,这种现象被称为"超量恢复"。适当地逐步增加运动负荷,就能使身体机能和运动能力不断提高。

(四)循序渐进原则

如果将超负荷原则理解为不断增加运动强度和运动量的话,那么,循序渐进原则就是科学地、逐步地增加运动强度和运动时间。循序渐进原则强调要根据自己对运动的适应程度,逐渐增加运动负荷,以便使身体机能稳步提高。人体在从事体育锻炼过程中,身体机能的提高需要有一定的过程。因此,运动健身不要急于求成,而是要逐步提高,要确保运动中身体消耗的能量得到恢复,使身体疲劳得到消除,身体机能完全恢复并达到超量恢复水平。

(五)专门性原则

专门性原则是指根据体育锻炼的目的,选择专门的练习内容,制定运动健身方案,安排体育活动,即想要提高什么,就专门练习什么。比如,体育锻炼的目的是要提高力量,就应选择力量练习。如果要提高有氧运动能力,就应选择跑步等有氧运动。

(六)个性化原则

个性化原则是指要根据每个人的遗传特征、机能特点和运动习惯等制定运动健身方案。在制定运动健身方案时,要进行必要的医学检查和运动能力测试,以便了解每个人的具体情况,使运动健身方案更具个性特征。

第二节 常见疾病的预防知识

一、流行性感冒

流行性感冒(简称"流感")是由流感病毒引起的一种急性呼吸道传染病,严重危害人类健康。流感病毒抗原性易变、传播迅速,每年可引起季节性流行。流感病毒分为甲、乙、丙、丁四型,其中以甲型流感病毒比较常见。

(一)流行性感冒的症状

流行性感冒的潜伏期通常为1~3天,起病很急。病人一开始就发热,体温可高达39℃~40℃,畏寒、全身不适、头昏头痛、四肢酸痛、打喷嚏及流涕。高热持续3~5天后,全身症状减轻,但咳嗽等呼吸道症状逐渐加剧。根据临床表现与病情轻重,流感分为单纯型、肺炎型、中毒型、肠胃型四种,病轻者2~3天可恢复,病重者1~2周可恢复,也有病程迁延达1个月者。流行性感冒常见的并发症包括肺炎、病毒性心肌炎和神经系统并发症。

（二）流行性感冒的预防

（1）保持室内空气流通，流行高峰期避免去人群聚集场所。

（2）咳嗽、打喷嚏时应使用纸巾等，避免飞沫传播。

（3）经常彻底洗手，避免脏手接触口、眼、鼻。

（4）如果出现流感症状应及时就医，少接触他人，尽量居家休息。

（5）流感患者应隔离1周以待主要症状消失，患者用具及分泌物要彻底消毒。

（6）加强户外体育锻炼，合理膳食，勤喝开水，适量运动，提高身体的抗病能力。

（7）冬春季节气候多变，注意加减衣服。

（8）每年接种流感疫苗是预防流感最有效的措施。一般来说，年龄在6个月以上，没有接种禁忌者均可自愿自费接种流感疫苗。接种疫苗后10～15天，人体便可产生抗体，一个月时抗体水平达高峰，免疫力可持续一年。

二、急性支气管炎

急性支气管炎主要是病毒、细菌等病原体感染引发的支气管黏膜炎症。

（一）急性支气管炎的症状

病人全身症状一般较轻，伴随发热，体温可达38℃左右，多于3～5天内降至正常。咳嗽、咳痰，先为干咳或少量黏液性痰，随后会转为黏液脓性痰或脓性痰，痰量增多，咳嗽加剧，偶尔会痰中带血，咳嗽会延续2～3周才消失。如果迁延不愈，病情会演变成慢性支气管炎。如果支气管发生痉挛，会出现程度不等的气促，并伴随胸骨后发紧。

（二）急性支气管炎的预防

（1）坚持锻炼。可根据自身体质选择医疗保健操、太极拳、五禽戏等项目练习。坚持锻炼能提高机体抗病能力，活动量以无明显气急、心率加快及过分疲劳为宜。

（2）预防感冒。避免感冒，能有效地预防慢性支气管炎的发生或急性发作。

（3）适当休息。发热、咳喘时，病人必须卧床休息，否则会加重心脏负担，使病情加重。发热渐退、咳喘减轻时，病人可下床轻微活动。病人平时应参加适当活动或劳动。

（4）饮食调摄。饮食宜清淡，忌辛辣荤腥。应戒烟，因为吸烟会引起呼吸道分泌物增加，导致反射性支气管痉挛，排痰困难，有利于病毒、细菌的生长繁殖，使慢性支气管炎进一步恶化。应多喝茶，茶叶中含有茶碱，能兴奋交感神经，使支气管扩张而减轻咳喘症状。

（5）腹式呼吸。腹式呼吸能保持呼吸道通畅，增加肺活量，减少慢性支气管炎的发作，预防肺气肿、肺源性心脏病的发生。具体方法：吸气时尽量使腹部隆起，呼气时尽力呼出使腹部凹下。

（6）避毒消敏。有害气体和毒物（如二氧化硫、一氧化碳、粉尘等）会使病情加重，家庭中煤炉散发的煤气会诱发咳喘，居室、厨房应注意通风或安装脱排油烟机，以保持室内空气新鲜。寄生虫、花粉、真菌等能引起支气管的特异性过敏反应，应保持室内外环境的清洁卫生，及时清除污物，消灭变应原。

三、急性胃肠炎

急性胃肠炎指主要由细菌、病毒、寄生虫感染或其他因素而引起的胃肠道急性炎症，患者主要表现为急性发作的腹痛、腹泻、恶心、呕吐。

（一）急性胃肠炎的症状

（1）上腹痛正中偏左或脐周有压痛，呈阵发性加重或持续性钝痛，伴有腹部饱胀、不适。少数病人出现剧痛。

（2）恶心、呕吐，呕吐物为未消化的食物，吐后感觉舒服，也有的病人呕吐出黄色胆汁或胃酸。

（3）腹泻。伴发肠炎者出现腹泻，随胃部症状好转而停止，大便为稀便和水样便。

（4）脱水。由于反复呕吐、腹泻导致的失水过多引起，皮肤弹性差，眼球下陷，伴有口渴、尿少等症状，严重者血压下降，四肢发凉。

（5）呕血与便血。少数病人呕吐物中带血丝或呈咖啡色，大便发黑或大便隐血试验阳性，说明胃黏膜有出血情况。

（6）常出现发热、头痛、全身不适及程度不同的中毒症状。

（7）体征不明显，上腹及脐周有压痛，无腹肌紧张及反跳痛，肠鸣音多亢进。

（8）起病急，恶心、呕吐频繁，剧烈腹痛，频繁腹泻，多为水样便，含有未消化食物，出现少量黏液，甚至血液等。

（9）此外，头痛、发热、寒战和肌肉痛也是常见症状，少数严重病例，由于频繁呕吐及腹泻，会出现脱水。

（二）急性胃肠炎的预防

（1）注意卫生。保持食物卫生，以及容器、冰箱等食物储存处的清洁。

（2）不吃不洁食物。当食物发生腐烂变质时，一定不要食用。饭菜最好不要隔夜，瓜果蔬菜食用之前一定要清洗干净。

（3）避免刺激。饮食宜清淡，尽量避免刺激性的食物，如辣椒、咖啡、浓茶等，还要避免药物的刺激，比如非甾体抗炎药会严重刺激人的胃肠黏膜。

（4）加强锻炼，注意保暖。夏秋季节天气变化大，大家一定要适时增减衣物，尤其是进入秋季以后，一定要注意保暖，休息时要盖好被子。要加强体育锻炼，提高身体的免疫力。

四、急性阑尾炎

急性阑尾炎是最常见的外科疾病，是阑尾疾病的一种，是由于盲肠部位发生急性病变产生的。急性阑尾炎会病发于任何人群，根据急性阑尾炎的临床症状来分，一般分为急性单纯性阑尾炎、急性化脓性阑尾炎、坏疽及穿孔性阑尾炎、阑尾周围脓肿四种。

（一）急性阑尾炎的症状

（1）剧烈腹痛。腹痛是急性阑尾炎最典型的症状，通常会出现持续性或者阵发性的疼痛，如果未能及时治疗，阑尾最终会化脓穿孔，使腹痛剧烈难忍，严重时可使患者昏厥。

（2）持续高热。急性阑尾炎还会使患者出现发烧的症状，如果患者阑尾穿孔或者由于治疗不及时转移到腹膜，引起了腹膜炎，患者就会出现高热，并且还会伴有寒战或黄疸等症状。

（3）腹泻呕吐。阑尾本身就位于肠道中，因此急性阑尾炎可诱发肠道产生不适，阻碍肠道蠕动，使患者出现消化不良的症状。因此，患者可能会出现恶心反胃，或者排便增多、腹泻等情况。

（4）其他症状。急性阑尾炎可能还会伴随其他的不适，如皮肤过敏、反跳痛等，化脓性阑尾炎还会使患者出现腹肌紧张等症状。

（二）急性阑尾炎的预防

（1）饮食规律、多喝水。防止急性阑尾炎，要做到戒烟限酒，酒精会加重肠道的刺激，特别是有慢性阑尾炎病史的患者，更应该禁止喝酒。同时羊肉、花椒、辣椒等热性滋补的食物要少吃，而要多吃一些清热解毒、祛湿润燥的食物，如绿豆、西瓜、苦瓜等，还要多喝水，防止大便干燥积结。平时还可多按摩腹部，帮助肠道蠕动。

（2）早睡早起、作息规律。工作尽量在白天做完，避免晚上加班，如果身体长时间得不到休息，就会使免疫力降低，给细菌侵袭制造机会，很多急性阑尾炎患者都是加班到深夜后突然发病，就是因为身体过度劳累所致。

（3）合理运动、增强体魄。现在之所以急性阑尾炎在青壮年群体中高发，跟年轻人普遍缺乏运动，身体素质下降有很大关系。因此，平时要加强锻炼，增强身体素质，免疫力提高后自然得病的概率就会降低。

五、细菌性痢疾

细菌性痢疾是属于肠杆菌科志贺菌属感染所引起的肠道传染病。一般来说，有腹痛、腹泻、黏液脓血便、里急后重等症状，学龄前的儿童和青壮年人群容易感染。

（一）细菌性痢疾的症状

普通型（典型）的症状有突然发热、全身不适、恶心、呕吐和腹泻。患者的大便初为稀便，以后转为黏液脓血便。患者每天排便10～20次或更多，便量少，有时纯为脓血或呈黏冻状。患者常腹痛，便前加重，便后暂时缓解，便意频繁，里急后重。体检时，患者左下腹常有压痛，肠鸣音亢进。急性菌痢的自然病程为1～2周，大多数可缓解或恢复，部分病人转为慢性菌痢。重症患者每日大便次数可多至30次以上，以致大便失禁，偶尔排出片状伪膜，常伴有脱水、酸中毒、电解质失衡、周围循环衰竭或神志模糊等症状。

个别急性期及恢复期病人，大关节会出现渗出性关节炎，与痢疾病情无相关性，大多是病原菌引起的变态反应，用泼尼松治疗即可痊愈。

轻型（非典型）患者全身症状轻，排稀便，每日数次，有黏液，肉眼观察无脓血，显微镜下有少数红、白细胞，里急后重不明显或缺如。病程数日，可能不治自愈，亦可演变成慢性菌痢。

中毒型多见于2～7岁的儿童。患者起病急骤，体温可达40℃，个别体温不升，反复惊厥、迅速发生呼吸衰竭及昏迷，而肠道症状较轻，甚至无腹痛与腹泻，用直肠拭子或生理盐水灌肠后才能发现黏液，显微镜下可见红、白细胞。此型病死率曾达20%以上，目前已少见，治愈率不断提高。

（二）细菌性痢疾的预防

1. 管理传染源

及时发现患者和带菌者，并进行有效隔离和彻底治疗，直至大便培养阴性。重点监测从事饮食业、保育工作及水厂工作的人员，感染者应立即隔离并给予彻底治疗。慢性病患者和带菌者不得从事上述行业的工作。

2. 切断传播途径

饭前便后及时洗手，养成良好的卫生习惯，尤其应注意饮食和饮水的卫生情况。

3. 保护易感人群

口服活菌苗可使人体获得免疫性，免疫期可维持6～12个月。

六、诺如病毒感染

诺如病毒，又称诺瓦克病毒，是人类杯状病毒科中诺如病毒属的一种病毒，是一组形态相似、抗原性略有不同的病毒颗粒。患者会出现呕吐、腹泻等急性胃肠炎的症状，以呕吐症状更多见。

（一）诺如病毒的症状

诺如病毒潜伏期为24～48小时，一般不超过96小时。它的临床表现与其他病毒性胃肠炎相似，起病突然，主要症状为发热、恶心、呕吐、痉挛性腹痛及腹泻。患者的症状可单有呕吐或腹泻，也有先吐后泻，故也被称为"诺如病毒感染性腹泻"。

成人患者腹泻较突出，儿童患者呕吐较多。患者粪便呈黄色，稀水便，每日数次至十数次不等，无脓血与黏液。患者的症状伴有低热、咽痛、流涕、咳嗽、头痛、肌肉痛、乏力及食欲减退。

病程长且病情较重者排毒时间也较长，传染性可持续到症状消失后两日。本病免疫期短暂，会反复感染。

（二）诺如病毒的预防

1. 把好"病从口入"这一关

（1）注意个人卫生，餐前便后要洗手。

（2）患者最好避免与其他人共同进餐，使用过的饮食用具要洗干净并用高温消毒。

（3）从患病到康复后3天内，患者都一定不要去做饭给其他人吃。

（4）所有食物（特别是贝类海鲜）必须彻底煮熟后才可进食。

2. 避免接触

（1）注意个人卫生，勤洗手。

（2）患者尽量不要和其他健康的家人近距离接触。

（3）患者住所要开窗通风或使用排气扇，保持室内空气流通。

（4）及时清理患病家人的呕吐物和粪便，并清洗、消毒被污染的地方和物品。

（5）进行消毒处理的时候，一定要戴口罩和手套，做好个人防护。

七、水痘

水痘是由水痘-带状疱疹病毒引起的急性传染病，以全身性丘疹、水疱、结痂为特征。水痘主要通过呼吸道飞沫和直接接触传播，易造成流行传播，病后可获得持久免疫力。

（一）水痘的症状

患了水痘的人，通常会发烧、出现发痒的红疹。最初，这些红疹先是扁平，其后形成突起的小水泡。水痘属于向心性分布，一般前胸、后背会先出，且分布较密集，然后向其他部位蔓延，面部也会比较多，四肢少一些。不过严重时，水痘也可能全身分布。水痘症状会持续3至4天，然后变干、结痂。水痘完全痊愈大约需要2至3周时间。

（二）水痘的预防

（1）减少聚集，防止感染。水痘高发时期，应尽量少去医院及其他公共场所，避免接触水痘或带状疱疹病人，以防感染水痘。接触过病人后，要观察21天。

（2）注意个人卫生，增强体质。要讲究个人卫生，经常洗澡、换衣服，保持皮肤清洁，勤剪指甲，勤洗手，坚持体育锻炼，增强抗病能力，运动前后注意及时增减衣服，防止着凉。

（3）经常开窗通风，保持空气清新。教室、活动室、寝室要勤开窗以保持空气流通。

（4）接种水痘疫苗。接种水痘疫苗是最有效的预防手段，建议无水痘史的健康人群均应接种。

八、结核病

结核病是一种由结核分枝杆菌引起的一种呼吸道传染病，可以发生在身体的多个部位，最常发生在肺部，称为肺结核。

（一）肺结核的主要症状

发热是结核最常见的全身性症状，常提示结核病的活动和进展。临床多起病缓慢，长期低热，可伴有疲倦、盗汗、食欲下降、体重减轻等症状。呼吸系统表现为咳嗽、咳痰、咯血和胸痛等症状。

（二）肺结核的预防

（1）生活规律，饮食节制，避风寒、戒烟酒，养成不随地吐痰的良好卫生习惯，劳逸适度，多吃富含营养的食物，忌辛辣。
（2）每天开窗通风，每日通风时间不少于70分钟。
（3）增加户外活动，加强体育锻炼，增强体质。
（4）定期进行体格检查，做到早发现、早隔离、早治疗，一旦出现低热、盗汗等疑似结核症状，及早到医院就诊治疗。对与结核病患者有密切接触者，进行筛查，尽早发现、尽早隔离、尽早治疗。

第三节 就医用药常识

一、就医常识

医疗是民生大事，如何科学、合理以及有效地就医已经成为个人、家庭和全社会最关心的问题之一。疾病有很多种，医院很复杂，专家有专长。糊涂就医，伤不起的不仅是时间和金钱，还是精力。如何明明白白地看病，了解一些就医的知识非常重要。

（一）科学选择医院看病就诊

1. 按照病情选择医院

看病的最终目的是看好病，因此，不管医院大小、级别高低，只要能看好病，安全有效，就可以选择。

按照我国现行的医院分级管理标准，医院分为一级、二级和三级，不同层级的医院各有不同的功能定位和服务特点。对此有所了解的话，患者就可以按照病情选择医院，选择去适合自己就医需求的医院。

（1）一级医院是直接为社区提供预防、治疗、康复服务的基层医院。除社区医院外，一般为乡镇级医院，它能提供便捷、经济的基本医疗服务。一般说来，针对病情轻浅、病势较缓的普通病种，或者已经在上一级医院确诊、病情稳定的疾病。这类病人适合到一级医院就近就诊。

（2）二级医院是可向多个社区提供综合医疗服务和承担一定教学、科研任务的地区性医院。针对大多数常见病和多发病，只要病情不复杂，诊断能明确，不是特急、特重，这类病人就可以选择到区县级医院等二级医院就诊。

（3）三级医院是向几个地区提供高水平专科性医疗卫生服务和执行高等教学、科研任务的区域性以上的医院。除中央级的医院为三级医院外，一般来讲，三级医院是处在中国医院顶端的各大学的附属医院及各省人民医院，还有解放军的军医大学附属医院和各大军区总医院。三级医院主要解决疑难危重症。这类医院综合实力较强，重点专科优势突出，各学科专家云集，是疑难杂症患者的不二选择。

需要专家指导用药的慢性病、精神病、癌症患者，以及在各综合医院确诊为专科病的患者，应该去专科医院。

2. 就近方便

在能看好病的前提下，医院越近越好，可以省去舟车之劳、奔波之苦。对于特别病、重病患者，早一分钟到医院，就多一分抢救的希望。如果一个普普通通的且完全能在一级、二级医院看好的病，患者为了追求名院名医效应，盲目选择大医院、专家号，甚至还要起早摸黑排队挂号，那就不是明智的选择。对大多数患者来说，离家最近、就医环境相对宽松的是一级、二级医院，故针对普通病、常见病和多发病的非危重时期，患者可以首先到这类医院就诊。

（二）就诊注意事项

（1）就诊前不宜饮酒或吸烟。中等量饮酒（尤其是烈性酒）或大量吸烟可引起心率、脉搏显著加快，可引起血压波动以及其他异常出现，从而产生某些假象，会给医生确诊造成困难，最好在就诊前4～6小时内不饮酒或大量吸烟。

（2）就诊前不宜化浓妆。化妆品会掩盖本来的肤色，对诊断贫血、黄疸、斑丘疹、血管痣等十分不利。

（3）就诊前不应用药。有些药物可遮掩症状，因此，除非病情紧急需用抢救药以外，一般在就诊前不宜用药，特别是镇痛药、解热药、降压药、安眠药等。

（4）不要对医生隐瞒病史。病史是诊断疾病最重要的依据之一，虚假的病史容易使医生作出错误的诊断，进而导致错误的治疗，后果不堪设想。

（5）就诊时心情要放松。若过度紧张甚至产生恐惧心理，会妨碍诊断，给确诊带来困难。因为人体在高度紧张时会出现心率增快、血压增高以及肌肉紧张等症状，不仅会造成假象，还会妨碍检查。

（6）要配合检查。医生在进行检查时，病人要主动配合，才能使检查成功。如果检查时病人不按医生的要求去做，必然会影响检查结果，从而造成误诊。用医学仪器检查时，也需要病人配合，如做血液生化检查时需要病人空腹抽血等。

（7）不要点名叫医生开某种药。许多病人就诊时不愿服用医生给开的药，而是向医生点名要药，这种做法弊端很多。因为治疗必须对症下药，该用什么药必须由医生根据诊断开方，滥用药物不仅是一种浪费，还容易引起药物的不良反应，甚至会造成严重后果。不少医生把点名要药看作对医生的不信任，这种做法可能还会损害医患关系。

（8）要充分信任医生。有些病人，特别是一些"老病号"或某些精神疾病患者，常常自以为是，不懂装懂，对医生的诊断无根据地怀疑、不信任。这种态度不仅会损害医患关系，还会由于不能很好地执行医嘱而影响治疗效果。

（三）小贴士：十条科学就医知识

中华人民共和国国家卫生健康委员会联合相关部门，组织临床医学、健康教育等领域的权威专家，制定了"遵从分级诊疗，提倡'小病在社区、大病去医院、康复回社区'，避免盲目去大医院就诊"等十条科学就医的核心信息。

（1）科学就医是指合理利用医疗卫生资源，选择适宜、适度的医疗卫生服务，有效地防治疾病、维护健康。

（2）遵从分级诊疗，提倡"小病在社区、大病去医院、康复回社区"，避免盲目去大医院就诊。

（3）定期健康体检，做到早发现、早诊断、早治疗。

（4）鼓励预约挂号，分时段、按流程就诊。

（5）就医时需携带有效的身份证件、既往病历及各项检查资料，如实陈述病情，严格遵从医嘱。

（6）出现发热或腹泻症状，应当首先到医疗卫生机构专门设置的发热或肠道门诊就医。

（7）如遇紧急情况，可拨打"120"急救电话；咨询医疗卫生信息，可拨打"12320"公共卫生咨询热线。

（8）文明有序就医，严格遵守医疗机构的相关规定，共同维护良好的就医环境。

（9）参加适宜的医疗保险，了解保障内容，减轻疾病带来的经济负担。

（10）医学所能解决的健康问题是有限的，公众应当正确理解医学的局限性，理性对待诊疗结果。

二、用药常识

药物的确可以用来治病，但若服用不当，反而会危害人体健康。遵从医师、药剂师的指导用药，不乱用、不滥用，是每一个人应当知道的用药常识。

（一）按照医嘱服用药物

每种药品都有治疗剂量和中毒剂量，剂量不够达不到治疗效果，剂量过大容易引起中毒。有的患者希望早点治愈疾病，擅自加大剂量，但殊不知，这样做的危害非常大，超量服用药物所造成的肝肾负担及副作用也很大。

（二）学会看药物说明书

1. 药物说明书上都印有慎用、忌用和禁用

慎用是指药物可以谨慎使用。使用过程中，必须密切观察患者用药情况，一旦出现不良反应要立刻停药。需要慎用的大多数患者是小孩、老人、孕妇，以及心肝肾功能不好的患者。因为这些人体内的药物代谢功能差，出现不良反应的可能性高，所以要慎用。慎用，不是不能用，而是要留神。

忌用是指药物已经不适宜使用或应避免反复使用。标明忌用的药物，说明不良反应比较明确，发生不良后果的可能性比较大。但一般有个体差异，比如，白细胞减少的患者，忌用苯唑西林钠，因为服用该药会减少白细胞。

禁用是指对用药的最严厉警告，禁止使用就是不能使用。例如，对青霉素过敏的人就应禁止使用青霉素，青光眼患者就应禁止使用阿托品。

2. 有效期和失效期

有效期是指药物在规定的贮存条件下，保证质量的期限。失效期是指药物到达期限后即为失效。《中华人民共和国药品管理法》规定，超过有效期和失效期的药品，按劣质药物处理。

3. 药物的剂量、极量、治疗量、安全范围、常用量、维持量

药物的剂量指即用药量，指一次给药后产生药物治疗作用的用量。通常，在一定范围内，用药的量愈大，药物在人体内的浓度就愈高，其作用也愈强。但药量超过一定限度后，药物的主要作用将变为毒害作用而不是治疗作用，药物也变成了毒药，轻则中毒，重则死亡。这个药物的限度就是极量，即药物可以安全使用的最大剂量。这就是在警示为了想早点治好疾病而加大药量的患者，随便加大药量是非常错误的，是危险的，是有害无益的。从药物最小的有效量到极量的范围，称为治疗量。医师最常用的是药物的常用量。在疾病的治疗过程中，病情得到控制，需要将药量减少，这就是维持量。维持量就是维持药效的最小剂量。

同一种药品，剂型不同，所用的剂量也不同。例如，治疗高血压的硝苯地平：其普通片每日应服三次，每次应服一片；而其控释片，每日应服一次，每次应服一片。因此，请大家一定要看清药品的剂型和规格。

（三）服药注意事项

1. 躺着服药

躺着服药，药物容易黏附于食管壁，不仅影响疗效，还可能刺激食管，引起咳嗽或局部炎症，严重的甚至会损伤食管壁。所以，最好取坐姿或站姿服药。

2. 干吞药

有些人为了省事，不喝水，直接将药物干吞下去，这也是非常危险的。一方面，干吞药可能与躺着服药一样损伤食管，甚至程度更严重；另一方面，干吞药时，没有足够的水来帮助溶解药物，有些药物容易在体内形成结石，如复方新诺明等磺胺类药物。

3. 掰碎吃或用水溶解后吃

有些人自己吞不下药或担心噎着，就自作主张地把药掰碎或用水溶解后再服用，这样做不仅影响疗效，还会加大药物的不良反应。

以阿司匹林肠溶片为例，掰碎后没有肠溶衣的保护，药物无法安全抵达肠道，在胃里就被溶解了，不仅无法发挥疗效，还刺激了胃黏膜。将药物用水溶解后再服用也有同样的不良影响。所以，除非医生特别吩咐或药物说明书上有写，否则不要这么做。

但服用中成药时，有所不同。例如，对于常见的大粒丸剂，就应该用清洁的小刀或手将药丸分成小粒后用温开水送服。为了加速产生药效，还可以用少许温开水将药丸捣碎调成稀糊状后，再用温开水送服。

4. 用饮料送药

正确的服药方法是用温度适中的白开水送服。因为牛奶、果汁、茶水、可乐等饮料都可能含有与药物发生相互作用的成分，从而影响疗效，甚至导致危险。

例如，用果汁或酸性饮料送服复方阿司匹林等解热镇痛药和小檗碱、乙酰螺旋霉素等糖衣药物，会加速药物溶解，损伤胃黏膜，重者可导致胃黏膜出血；用果汁或酸性饮料送服氢氧化铝片等碱性治胃痛药，会因酸碱中和使药物完全失效；用果汁或酸性饮料送服复方新诺明等磺胺类药物，则会降低药物的溶解度，从而引起尿路结石。

5. 对着瓶口喝药

这种情况尤其多见于喝糖浆或合剂。一方面，这样做容易污染药液，加速其变质；另一方面，这样做不能准确控制摄入的药量，要么达不到药效，要么服用过量增大副作用。

6. 忽视药物相互作用

多药同服，药物之间的相互作用就很难避免，若不加以注意，就可能会引起一些意想不到的麻烦。

7. 喝水过多

服药后喝水过多也不行？是的，因为这样会稀释胃酸，不利于对药物的溶解吸收。一般来说，送服固体药物用小杯温开水就足够了。

对于糖浆特别是止咳糖浆这种特殊的制剂来说,需要药物覆盖在发炎的咽部黏膜表面,形成保护性的薄膜,以减轻黏膜炎症反应、阻断刺激、缓解咳嗽。所以,建议喝完糖浆5分钟内不要喝水。

8. 服药后马上运动

和吃饭后不能立即运动一样,服药后也不能马上运动。因为药物服用后一般需要30~60分钟才能被肠胃溶解、吸收并发挥作用,其间需要足够的血液参与循环。马上运动会导致胃肠等脏器血液供应不足,药物的吸收效果自然会大打折扣。

9. 服药期间不注意饮食禁忌

不是只有中药才讲究饮食禁忌,西药也是一样。服药期间,不合理的饮食会降低药效,严重的还可能危及生命。例如,服用降血压药、抗心绞痛药期间,忌喝西柚汁、忌吃含盐高的食品;服用治疗头痛药期间,忌饮酒;服用抗抑郁药、呋喃唑酮、抗结核药、抗肿瘤药期间,忌吃奶酪、香蕉、豆浆、啤酒等含酪胺较多的食物;服用健胃药、助消化药、中药期间,忌吃糖或甜食。

第四节 艾滋病防治知识

一、什么是艾滋病

艾滋病,全称是"获得性免疫缺陷综合征"(acquired immune deficiency syndrome,AIDS)。它是由艾滋病病毒[即人类免疫缺陷病毒(HIV)]引起的一种病死率极高的恶性传染病。艾滋病病毒侵入人体,能破坏人体的免疫系统,令感染者逐渐丧失对各种疾病的抵抗能力,最后导致死亡。艾滋病于1982年定名,1983年其病原体被发现,是当前最棘手的医学难题之一。

二、艾滋病的传播途径

艾滋病病毒存在于感染者的血液、精液、阴道分泌液、乳汁和伤口渗出液这几种体液中,主要有以下三种传播途径。

(1)性传播:这是世界上最主要的艾滋病传播途径。性伴侣越多,感染艾滋病的概率越大。

(2)母婴传播:感染了艾滋病病毒的妇女通过妊娠和哺乳也可能会把艾滋病病毒传给胎儿。

(3)血液传播:输入感染了艾滋病病毒的血液或血液制品;静脉药瘾者共用受艾滋病病毒污染的、未消毒的针头及注射器;与感染者共用其他医疗器械或生活用具(如与感染者共用的牙刷、剃刀)时,也可能经身体破损处传染艾滋病病毒。

三、艾滋病的预防

目前,尚无预防艾滋病的有效疫苗。因此,最重要的是采取预防措施,其方法是以下五点。

(1) 安全性行为,避免通过性生活感染艾滋病病毒。不卖淫嫖娼,只有一个相互忠诚的固定性伴侣,每次性行为都应正确使用质量合格的安全套,这可以大大降低感染艾滋病的风险。

(2) 性病可增加感染艾滋病病毒的风险,必须及时到正规医疗机构诊治。

(3) 注意血液安全,避免经血液感染艾滋病病毒。不吸毒;不卖血、贩血;不与他人共用针头、针管;必须注射时,要求使用一次性针头和针管,或者使用经过严格消毒的针头和针管;不和其他人共用有可能刺破皮肤的物品,如牙刷、文身针、文眉针、针灸针、剃须刀等。

(4) 避免母婴传播艾滋病病毒。艾滋病感染者应避免怀孕,艾滋病感染者应避免母乳喂养。

(5) 发生高危行为的72小时内,使用艾滋病暴露后的预防用药可减少艾滋病病毒感染的风险。

四、发生高危行为后怎么办

(1) 发生高危行为后(共用针具吸毒或无保护性行为等),应该主动进行艾滋病检测与咨询,早发现、早诊断、早治疗。

(2) 疾控中心、医院等机构均能提供保密的艾滋病检测和咨询服务。国务院《艾滋病防治条例》规定,国家对个人接受自愿咨询检测的信息完全保密。个人可以求助于最近的艾滋病自愿咨询检测门诊(VCT门诊)。卫生部门指定的自愿咨询检测门诊所提供的咨询和检测服务都是完全免费的。怀疑自己感染了艾滋病病毒时,应尽早(并动员自己的性接触者或共用针具者)到正规的医疗卫生机构去做艾滋病病毒抗体检查和咨询。

五、身边有艾滋病病毒感染者怎么办

(1) 艾滋病病毒感染者也是艾滋病的受害者,应该得到理解和关心。艾滋病病毒感染者及其家属享有的婚姻、就业、就医、入学等合法权益受法律保护。

(2) 艾滋病病毒感染者有义务、有责任关爱社会和他人,保护他人不被艾滋病病毒感染。

(3) 艾滋病病毒感染者和艾滋病病人在得知感染艾滋病病毒后应主动告知性伴侣或配偶,故意传播艾滋病的行为既不道德,又要承担法律责任。

六、小贴士：日常生活接触会传播艾滋病吗？

（1）艾滋病病毒是一种非常脆弱的病毒，离开人体后会很快死亡。一般的社交活动是不会传播艾滋病病毒的，如握手、拥抱、一起吃饭、喝饮料，共用碗筷、杯子，使用公共设施（如厕所、游泳池、公共浴池）、一起居住、购物、使用钞票、劳动和学习等。

（2）唾液、眼泪、汗水、尿液等也不会传播艾滋病病毒，因为唾液、眼泪、汗水和尿液中不含艾滋病病毒。

（3）蚊子、苍蝇、蟑螂等昆虫也不会传播艾滋病病毒。

问题思考

1. 你经常参加的锻炼方式是什么？锻炼给你带来的好处有哪些？
2. 艾滋病的传播途径有哪些？

第十一章 心理健康

学习目标

1. 了解心理健康相关的基础知识及大学新生心理适应的特点，树立科学的健康观，正确认识心理健康和心理问题。
2. 掌握培养健康心理的途径和方法，理性客观看待心理咨询。

第一节 心理健康概述

一、健康新观念

1948年，世界卫生组织（WHO）成立，《世界卫生组织宪章》开宗明义地指出："健康是身体、精神与社会的全部美满状态，不仅是没有疾病或者身体不虚弱。"

1978年，国际初级卫生保健大会发表的《阿拉木图宣言》再次重申了健康整体、全面、综合的观念，指出："健康不仅是疾病与体弱的匿迹，而且是身心健康、社会幸福的完善状态。"

1989年，世界卫生组织深化了健康的观念，认为："健康不仅是没有疾病，而且包括躯体健康、心理健康、社会适应良好和道德健康。"

从上述对健康的界定来看，心理健康是健康的重要组成部分。一个人只有身体、心理和社会适应同时处于健康状态，才算是真正的健康。

二、心理健康的含义

心理健康指的是一种良好的心理或精神状态。从广义上来说，心理健康是指个体在适应环境的过程中，生理、心理和社会性方面协调一致，保持一种高效而满意的心理状态；从狭义上来说，心理健康是指个体自身的认知、情感、意志、行为、人格的完整和协调。根据《简明不列颠全书》中的定义，心理健康是指心理形式协调、内容与现实一致和人格相对稳定的状态。

三、心理健康的标准

心理健康的标准问题一直受到人们关注，许多专家对此都有过研究和论述。这些论述里基本都会涉及"个人与自我""个人与他人""个人与环境"的良好关系状态。

我们认为一个心理健康的大学生，在以下三对关系中均应表现良好。

在个人与自我的关系上，应该表现为拥有正确的自我意识，能够自我悦纳，既不妄自尊大，又不妄自菲薄，独立自信、乐观积极、耐挫进取，有良好的学习力和成长力，个人情绪管理能力强，能够合理表达、宣泄、控制和调节自己，拥有完整稳定的人格。

在个人与他人的关系上，应该表现为乐于交往、敢于交往、善于交往，交往动机端正，在拥有广泛人际关系的同时，也拥有稳定的知心朋友，正确面对并恰当处理人际冲突，客观评价和认识他人，能够理解和宽容他人。

在个人与环境的关系上，能够和谐地适应自然与社会环境，保持一定的经验开放性与良好的对外接触，尊重社会群体规范，在文明道德的前提下自我满足，参照社会群体发展符合年龄特征的心理和行为，客观现实地认识社会环境，主动地适应现实，调整个体需要与环境的矛盾，保持协调一致发展。

四、正确看待心理健康标准

心理健康的标准为大学生们提供了理想的尺度，也指明了提高心理健康水平的努力方向，每个个体都可以在现有的心理状态的基础上追求更高的层次，不断完善自我，发挥自身潜能，成为更好的自己。

心理健康是相对而言的，每个人的心理健康的状态并不是固定不变的，而是一个动态变化的过程，从健康到不健康只是程度的不同，而无本质的区别。比如，一个没有明显心理疾病、能够勉强生活工作的人和一个心理变态的人相比是健康的，但和一个自我实现的人相比其心理健康水平又是较差的，是需要改进的。同时，人的心理健康状态又是动态变化的，而非静止不动。人的心理健康既可从相对不健康变得健康，又可从相对健康变得不那么健康。因此，心理健康反映的是某一段时间内的特定状态，而不应认为是固定的和永远如此的。

所以，情绪有起伏，状态有好坏，想法有可能通透也可能纠结，这些都是非常常见的现象。同学们遇到自己有点消极的心理状态和行为表现等情况时，不要慌张地认为自己心理异常了。

第二节　大学新生心理适应

经过高考的激烈竞争，如今，同学们顺利来到了自己理想的大学，成为一名自信的大学生。然而，大学与中学的学习生活环境存在较大的差异，可能会为同学们带来一段艰难的心理适应期。为此，我们应该主动了解这些变化，了解大学生环境适应中常见的心理困扰及产生的原因，从而采取积极有效的措施度过心理适应期。

一、大学新生面临的环境变化

（一）生活环境的变化

与中学生活相比较，大学生活最大的特点是要求学生自主独立。中学生在学习上基本是老师布置、学生执行，生活上基本是父母全部包办。然而，上了大学，不论是衣食住行还是学习、交友，都需要更多地依靠自己的知识和能力去思考、判断、选择和行动。更多的自由也意味着更多的迷茫，很多大学生除了上课不知道如何学习，除了舍友不知道怎么认识新朋友，除了校园不知道如何开拓新天地。此外，大学课余生活与中学课余生活相比，也更加丰富多彩。各种比赛、晚会、讲座、学术报告会、社团活动，既让许多新生感到新鲜，又让他们感到无所适从。有的新生拒绝参加一切活动，有的新生则来者不拒，活动应接不暇。

（二）学习环境的变化

学习环境的变化主要体现在学习任务、学习内容和学习方法的变化上。大学与中学学习分属学校教育的不同阶段，教学目的、教学内容、教学方法等都存在着明显的差别。

首先是教学目的的差别：中学的教学目的主要是向学生传授基础性文化知识，为学生后续的学习或深造打下坚实的基础；而大学的教学目的主要是向学生传授各种专业知识和专业技能，培养社会发展所需要的各种高级专业人才；高等职业教育则更突出了应用性、技能性的特点。

其次是教学内容的差别：中学的教学内容主要是非定向的文化基础课；大学的教学内容主要是定向的专业课，教学内容无论是在深度上还是在广度上都比中学有了更大的拓展，特别是大量专业课和技能训练课更容易使学生感到学习的难度。

最后是教学方法上的差别：中学的教学方法主要是以教师讲授为主，教师是教学的中心；大学的教学方法是以学生自学为主，以教师讲授为辅，教师的主要作用是引领学生入门，答疑解惑，所谓"师傅领进门，修行看个人"。

（三）人际环境的变化

人际环境的变化主要体现在人际交往的方式与对象、人际交往的要求等方面。中学时代人际交往的对象基本上局限于班级与家庭，同学关系、师生关系、亲子关系成为中学人际交往的主旋律，交往的方式也相对单纯，主要围绕学习、休闲等主题。到了大学，人际交往的范围、人际交往的难度则发生了很大的变化。

首先是人际交往的范围扩大。为了获得前辈指导，你需要认识更多的学长、学姐；为了协调学生工作，你需要认识不同学院、不同班的同学；为了拓展社会实践，你需要认识一些不同社会背景的专业人士。人际交往范围扩大了，交往的方式改变了。

其次是人际交往的难度增加。由于一个班级、一个宿舍的同学经常来自不同地域，同学们之间的语言、生活习惯、价值观、性格等方面存在很大差异，朝夕相处就意味着差异的磨合与碰撞。相比中学时代，这种集体生活会增加人际交往的难度。

（四）管理环境的变化

中学时代，学校、老师对学生采取直接管理，班级管理都是通过班主任直接实施，老师的主导作用更加突出；大学则更多地强调学生参与的自我管理，学生的主体作用更加突出。例如，大学里的学生会、艺术团、宿管会等学生组织，就充分地发挥了大学生自我教育、自我约束的作用。然而，在自我管理的过程中，也凸显出很多大学生的不自律和不自觉。比如，不检查卫生就不做卫生，不检查熄灯就不熄灯，不记录考勤就不出勤。

（五）自身角色地位的变化

与中学相比，大学生自身的角色和地位也发生了许多变化。在中学，也许你是文艺明星，也许你是体育健将。然而，上了大学，随着人才聚集和表现舞台的增加，你会渐渐发现"人外有人，天外有天"。在面临新的对比时，有的同学会产生失落和自卑情绪；有的同学失去了往日的自信与雄心，因此自暴自弃；有的同学产生了嫉妒与被排挤感，因此孤身一人。

二、大学生环境适应中常见的心理困扰及产生的原因

正是因为大学生活发生了这么多的变化，有很多同学在入学之后都会产生一些适应性的问题：有的同学开始迷茫、不知所措；有的同学开始焦虑、不敢面对；有的同学开始怀旧，感叹没有朋友。大学生环境适应是成长中必然发生的阶段性问题，我们要分析其原因，从而有针对性地找到对策。

（一）自我评价存在偏差

大学生处于青年期，同时也延续着青春期的能量。因此，在这个人生的特殊阶段，大学生的自我意识仍然非常强烈，具体表现为：对周围的人给予的评价非常敏感和关注，哪怕是随便一句评价，都会引起其内心很大的情绪波动和应激反应。其实，心理学中有一种说法叫作"外面的世界没有别人"，这种提法并不是让人目中无人，而是试图从另一个视角告诉我们，过于在乎别人的看法是对自我过于关注的表现，是内在能量不足的表现。

（二）心理脆弱

很多大学生从小受到家庭的保护较多，没有养成应对挫折的心理素质和合理方法。来到大学之后，大学生生活中最主要的任务不再只是学习。然而，有些大学生并没有及时调整自我，不能正确认识和评价自我，从而渐渐在大学生活中迷失了自我。

可见对于大学生而言，环境变化越大，自己的应对能力越差，挫折带来的冲击也就越大。

（三）情绪不稳

心理学家霍尔认为青年期处于"蒙昧时代"向"文明时代"演化的过渡期，其特点是动摇的、起伏的，他把这一时期称为"狂风暴雨时期"。大学阶段正处于这个特殊时期，因此大学生情绪丰富多变且不稳定。面对学习与生活中新的烦恼与困难，一个感人的故事、一首动听的歌曲、一句感触的话语都会激起大学生内心的浪花，这样的浪花很美，然而波动性也很大。当负面情绪的浪潮涌来时，大学生忽而欣喜若狂，忽而愁绪满腹，大起大落的情绪势必会影响正常的学习生活。

（四）缺乏社会支持

社会支持包括外界提供的情感、物质、信息等方面的帮助，可以降低压力事件的负面影响。对于大学新生而言，来自同学、学校以及家庭的支持往往会显得滞后或不足。大学新生在遇到心理问题时一般不会主动寻求社会支持。

有研究表明，大学新生在面对心理压力的时候，自己解决是主要策略，这一方面表明大学新生比较自信，但另一方面也反映出他们缺乏寻求帮助的意识和习惯。对于尚未完全成熟、无法通过自身努力解决所有问题的学生而言，这种需要别人帮助的意识和习惯的缺乏是令人担忧的。因为如果过分依赖自己，一旦自己的努力不能解决问题，就会很容易采取听天由命或者逃避等消极的应对方式。

第三节　培养健康心理的途径和方法

健康的心理品质是大学生全面发展的基本要求，面对培养健康心理的共同需要，不同的人可以采取不同的方法和途径。下面介绍几种培养健康心理的途径，供同学们参考。

一、学习心理学知识

心理学作为一门研究心理规律的学科，其内容非常丰富。这些规律包括认识、情感、意志、动机等心理过程和能力、性格等心理特征。学习心理学知识，目的在于使大学生更好地了解人的生理特点、生理与心理活动的关系、自我与客观世界的关系、人的心理过程的形成和一般心理特点，以及如何培养健康心理品质来消除心理障碍等。只有掌握了一定的心理学知识，了解心理过程和心理特点的发展规律，才能帮助我们正确认识自我，处理好生理与心理、自我与他人的关系，从而保持理性平和、乐观健康的心理状态。

二、积极参加社会实践及各种有益的集体活动

丰富多彩的业余活动不仅丰富了大学生的生活，而且为大学生的健康发展提供了课堂以外的机会。大学生可以通过参加各种业余活动，来培养自己的多种兴趣和业余爱好，充分发挥自己的潜能，以缓解紧张情绪，维护身心健康。每年9月，学校各大学生组织和社团将开展招新，同学们可结合个人专业和特长积极加入学校的学生组织、社团协会。有关此类信息可参考本书第七章的相关内容。另外，社会交往可使同学之间进行坦诚的思想沟通，传递友谊，互相启迪，使人心情愉快、精神舒畅。同时，社会交往可使自己树立集体意识、集体荣誉感，克服以自我为中心、孤独自傲的不良心态。

三、建立科学的生活方式

生活方式对心理健康的影响已为科学研究所证明。健康的生活方式指生活有规律、劳逸结合、科学用脑、坚持体育锻炼、少饮酒、不吸烟、讲究卫生等。大学生的学习负担较重，心理压力较大，为了长期保持学习的效率，必须科学地安排好每天的学习、锻炼和休息，使生活有规律。学会科学用脑就是要勤用脑、合理用脑、适时用脑，避免用脑过度引起神经衰弱，并使思维、记忆能力减退。

四、建立良好的人际关系

人与人之间正常友好的交往，不仅是保持心理健康的重要条件，也是维护心理健康的有效方法。通过广泛而稳定的人际交往，建立良好的人际关系，可以沟通信息，联络感情，共享喜悦，使苦恼得到倾诉与宣泄，从而减轻和缓解压抑的心情。同时，大学生可以通过与朋友的交往得到支持与帮助、理解与体谅、启发与疏导，获得安全感、自信感与激励感，从而大大减少挫折感、心理危机感。这对于培养大学生的健康心理是非常重要的。

五、确定力所能及的行为目标

一个人的能力，由于先天遗传因素和后天发展的不同而各不相同。因此，在制订计划及行为目标时，要正确客观地评价自身能力，然后制定自身能力所能达到的行为目标。这样，在实践中就能避免因目标距离自身条件太远而导致挫折的可能，使自己保持良好的精神与心理状态，使目标顺利实现。否则，盲目攀比、追求高目标，其结果往往会是目标落空，产生挫折感，影响自信心，从而增加心理负担。

六、及时消除心理障碍和医治心理疾病

消除心理障碍的方法主要有三种：一是心理的自我调适，二是心理咨询，三是医学治疗。哪种方法更能收到实效，要视当事人情况而定。

(一）心理的自我调适

它是指根据自身情况的变化，及时调整心理状态，以解决心理矛盾，达到心理平衡，消除心理障碍的方法。自我调适的方法很多，这里仅介绍以下七种。

（1）提高认识法。遇到外界刺激及出现烦恼时，不要总钻牛角尖，可以通过学习、与人交流，提高认识，端正态度，达到心理上的平衡。比如，有的学生患上了考试恐惧症，可以采取阅读考试技巧与方法的书籍或资料等方法，端正对考试的认识，建立考试自信心，从而消除对考试的恐惧。

（2）转移法。它是指个人把因受社会条件限制、不允许随意满足的较低级的欲望和行为，转化为符合社会要求的思想和行为的心理活动。例如，有人在情绪较坏时，就去餐馆猛吃一顿，使自己的情绪得以缓解；有的同学在恋爱失败后，将注意力转移到考研上，拼命学习，使期望考研成功的心理获得满足，以取代感情的需要，弥补感情的创伤，达到心理平衡的目的。

（3）倾诉法。有什么想不开的事情，找亲人或朋友倾诉是解脱烦恼的好方法。有很多心理问题，其实只要一倾诉出来，就可以得到缓解或消除。

（4）宣泄法。当自己的情绪处于压抑时，通过大哭、大笑、唱歌、体育运动等方法，使情绪发泄出来，达到心理平衡。使用该方法，注意一定不能伤害自己的身体，危害他人或社会。

（5）自寻开心法。它是指自己寻找快乐、寻求解脱的方法，如看幽默笑话、看电影、听音乐等。这对治疗焦虑症很有效。

（6）表同法。它是指把别人具有的、使自己感到羡慕的品质加到自己身上，或模仿他人的言谈举止，求得间接的光荣感和欣慰，抵消不良情绪。

（7）放松法。在人的情绪紧张过度时，可以通过体育运动、文艺活动、义务劳动，使精神放松，达到心理平衡。

（二）心理咨询

心理咨询作为克服心理障碍的重要手段，既可为咨询对象进行心理治疗，又可为不同程度的心理障碍患者提供解脱痛苦、预防疾病的方法。随着我国心理咨询工作的开展，各高校都建立了心理咨询中心，为大学生提供心理咨询等专业服务，帮助大学生克服学习、生活、交往、恋爱等各方面出现的心理障碍，取得了很大的成效。有关心理咨询的详细内容，见本章第四节。

（三）医学治疗

对于经心理咨询及自我心理调适都不能消除心理疾病的当事人、心理障碍较严重的当事人，必须进行医学治疗。对于心理障碍的医学治疗，一定要防止三种错误态度：一是夸大病情，自我制造精神压力与负担，加剧病情；二是弱化病情，甚至对自己严重的心理障碍进行否认，延误病情治疗；三是不与医生配合，得不到有效的治疗。

【拓展阅读】

批评的艺术

"贬低他人，也就意味着自己的渺小。"约翰·墨菲说过。的确，许多人往往由于自信不足，从而有意无意地通过寻找别人的缺陷来满足自己的自尊。不过有些时候，当别人的错误伤害了我们及周围人时，我们需要促其改变，而不是一味地说"好，好，好"。如果你不是出于贬低别人的目的，同时又能运用适当的方法，那么你的批评就会收到意想不到的效果。

第一，批评应注意场合。批评要想奏效，必须尽量减少对方的防卫心理。如果我们在大庭广众下批评别人，对方很可能首先意识到自己的形象和自尊受损而不是自己所犯的错误。因此，他会马上以敌视的态度来反击你以保护受到伤害的自尊心。这样，你的批评除了增加对方的反感和抵触外，不会有任何效果。所以，批评应尽量在只有你俩在场的情况下进行。

第二，从赞扬和真诚的感谢入手。在此之前，我们已深知赞扬和感谢的作用，它可以提高对方的自信和自尊，从而在感情上接纳我们。在这种背景下，我们诚恳地提出批评，对方往往更容易接受。

第三，批评对事不对人。比起一些具体的言行，人们对自身的人格、能力等看得更重。如果你的批评含有贬低其能力、人品的意味，便容易激怒对方。如果你在肯定对方能力、人品的前提下，指出其某一个具体言行的错误，他（她）往往能容易接受，如"按你的能力，这件事本来可以做得更好些""依你的为人，不该说出这种伤人的话"，等等。

第四，批评应针对现在，而不要纠缠旧账。如果习惯于用"你怎么总是……"之类的形式批评别人，是不会取得好效果的。因为这样的说法暗示对方："你旧习难改。"卡耐基告诉我们："让对方感到自己的错误很容易改掉，这样对方往往会有信心去改变自己。"另外，"翻旧账"的做法也容易引起对方的反感。一两件事可能归因于偶然，许多件事则更可能归因于人品，所以"翻旧账"等于贬低对方人品。记住，批评要只针对当前这一件事。

第四节　正确认识心理咨询

一、什么是心理咨询

随着心理健康不断受到社会大众的重视，心理咨询一词渐渐被人们所熟知。大部分人还是相信心理咨询能够在一定程度上解决心理问题。当发现身边的人遇到心理困扰的时候，我们会想到可以建议他们考虑接受心理咨询。然而，有趣的是，当自己遇到问题的时候，大多数人却还是选择向身边的亲人、朋友倾诉或自我调节。即使一切并不奏效，也宁愿自己坚持忍受糟糕的状态。造成这种矛盾的现象的原因主要还是来自人们对心理咨询的不了解。一部分人认为心理咨询不过就是聊聊天，与身边的人聊也一样；另一部分人认为只有心理问题比较严重的人才去心理咨询，自己还能扛，不想被贴上标签；还有些人担心自己的隐私被谈论或是无法信任心理咨询师。

心理咨询究竟是什么呢？

心理咨询工作涉及心理咨询师和求助者两个群体，彼此是帮和求的关系。心理咨询师提供的是心理方面的帮助，协助个体自己解决问题，即助人自助，而不是单纯地给建议，更不是大包大揽和包办替代。因此，心理咨询的结果不是来访者从咨询师那里得到了什么解决问题的办法，而是来访者获得了自己解决问题的资源和支持，而这些资源和支持主要来自来访者内部。

随着大学生心理健康越来越受到人们的关注，几乎所有大学都开设了校园心理咨询服务中心，大学生们可以借助这些平台来保障自己的成长，为维护自己的心理健康保驾护航。一般来说，校园心理咨询服务中心只为在校生提供心理咨询，而将需要心理治疗的学生转介到医院专设的心理科或精神科。作为大学生，你需要了解校园心理咨询的有关信息。

二、心理咨询能做的事情

心理咨询是一项专业的助人服务，它能从哪些方面帮助到大学生们呢？让我们一起来看看，高校心理咨询可以提供什么样的帮助。

（一）认识自己的内外世界

外部世界是由不断变化的现实构成的，不随我们的意志而转移。内部世界是由以往积累的经验构成的，因人而异，可以按照自己的意愿加以调整。大学生遇到不如意的事情时，往往觉得非常郁闷。心理咨询可以帮助你重新认识自己的内在，也重新看待外部世界，学会接纳无法改变的事情，并积极调整可以改变的事情，从而不断加强自我的内部功能，提高大学生的适应能力。

（二）纠正不合理的信念

人们一般认为消极事件的发生导致了负面情绪的出现，但其实人们对事件的评价、解释、看法、信念才是导致负面情绪出现的根源所在。心理咨询可以协助你纠正不合理的信念和错误的思维，帮助你重新看待经历的事件和各种挫折，巩固新的、更合理的思维方式，解决当前的心理问题。

（三）学会理解他人

心理咨询能帮你更好地理解他人，站在他人的角度思考问题，体验对方的内心感受，看到对方的反应背后真正的需求，懂得对方为何如此反应，这样就能够更好地看待自己与他人的关系，保持心理平衡。

（四）增强自知之明

人很难客观地认识自己。片面的经验、错误的推理、不理性甚至扭曲的心理认识、不合理的需求等，这些认识上的种种限制会导致人们经常失去对自己的正确认识，从而引发种种心理困扰。心理咨询可以帮你重新看待真实的自己，面对自我，拥抱自己，挖掘自己身上的潜力和资源，明确前进的方向，树立新的目标。

（五）学会面对现实和应对现实

一些个体无法面对现实，始终想要逃避却最终无法欺骗自己，这导致了心理困扰。他们或沉溺于过去的痛苦回忆，或偏执地坚持不切实际的幻想，或持续抱怨无法更改的既定事实或关系……这些"无法面对""不去面对"造成了个体不得不承受的种种焦虑、愤怒、委屈、悔恨。心理咨询着眼现在，关注当下，能引导你为自己的问题负责，面对和接受现实，在现实生活中扮演好自己的角色，活出新的人生。

（六）构建合理的行为模式

若是想要彻底解决心理困扰，就要将思想转化为实际行动，从根本上放弃和调整过去那些不合理、不恰当的思维行为方式，预防问题的发生。心理咨询可以帮你学习识别出不合理的行为模式，建立和创造一种有效的、合理的新行为模式，这样才能使问题得到改善，使你获得心灵真正的成长。

可见，心理咨询可以帮助你更清楚地了解自己的需要和特点；它愿意以无批判的态度来接纳你；它还能帮助你学习从另一个角度来看待事物，改变原先的思维方式；更重要的是，它能够向你提供一个心灵成长的空间，让你在可信赖关系的陪伴下安全地探索自我。

三、心理咨询不能做的事情

心理咨询能够给来访者带来很多积极的变化，但它并不是一剂包治百病的神药，它也有许多不能做的，比如以下六点。

（一）不能改变现实

它不会否定发生过的事情，它教会你接受、改变和创造那些可能完成的成长。它立足现实，着眼心灵，只处理与心理有关的成长目标而非与生活有关的具体决策。

（二）不能扮演父亲、母亲、伴侣或精神导师的角色，每次来帮你面对困难

心理咨询师是在你成长之路艰难时的一个陪伴者、协助者。你终会需要告别咨询室，并继续独立在生活里远航。他只是心理咨询师，不要试图依赖他，你需要更专注

于个人的成长，相信自己有能够重新启航的力量。

（三）效果不能或很难立竿见影

冰冻三尺，非一日之寒。造成许多问题的关键原因在于我们习惯化了的行为方式或思维方式。长期积累的情绪不可能顷刻消除，一些积累的伤害更绝非几句话就可以抹平。心理咨询是一个逐步进展的过程，是一个从量变到质变的过程。它需要双方的共同探索，更有赖个体积极地领悟，因此，心理咨询的效果因人而异，也因情况而异。

（四）不同于朋友间的倾谈

心理咨询是专业的谈话活动，围绕着协商的咨询目标进行有助于心理成长的对话。它并不是朋友间的闲聊，也不是肆意发泄，更不是听老师的批评教育。

（五）一个心理咨询师，不可能适合所有的来访者

心理咨询师的工作风格各有不同，专业主攻的领域、擅长使用的咨询方法也可能各不相同。心理咨询过程也是双方互相磨合的过程，如果发现心理咨询师不适合自己，可以提出中断咨询和要求更换更合适的心理咨询师。心理咨询师也同样可以建议将你转介给更合适的从业者。

（六）很可能不会让你一直感到满意

心理咨询要推动个体的成长和进步，然而成长是一场痛苦的蜕变，这趟心灵的旅程必然不会轻松愉快。心理咨询师不会附和你，也不会取悦你，但会帮助你看到当下的自己。所以，当你抗拒转变的时候，也许心理咨询师会让你看到这样停滞不前的自己，而使你感到颇有压力。心理咨询始终鼓励坦诚、真实，但并不排斥冲突的发生。

四、大学生何时可能需要心理咨询

有人也许会问："作为大学生，我什么时候需要心理咨询？"笔者会列举一些情况，给大家作为参考。或许，你正处于生活中的这些情况。若你感到困惑而又未能摆脱困惑，心理咨询可以成为帮助你的一条不错的途径。

- "我感觉对生活失去了控制感。"
- "我对未来生活感到不乐观。"
- "我是受害者，或者经历过某种情感或身体的暴力对待。"
- "我不知道如何处理自己的生活。"
- "我经常感到自己是抑郁的。"
- "我目前有一段不开心的人际关系。"
- "我有一些上瘾的特殊爱好。"
- "我不喜欢自己。"
- "我感觉自己丧失了精神追求。"

- "我正在经历一段重要的失去。"
- "我在学业或学生工作方面存在问题。"
- "我处于持续的压力之中,已经出现了和压力有关疾病的信号。"
- "我受到了歧视。"
- "我正在结束某个重要的人际关系。"
- "我觉得自己并没有发挥出全部的潜能。"

五、大学生如何接受心理咨询

(一)咨询前的准备

1. 有主动的心理咨询的愿望

来访者的自愿是建立良好心理咨询的基础。如果来访者没有求助的意愿,仅仅是被辅导员或家长带来的,就很难敞开真实的自我,这必然使心理咨询的效果大打折扣。

2. 减少不必要的担心

保密原则是心理咨询师最基本的职业道德。有些来访者因担心谈话内容泄露,而在咨询中往往隐去某些关键点,这样并不利于心理咨询师发现问题,并作出正确的判断和引导。此外,心理咨询的关注点在于帮助来访者解决心理上的困惑,不是做思想工作,来访者不必因担心咨询师嘲笑而犹豫不决。

3. 选择适合的心理咨询师

心理咨询前,要了解一些关于心理咨询师的情况,尽量找受过专业培训、具有从业资格的心理咨询师。同时,也要根据自己的心理困惑来选择心理咨询师。在与心理咨询师接触后,如果感觉不合适,可以提出中止心理咨询或请求转介其他心理咨询师。

4. 了解心理咨询的时间规定

心理咨询是有时间限制的,通常一次心理咨询的时间约为50分钟。根据来访者表述的心理问题的严重程度和心理咨询师所使用的方法不同,心理咨询的次数不固定。有的来访者通过1~2次的心理咨询就能达到目标;有的来访者需要更长的时间,甚至1~2年不等。心理咨询一般需要提前预约,来访者应按照约定的时间前去咨询,如遇特殊情况,应提前联系,以便更改咨询时间。

(二)心理咨询过程中的准备与配合

1. 要有自助意识

心理咨询是助人自助的过程,心理咨询师不能替来访者改变或做决定。心理咨询需要来访者积极主动配合,参与到心理咨询方案的制定中,并认真完成心理咨询作业。来访者要勇于改变自我,战胜自我,最终才能走出心理困境。

2. 对自己要有耐心

心理咨询是一个循序渐进的过程,通常要经过了解来访者的问题、诊断、设立心理咨询目标、选择心理咨询方法、制定心理咨询方案、实施和反馈等过程,欲速则不达。有些心理问题在心理咨询过程中还可能出现反复，这就更需要来访者的耐心和信心了。

3. 真诚坦率地交流

心理咨询主要是以语言沟通为基础的。面对心理咨询师，来访者应如实、直截了当地讲述心理困惑和内心感受，即使说不清问题也无须担心，贵在真诚坦率地表达自己。心理咨询师能从倾听的过程中捕捉问题的关键点，来访者只需如实回答，在心理咨询师的协助下共同探索即可。

4. 认真完成咨询作业

目前，许多高校均设有学生心理咨询机构，在一些综合医院也设有心理门诊。如果有什么心理问题自己难以摆脱，请主动寻求心理帮助，这是一种勇气、一种自信、一种充满现代文明气息的行为。

六、四川铁道职业学院心理咨询预约须知

（一）预约心理咨询

（1）电话预约：工作人员会在电话里询问您的学院、班级、姓名、学号、想咨询的主要问题和空余时间等信息。

（2）上门预约：地点在心理健康服务中心（学校图书馆旁）。

（3）网上预约：添加官方QQ，注明班级、姓名，根据个人情况与心理咨询老师预约咨询时间。

注：每位四川铁道职业学院的学生都可获得免费的心理咨询服务。

（二）正式心理咨询

正式心理咨询时间为50分钟/次，心理咨询老师会了解你的基本情况、主要问题、家庭背景、过往经历等，以确定心理咨询的计划和目标。

心理咨询的预约时间：周一至周四8:20—12:00，14:00—17:30；周五8:20—12:00，13:00—15:00。

【拓展阅读】

测一测：你需要心理咨询吗？

与大多数人一样，你在生活中，会出现这样或那样的情绪波动，或多或少都有一点躁动。那么，你怎样判定自己的情绪是否需要心理咨询呢？下面的20道题可以帮助你判断。

请你在每道题后面的括号中作出选择：A表示始终或绝大多数时间，B表示经常，C表示偶尔如此，D表示很少有过或从未有过。

1. 在新的环境中，比如求职面谈或活动，你担心会遭遇难堪或遇到不顺利的事吗？（　　）

2. 别人要求你做某些你不愿做的事，你会拒绝吗？（   ）

3. 你是否会因某件事（比如你约的朋友因故来晚了）而勃然大怒，但事后则感到那件事不值得生气。（   ）

4. 和朋友相聚时，你提出的建议他们都能听从吗？（   ）

5. 你在做决定时，比如买一件新衣服或如何度过周末，总是犹豫不决吗？（   ）

6. 把你带到集体活动中去，你是否会感到孤独？（   ）

7. 你是不是每次都要得到别人的允许或鼓励，才动手做日常事务？（   ）

8. 别人占你便宜时，你能否表示不快？（   ）

9. 你是否满意与你关系最亲近、密切的人？（   ）

10. 在求职面谈或参加聚会之前，你是否要喝杯酒或服一粒镇静药以增强信心？（   ）

11. 你为自己有一些难以控制的嗜好（如喝酒、暴食）而心焦吗？（   ）

12. 在车厢里或狭窄的地方，你是否会有无法控制的恐惧或是被吓得不能动弹？（   ）

13. 你出门之后，是否总会再回来一次，看看房门锁上了没有、电灯关了没有，以及诸如此类的事？（   ）

14. 你和同学的关系常常不和谐吗？（   ）

15. 你是否要一个多小时才能入睡，或醒得比希望得早一个多小时？（   ）

16. 近年来，你的体重下降了吗？（   ）

17. 你是否非常关心清洁，或怕你接触的东西被弄脏了？（   ）

18. 你是否觉得前途无望，曾想过伤害自己或自杀？（   ）

19. 其他人未意识到的事物，你看到、听到或感觉到过吗？（   ）

20. 你觉得自己有超人的力量或别人用了超人的力量对你吗？（   ）

答案及说明：对这些问题的回答是无所谓对或错，不过在通常情况下，适应性良好的来访者多半会做以下的回答。

1. C或D	2. A或B	3. C或D	4. A、B	5. C、D
6. C、D	7. C、D	8. A、B、C	9. A、B、C	10. C、D
11. C、D	12. C、D	13. C、D	14. C、D	15. C、D
16. A、B	17. C、D	18. C、D	19. D	20. D

问题1~10，评价你的情感和自信心如何。如果你的大部分答案与上述不同，说明你的情感有些问题，或者说你自己不是很自信。如果你想改变某些情绪或行为，也许心理咨询会对你有所帮助。

问题11~14所提到的行为，通常都与情绪问题有关。如果你的答案与上述不同，并且觉得情绪问题已干扰了你的日常生活，那么，你最好找一位专家，听听他（她）的意见。

问题15~20涉及你的行为方式，这可能是严重心理问题的早期信号。如果你的答案有某些或许多与上述不同，那么，你应该马上进行心理咨询，且咨询得越早越容易解决心理问题。

问题思考

1. 大学生心理健康的标准是什么？你认为自己可以在哪些方面进行提升，具体怎么做？
2. 请列举当个体遇到心理困扰时，有哪些方法可以帮助你进行科学有效的调节？
3. 我校心理健康服务中心的地址和联系方式是什么？

第十二章 大学生职业生涯规划

学习目标

1. 了解职业生涯规划的基础知识，培养学生职业生涯发展的自主意识。
2. 了解职业能力对大学生就业的影响，引导学生有意识地提高自己的职业能力。

第一节 职业生涯规划概述

一、什么是职业生涯规划

（一）职业生涯规划的概念

职业生涯规划是指个人根据主体优势、能力水平、兴趣爱好和职业倾向等，结合时代特点、制约因素和机遇条件，为自己确立最佳的职业奋斗目标，并根据目标有效地选择职业道路，确定教育、培训和发展计划，确定行动方向、行动时间和行动顺序的过程。概括来说，就是一个人对他一生将要从事的工作和所要承担职务的预期设想和计划。因此，职业生涯规划应包括学习与成长目标，以及对未来所从事职业和对工作单位的生产性贡献和成就期望。

（二）职业生涯规划的分类

按照规划的时间维度，职业生涯规划可以分为短期规划、中期规划、长期规划和人生规划四种类型。

1. 短期规划

短期规划指2年以内的规划，主要是确定近期目标，规划近期应完成的任务，如计划2年内熟悉社会，在社会上站稳脚跟，积累一定的工作经验等。

2. 中期规划

中期规划一般指的是2~5年的规划，是最常见的一种职业生涯规划，如3年后要有一个稳定的工作。

3. 长期规划

长期规划一般指5~10年的规划，主要是制定较长远的目标，如5年后在公司里要成为中层领导等。

4. 人生规划

人生规划是指设计整个人生的发展目标和成长阶梯，一直贯穿到晚年。

从字面上看，职业生涯规划从短期到中期，再到长期，直至整个人生规划，如同人拾级而上，一步步地发展。但在实际操作中，时间跨度太长的规划由于环境、个人的变化而难以把握，而时间跨度太短的规划又没有多大意义。所以，我们一般提倡同学们做一个2年以内的短期规划、2~5年的中期规划及5~10年的长期规划，这样既有奋斗方向，又便于根据实际情况设定可行目标，还便于随时根据现实的反馈进行修正和调整。

二、职业生涯规划的作用和意义

职业生涯规划将伴随我们大部分的人生历程，其对人生进行规划和管理的重要性不言而喻。大学生要做出优质的职业生涯规划，需要明确职业生涯规划的作用和意义，以便在职业生涯探索过程中更好地把握职业方向和探讨人生价值。职业生涯规划对个人的成长和发展产生的作用和意义主要有以下八个方面。

（一）有利于自我定位

认识自我是职业生涯规划的前提。充分了解和认识自我，我们便能根据自身的能力和需要对职业发展方向进行探索，而不盲目从众、随大流。职业生涯规划中的认识自我需要我们对自身进行深层次的剖析，以便对自己的能力、优势和劣势加以了解，根据生活中掌握的经验，确定未来工作的方向，从而彻底解决"我想干什么"和"我能干什么"的问题。在此基础上，我们通过对就职要求、就业渠道、工作内容和职业发展前景，以及行业的薪资待遇等相关因素的了解和认识，找到自己的职业和人生定位，理性分析自己所具备的能力和资本，从而做出长远打算，这是人生规划得以实现的理论依据，正所谓"知己知彼，百战不殆"。

（二）有助于个人确定职业发展的目标

事业成功在于能尽早地明确职业生涯的目标，并且坚持和奋斗。英国哲学家罗素曾说过："选择职业是人生大事，因为职业决定了一个人的未来。"事实上，明确的目标能激励人们积极地去创造条件，并为这一目标的实现而努力。大学生在进行职业生涯规划时，首先要对自己进行了解，分析自身的长处和兴趣所在，同时发现缺点与不足，然后结合社会的发展变化和环境特征，制定符合个人实际情况且切实可行的目标。一个人如果缺少对职业生涯的规划，便不能明确自己的理想，导致浪费宝贵的时光，造成职业生涯的延误甚至是人生的失败。若有了明确的职业生涯规划的指引，大学生便能在朝着职业目标努力的道路上，充分发挥自己的才能，从而增加事业和人生成功的筹码。

（三）激励个人努力学习工作

职业生涯规划的制定，不仅需要大学生对自己的未来有明确的看法，而且需要对自己有全面透彻的认识。每个人对未来都有着憧憬和幻想，要将职业目标和人生愿望变为现实，就需要结合自身情况制订具体的行动计划，并努力工作，克服出现的困难，为早日实现目标而奋斗。一般来说，职业目标都会对个人产生强烈的吸引力，大学生要获得职业生涯发展的成功，只有靠自己脚踏实地去完成职业目标。对此，大学生需要懂得在学习和工作中珍惜时间，不断地完善自我，朝着自己的目标迈进。

（四）有助于挖掘个人的潜能

每个人都有自己的潜能。潜能大多数时间都是沉睡的，甚至人们自己都不了解自己的潜能。通过对职业生涯进行规划，憧憬未来、实现理想的强烈愿望便在人们心中扎根。在努力奋进的过程中，一个人若能克服艰难险阻，坚定信念，持之以恒地拼搏下去，即使不能取得令人瞩目的成就，也能把自己的潜能激发出来，获得可喜的成绩。当人们专注于自己热衷的事情时，潜能和优势便会得到进一步的开发与发挥，同时也将增加职业生涯发展前进的动力。

（五）有助于个人抓住生活重点

合理的职业生涯规划需要大学生处理和安排好日常学习、工作和生活中各项事务之间的关系，集中精力去做必须做的事，将生活的重心偏向有助于实现和发展职业目标的事务上。有了合理的学习计划，生活就会变得充实；理清头绪，职业目标也会随之变得形象具体。通过职业生涯规划，大学生能明确生活和学习的重点，从而进行科学合理的安排，提高学习效率，增加职业生涯成功的可能。

（六）有利于实现人与职业的和谐发展

职业生涯规划的目的是促进个人健康、持续、协调和全面发展，将人与职业的发展有机结合起来，从而在人职和谐的基础上，将职业发展作为实现人生价值的内容和工具，让个人的发展成为推动和促进职业发展与进步的主导力量，达到自我与职业的双赢。个体的人生目标是多样的，如生活目标、职业发展目标、社会地位目标、人际关系目标等。在所有目标构成的体系中，各目标之间相互交叉影响，而职业发展目标是整个目标体系中最核心的部分。它的实现与否，直接关系着人们对成功与挫折、愉悦与遗憾的感受，影响着生命的质量。

（七）有助于评估自身的收获和成绩

评价人们学习和工作成绩的状况，需要有相对明确的参照物。通过职业生涯规划的前后分析，人们对自己目前学习和工作的状况便有了评估和比较的标准。大学生可以根据规划实施的进程来评价当前的学习和工作成效，分析自身的收获和不足，并有针对性地进行修正。如果学习和工作的成绩与预期的效果和花费的时间相符合，这便是最好的肯定。在处理后续的学习和工作任务时，会更加明确目标并增强信心。若当前的学习和工作成绩与目标有差距，则需要找出原因，并结合实际情况作出适当调整,以便接受新任务的挑战。若缺少对职业生涯的合理规划,就无法对自身取得的进展进行评估,从而难以感知到进步和不足。得不到相应的反馈,最终会导致职场的平庸和人生的碌碌无为。

(八) 有利于寻找实现理想的通道

职业生涯规划能引导大学生树立明确的发展目标,不仅能为个人成长指明方向,而且能促使每个人去探索适合各自情况的发展方案。围绕发展目标去学习和提升,即使发展目标与实际情况还不够协调,也会使人朝着既定的需求方向前行,这个方向便是实现理想的通道。实现目标的意愿会转变成实际行动所需要的动力——意愿越强烈,动力也会越大、越持久,成功的机会也随之增加。因此,职业生涯规划为人生旅程设定阶段目标并铺设通道,指引着大学生通往成功的彼岸。

总之,虽然大学还不是个人职业生涯阶段,但大学阶段是个人职业生涯发展中的准备阶段,是个人人生发展中的黄金时期,是个人为自己未来的职业生涯发展奠定坚实基础的时期。大学阶段的学习、生活和社会实践情况,直接或间接地影响了我们未来职业生涯的发展方向和高度。

三、大学生如何进行职业生涯规划

在了解如何进行职业生涯规划前,首先要进行职业生涯觉察与承诺。要充分认识职业生涯规划的作用和意义,愿意花时间来规划自己的职业生涯。同时,对职业生涯规划要有一个清晰的认识,即职业生涯规划是一个复杂而长期的过程,是一种面对职业生涯发展的态度,是一个需要经过许多的努力,才可能实现的庞大计划。即使在一段时间内你非常努力地去完成它,也未必马上就能够达到预想的效果。在长期的追寻与搜索的过程中,你必须给自己一个承诺,这个承诺就是为了实现自己的生命价值与意义,更快乐与幸福地生活和工作。要全力以赴,即使不如人意,也不能够放弃。在这一过程中,需要你的决心与毅力,对规划有合理的预期,能够承受职业生涯发展中的风险和各种挫折,这其实也是职业生涯觉察与承诺的意义所在。如果一个人没有职业生涯意识与觉察,也就无从谈起对职业生涯的承诺,职业生涯规划自然就成了空中楼阁。

制定职业生涯规划的基本步骤大致分为自我认知、职业认知、决策与实施、评估调整四个步骤。

(一) 自我认知

结合专业测评工具完成职业素质测评,对自己进行全方位、多角度的分析,合理定位自身。可运用橱窗分析法等方式,分析角度如下所示。

(1) 职业兴趣——喜欢做什么?

(2) 职业能力——能够做什么?

(3) 个人特质——适合做什么?

(4) 职业价值观——最看重什么？
(5) 胜任能力——优劣势是什么？

（二）职业认知

(1) 家庭环境分析——经济状况、家庭文化、家人期望、对本人的影响等。
(2) 学校环境分析——学校特色、专业特色、实践经验等。
(3) 社会环境分析——经济环境、文化环境、就业形势、就业政策、职业环境等。
(4) 职业环境分析
①行业分析——如某行业的现状及未来的发展趋势、人职匹配分析。
②职业分析——如某职业的工作内容、工作要求、发展前景、人岗匹配分析。
③企业分析——如某单位类型、企业文化、发展前景、产品服务、工作氛围、人企匹配分析。
④地域分析——如某工作城市的发展前景、文化特点、气候水土、人城匹配分析。

（三）决策与实施

根据自我认知和职业认知，明确职业发展目标和达到目标所需的条件，分析如何为想要从事的行业或职位做好求职准备（如需要的专业技能水平及相关证书，要参加的校园活动，要争取的实习、兼职锻炼机会等），分析如何就职业发展做好充分规划。找出自身观念、知识、能力、心理素质等方面与实现目标要求之间的差距，制定具体方案逐步缩小差距以实现各阶段目标，并阐述实施计划可能会达到的预期结果或目标。实施方案一定要具有可行性，大学阶段的目标可详细到各个学期，毕业后的职业目标可以年为阶段进行规划，分析角度如下所示。

1. 职业定位
(1) 职业目标——计划将来从事（某行业的）某职业。
(2) 职业发展策略——如进入某类型的单位、到某城市发展等。
(3) 职业发展路径举例——如走专家路线/管理路线等。
(4) 具体路径——如初级工程师→中级工程师→高级工程师等。

2. 计划实施（时间跨度、总目标、分目标、策略和措施）
(1) 短期计划——如专业学习、职业技能培养、职业素质提升、职业实践计划等。
(2) 中期计划（五年）——如职场适应，三脉积累（知脉、人脉、钱脉），岗位转换及升迁，求学深造等。
(3) 长期计划（十年或二十年）——可根据行业等实际发展要素，选择性制定长期目标。

（四）评估调整

影响职业生涯规划的因素非常多，有的变化因素是可以预测的，有的很有可能是难以预测的。由于社会环境的巨大变化和一些不确定因素的存在，可能会使我们目前的状态与原来制定的职业生涯目标规划有比较大的偏差，这时需要对职业生涯目标与规划进行评估并作出适当调整，以便更好地符合自我发展和社会发展的需要。职业生涯规划评估调整的过程是个人对自己不断认识的过程，也是对社会不断认识的过程。这是职业生涯规划更有效、更有力的手段。从这一方面来讲，职业生涯规划需要进行动态调整，而不是一成不变的。

1. 评估的内容

（1）职业目标评估（是否需要重新选择职业？）——思考假如没有达到……那么将……

（2）职业路径评估（是否需要调整发展方向？）——思考假如发生……那么就……

（3）实施策略评估（是否需要改变策略？）——思考如果……那么就……

（4）其他因素评估（身体、家庭、经济状况，以及机遇、意外情况）。

2. 评估的时间

（1）一般情况下，以多久为周期进行评估规划。

（2）出现特殊情况时，是否随时评估并如何进行调整。

以上是职业生涯规划的基本步骤，同学们可尝试撰写自己的职业生涯规划书。

总之，每个人都是自己人生和事业的规划师，每个人都必须对自己的人生、事业负责。大学生及早做好职业生涯规划，认清自己，并在自己内在的潜能上不断探索和发展，创造成功的人生。

第二节　职业能力的培养与提升

职业能力是人们从事某种职业所需的多种能力的综合。例如，教师只具有语言表达能力是不够的，还必须具有对教学的组织和管理能力，对教材的理解和使用能力，对教学问题和教学效果的分析、判断能力等。因此，大学生应了解什么是职业能力，并在大学期间有针对性地培养与提升自己的职业能力，从而能够胜任未来的工作。

一、职业能力的分类

职业能力是多种能力的综合，可以将其分为一般职业能力、专业能力和综合能力。

（一）一般职业能力

一般职业能力主要是指一般的学习能力、文字和语言运用能力、数学运用能力、空间判断能力、形体知觉能力、颜色分辨能力、手的灵巧度、手眼协调能力等。此外，任何职业岗位的工作都需要与人打交道，因此，人际交往能力、团队协作能力、对环境的适应能力，以及遇到挫折时良好的心理承受能力都是我们在职业活动中不可缺少的能力。

（二）专业能力

专业能力主要是指从事某一职业的能力。在求职过程中，招聘方最关注的就是求职者是否具备胜任所应聘的岗位工作的专业能力。

（三）综合能力

综合能力涵盖范围广，分类方式多，本书主要介绍国际上认可度较高的四个方面的综合能力。

（1）跨职业的专业能力。从三个方面可以体现一个人跨职业的专业能力：一是运用数学和测量方法的能力，二是计算机应用能力，三是运用外语解决技术问题和进行交流的能力。

（2）方法能力。一是信息搜集和筛选能力；二是掌握制订工作计划、独立决策和实施的能力；三是具备准确的自我评价能力和接受他人评价的承受力，并能够从成败经历中有效地汲取经验教训的能力。

（3）社会能力。社会能力主要是指一个人的团队协作能力、人际交往和善于沟通的能力。在工作中能够协同他人完成工作，对他人公正宽容，具有准确裁定事务的判断力和自律能力等，这是胜任岗位和在工作中开拓进取的重要条件。

（4）个人能力。随着我国经济体制改革的深入、法治的不断健全完善，人的社会责任感和诚信将越来越被重视，假冒伪劣商品将越来越无藏身之地。一个人良好的职业道德会越来越受到全社会的尊重和赞赏，爱岗敬业、工作负责、注重细节的职业人格会得到全社会的肯定和推崇。

二、企业最看重的大学生能力

在市场经济环境下，企业主要从成本和效益出发，已不再单纯用高学历、高分数的标准来衡量大学毕业生了，而是用是否具有优良的人品、团队意识、吃苦耐劳的精神、敬业爱岗的精神等来评价大学毕业生。根据调查，个人品质、专业技能、团队协作精神、吃苦耐劳精神、创新精神等是企业更看重的能力。

（一）优良的个人品质

对企业而言，员工的品质就是企业的品质。所谓"做事先做人"，有德无才要误事，有才无德要坏事，德才兼备方成事，这是对每一个大学毕业生的基本要求。很多企业宁愿要品德好而专业知识稍差的人，也不愿要专业知识优秀而人品低劣的人。因为专业知识的欠缺可以通过企业的各种培训、深造来弥补，但低劣的人品是无法弥补的。

（二）扎实的专业技能

学习成绩不是企业用人的唯一标准，但仍然是企业衡量大学毕业生的一项无可替代的重要标准。熟练掌握或精通某项专业技能，打下坚实的专业知识基础，永远都是对大学毕业生最基本的要求之一。刚毕业的大学生只能称为"人材"，掌握了一定的专业技能的大学毕业生可称为"人才"，而能为企业和社会创造财富的大学毕业生方能称为"人财"。

（三）良好的团队协作能力

企业发展离不开团队合作，个人成长也离不开团队成员的帮助。企业的兴衰成败在很大程度上取决于企业成员相互协商、相互尊重、相互凝聚的程度。所以，企业非常看重大学毕业生的团队协作精神。大学毕业生也只有将个人融入团队，个人发展才会更加顺利。

（四）吃苦耐劳的精神

勤奋、上进、肯吃苦的年轻人在就业市场很受欢迎。大学毕业生在未来的道路上，会碰到这样或那样的困难。在学生时代，就要有长期吃苦的思想准备，要耐得住寂寞，敢于拼搏、敢于冒险，经得起各种困难的考验，不断进取，有百折不挠的精神。

（五）创新精神

企业对人才能力的需求已由过去的一般要求，发展到以创新能力为核心的特殊要求。那些善于运用自己的大脑去不断探索、开拓和创新的大学毕业生是企业最看重的人才，因为他们永远不满足于现状，孜孜不倦地向更新、更高、更强的目标挑战。

三、职业能力的提升路径

知识是一天天积累起来的，技能是在不断的实践中获得的。大学生应该在入学的时候就开始为走出校门、踏上社会做准备，既要不断丰富专业知识，又要充分利用和主动创造各种机会，锻炼自己，全面提升职业能力。一般而言，职业能力的提升路径包括职业实践、活动体验、技能训练、兼职训练、学习体会、日常训练等。

（一）职业实践

职业实践是指大学生直接到相关单位（企业）的目标岗位进行见习或实习。这是大学生提升职场能力最为直接有效的方法。大学生可以充分利用寒暑假、法定年节假日、双休日或其他课余时间，到目标职业相关的用人单位去见习或实习。

职业实践大体有几种途径。一是课程实践。高校大部分课程都有实践教学环节，尤其是专业课程。大学生可以在课堂上学习专业理论知识，并充分利用课程实践，认真拓展职业素质。二是专业见习或实习。在大学期间，各学院在高年级都会安排一定的专业见习和专业实习，要高度重视并依此提升专业技能和必要的职业素质。三是个人联系实习。当学习有富余时间时，大学生应当主动联系用人单位进行有明确目的的专业实习或职业实习，以此巩固专业技能和提升职业素质。

（二）活动体验

1. 校园活动

在校园里，每天都有各种各样的活动，不管什么活动，如果大学生是带着一颗锻炼综合素质的心去参加，必然能有所收获。

2. 社会实践

假期的社会实践活动，如"三下乡"活动、"返家乡"活动、社会调查活动等，还有学校或社团组织的第二课堂活动，都是大学生培养责任意识、团队精神、沟通能力、执行能力等职业素质的好选择。

3. 志愿服务

利用课余时间参加各种志愿服务，无疑是培养服务意识、职场礼仪、职业道德、职业形象等的好机会。

（三）技能训练

1. 职业技能训练

积极参加学校或社会上的一些职业技能训练，如专门的职业技能培训班、某些特定活动中的礼仪培训等，以此提升某方面的职业素质。

2. 职业资格考证

职业资格证的考试过程本身也是一个很好的职业素质的训练过程。大学生应结合本专业或目标职业的入职准入条件，选择性地参加一些职业资格证考试，在备考过程中提升相关的职业素质。

3. 参加各类比赛

比赛是职业素质锻炼的重要方式之一，如"挑战杯""创青春"、职业生涯规划大赛、模拟面试大赛，以及各级各类专业性赛事，甚至一些体育赛事、娱乐赛事等。这些比赛都可以锻炼某些职业素质，只要有课余时间，大学生就可选择性地参加。

4. 参加项目活动

参加项目活动有利于专业技能的提升，如参加老师的科研项目、开放实验室的基金项目、专项问题调查等。

（四）兼职训练

当前，大学生在校期间兼职是较为常见的现象，但兼职的主要目的都是赚钱，而且不论兼职的行业职位，对大学生培养职业素质而言，并非最佳选择。我们应该结合自己的未来目标职业，针对性地选择相关职业岗位来兼职，这才是上策。如果想当教师，就要到培训机构去兼职；如果想当记者，就要去报社兼职。

（五）学习体会

积极参加校内外有关的专题讲座，如学校邀请专家学者、优秀企业家、优秀毕业生、职场精英等来校为学生进行个性化指导，进行有关职场礼仪、面试技巧、创新培养、职业规划、职业技能方面的培训。此外，应结合目标职业选择相关书刊阅读学习，拓宽职业视野、丰富文化素养。

（六）日常训练

事实上，像沟通能力、人际关系处理能力、形象礼仪等职业素质，在大学生日常生活中是可以得到训练的。只要大学生心里有一个明确的职业目标和对职业目标的素质要求，就可以在平时对这些职业素质加以训练。

问题思考

1. 谈一谈自己理想的职业发展路径。
2. 请罗列你在大学期间准备重点提升的2～3项职业能力，并制订相关计划。

第十三章　大学生就业创业指南

学习目标

1. 了解大学生就业的常识、去向、签约途径、求职攻略，以及学校就业情况。
2. 了解大学生创业的基础知识，树立正确的职业观、择业观、创业观、成才观，以及职业理想。

第一节　大学生就业

一、就业常识早知道

（一）什么是生源地

毕业生的生源地是指入学前毕业生的户籍所在地。

（二）什么是就业推荐表

就业推荐表是指经过学校相关部门审核盖章的用于毕业生就业的正式推荐材料，是毕业生申请人事接收函、报考公务员等的必备资料。

（三）什么是就业协议书

就业协议书即常说的三方协议，一式三份，毕业生、用人单位和学校各持一份。

毕业生与用人单位达成就业意向后签署三方协议，学校据此对毕业生进行派遣。三方协议的有效期为签约日至毕业生到用人单位报到、正式接收后终止。

（四）什么是劳动合同

劳动合同是用人单位与劳动者依法进行双向选择，确定劳动关系，明确双方权利和义务而达成的书面协议，是保护劳动者合法权益的基本依据。在签订时间、签订主体、合同内容和适用法律等方面与三方协议不同。

（五）什么是人事代理

公共就业和人才服务机构可在规定业务范围内接受用人单位和个人委托，从事下列人事代理服务。

(1) 流动人员人事档案管理。
(2) 因私出国政审。
(3) 在规定的范围内申报或组织评审专业技术职务任职资格。
(4) 转正定级和工龄核定。
(5) 大中专毕业生接收手续。
(6) 其他人事代理事项。

（六）什么是五险二金

五险二金包括养老保险、医疗保险、工伤保险、失业保险、生育保险，住房公积金和企业年金。

（七）什么是基层就业

基层就业就是到城乡基层工作。一般来讲，基层既包括广大农村，又包括城市的街道社区；既涵盖县级以下党政机关、企事业单位，又包括社会团体、非公有制组织和中小企业；既包含自主创业、自谋职业，又包括艰苦行业和艰苦岗位。

（八）什么是"三支一扶"

"三支一扶"是支教、支农、支医、扶贫（现为"帮扶乡村振兴"）的简称。2006年，中共中央组织部、人事部（现人力资源和社会保障部）、教育部等八部门下发《关于组织开展高校毕业生到农村基层从事支教、支农、支医和扶贫工作的通知》，以公开招募、自愿报名、组织选拔、统一派遣的方式，每年招募2万名高校毕业生，主要安排到乡镇从事支教、支农、支医和扶贫工作。服务期限一般为2~3年，招募对象主要为全国普通高校应届毕业生。

（九）什么是"大学生志愿服务西部计划"

"大学生志愿服务西部计划"，简称"西部计划"，由共青团中央牵头，教育部、财政部、人事部（现人力资源和社会保障部）共同组织实施。从2003年开始，通过公开招募、自愿报名、组织选拔、集中派遣的方式，每年招募一定数量的普通高等学校应届毕业生，到西部贫困县的乡镇从事教育、卫生、农技、扶贫，以及青年中心建设和管理等方面的志愿服务工作。

（十）什么是"特岗计划"

2006年，教育部、财政部、人事部（现人力资源和社会保障部）、中央机构编制委员办公室下发《关于实施农村义务教育阶段学校教师特设岗位计划的通知》，联合启动实施"特岗计划"，公开招聘高校毕业生到"两基"攻坚县农村义务教育阶段学校任教。"特岗计划"教师的聘期为3年。2006—2008年，"特岗计划"的实施范围以国家西部地区"两基"攻坚县为主（含新疆生产建设兵团的部分团场）。2009年起，"特岗计划"的实施范围扩大到中西部地区国家扶贫开发工作重点县。

（十一）什么是大学生入伍

大学生入伍是指部队每年从在校大学生和大学毕业生中招收义务兵，报名流程有网上登记、初审初检、体检政审、走访调查、预定新兵、张榜公示、批准入伍等。

（十二）什么是择业期

择业期指选择就业的时期。按国家有关规定，高校毕业生从毕业之日起两年内为择业期，择业期内未落实就业单位的毕业生可以享受应届毕业生的同等待遇。

（十三）什么是学生档案

学生档案指学生在校学习成绩、政治思想表现、在校奖惩材料、毕业生登记表、身体状况等相关材料，是用人单位选拔、聘用毕业生的重要依据。在校时叫学籍档案，毕业后叫人事档案。

（十四）档案有什么作用

对于毕业生个人来说，考研、考公务员、出国、升学等，都要用到档案。当公务员或进入事业单位、企业工作时，在职业生涯中，定级、调资、任免、晋升、奖惩等方面的呈报、审批材料，都要收入本人档案，作为评价依据。如果未归档，今后会影响到入党、评定职称及离退休手续办理，也会影响到出国留学。

另外，工龄、待遇、社保参保时间等也是以个人档案的记录为依据的。如退休时，需要依据档案认定个人出生时间，从而确定退休时间；需要确定个人参加工作时间，从而确定社保开始缴费或视同缴费的时间，以计算养老金金额等。除了养老金外，其他社会保险，如领取失业金等，也与个人档案相关。超过两年择业期，但未落实档案接收单位的大学毕业生默认派遣回生源地。

二、就业去向早了解

随着国家对高校毕业生就业工作支持力度的不断加大，以及就业市场机制的不断完善，当前大学生的就业方式和途径已经呈现出了多样化的发展趋势。特别是公务员报考、"三支一扶"计划、大学生参军入伍、"西部计划"、大学生村官、网上双选会、网上签约等新的就业形式和途径，更为大学生顺利就业，实现人生价值，服务社会提供了广阔的空间。

（一）就业的主要形式

1. 签约就业

签约就业是较为传统的就业模式，一般指正规全日制的、与用人单位建有稳定的劳动法律关系的、获得工资福利和社会保障的就业。签约就业是大学毕业生就业最普遍的一种方式。

2. 正式就业

（1）协议就业：协议就业是正式就业的一种，毕业生先与用人单位正式签订《全国普通高等学校毕业生就业协议书》，协议期满后签订正式劳动合同书，这种就业形式较为正规，能够解决毕业生户籍、档案、社保、公积金等一系列相关问题。就业协议书在毕业生到单位报到、用人单位正式接收后自行终止。就业协议书一般由教育部或各省、自治区、直辖市就业主管部门统一制表。就业协议书作为学校、用人单位及毕业生之间三方的一份意向性协议，不仅能为毕业生解决工作问题，保障毕业生在寻找工作阶段的义务与权利，还保障了用人单位能够从不同学校找到合适、优秀的毕业生。

（2）劳动合同就业：毕业生与用人单位不签订就业协议书，而是直接签订劳动合同，或用人单位出具接收函，毕业生再到用人单位工作。只要签订各用人单位人事部门出具的正规的劳动合同，合同就业也可称为正式就业。

（3）被国家机关、事业单位录用：如报考公务员被录用。

（4）项目就业：主要指毕业生参加"大学生志愿服务西部计划""三支一扶"等国家项目就业。

3. 灵活就业

灵活就业指毕业生相关手续派往生源地人事部门而学生在某单位打工获得收入的就业类型。如果用人单位无法落实户口、档案等手续而只接受毕业生到单位工作，则毕业生可向学校提出灵活就业申请，申请时需填写具体工作单位并向就业中心提供与单位签订的灵活就业协议书。在得到学校审核通过后，毕业生的报到证、户口迁移证将开往生源所在地的人事部门。毕业生之所以选择灵活就业，是因为有些毕业生在毕业之后到处打短工，频繁变换自己的工作岗位。

4. 参与国家的就业扶持计划

（1）大学生应征入伍

到部队就业的方式有士官选拔和服义务兵役。士官选拔是国防部征兵办公室根据部队招收需求，结合网上报名情况，下达各省（自治区、直辖市）招收任务，应征青年可查询所学专业是否符合省级招收士官的专业范围。士官应征入伍后，经过集训，统一分配到技术岗位工作，下达士官任职命令，享受现役军人待遇。高校毕业生或在校生符合公民应征入伍政治条件及身体条件的可应征入伍，应届本科毕业生的年龄可放宽到18~24岁，高职（专科）学生的年龄可放宽到23岁。毕业生应征入伍服义务兵役，可享受优先报名应征、优先体检政审、优先审批定兵和其他优待安置政策，还可享受优先选拔任用、考学升学优惠、补偿学费和代偿国家助学贷款等优惠政策。对于以上优惠政策，可到中国征兵网上进行查询。

（2）基层就业

国家近几年出台了一系列优惠政策，鼓励高校毕业生积极参加社会主义新农村建设、城市社区建设。基层既包括广大农村，又包括城市的街道社区；既涵盖县级以下党政机关、企事业单位，又包括社会团体、非公有制组织和中小企业；既包含自主创业、自谋职业，又包括艰苦行业和艰苦岗位。近年来，各有关部门主要组织实施了四个高校毕业生到基层就业的专门项目，包括：共青团中央、教育部等四部门从2003年起组织实施的"大学生志愿服务西部计划"；中共中央组织部、人事部（现人力资源和社会保障部）、教育部等八部门从2006年开始组织实施的"三支一扶"（支教、支农、支医和扶贫）计划；教育部、财政部等四部门从2006年开始组织实施的"农村义务教育阶段学校教师特设岗位计划"；中共中央组织部、教育部等四部门从2008年起组织实施的"选聘高校毕业生到村任职工作"项目。毕业生到基层就业有很多优惠政策，如给予各种补贴、学费补偿和国家助学贷款代偿、公务员考试和研究生考试加分等。若想了解具体政策，同学们可到学校就业中心咨询。

（3）公务员、选调生及事业单位招考

本类就业不是高职院校（专科）毕业生的主要就业途径，本书不作介绍，有兴趣的同学可通过网络查询相关信息。

5. 继续学习深造

严格来讲，继续学习深造是推迟就业的缓兵之计，不是真正的就业。但这些学生当年不需要流向就业市场，所以一般也都作为就业的一种形式。继续学习深造包括"专升本"、考研等。高职院校（专科）毕业生无法参加考研，本书不作介绍。此处重点介绍"专升本"的相关内容。

"专升本"是指具备大学本科办学资格的高校，根据国家下达的招生计划，以国民教育系列高等学校的大学专科毕业生为对象，通过全国全日制普通高校"专升本"考试或成人高校"专升本"统一考试进行录取的本科招生类别。它与普通本科教育的最大区别是以专科为起点。

6. 自主创业

关于创业相关知识的介绍见本章第二节。

三、签约就业的主要途径早熟悉

上面我们介绍了大学生就业的各种形式，也就是广义就业的内涵。但传统意义上的就业，一般是指与用人单位签约就业，这也是大学生就业的主要形式。下面给大家介绍一下签约就业的主要途径。

（一）学校推荐

虽然大学生就业的模式由计划经济时代的"统包统分"，转变为市场经济模式下的双向自由选择，但学校推荐仍是大学生就业的主渠道。学校推荐学生的方式一般有以下三个。

（1）通过报纸、杂志、电台、网络等渠道宣传学校，提高学校的知名度，或者直接向社会推介优秀学生。

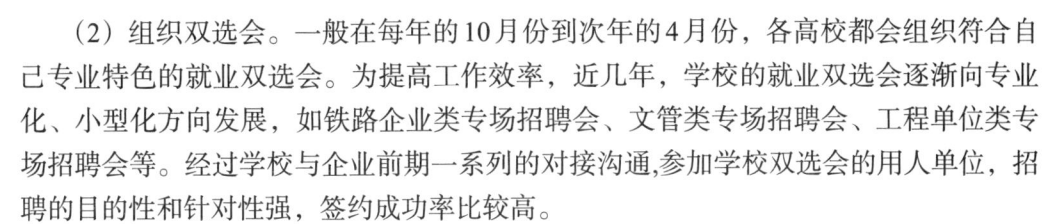

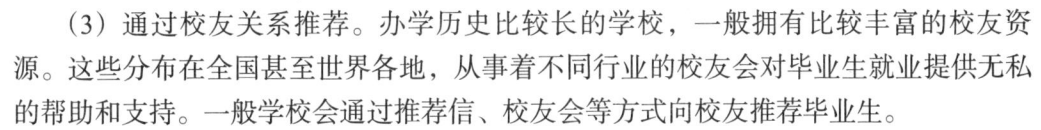

（2）组织双选会。一般在每年的10月份到次年的4月份，各高校都会组织符合自己专业特色的就业双选会。为提高工作效率，近几年，学校的就业双选会逐渐向专业化、小型化方向发展，如铁路企业类专场招聘会、文管类专场招聘会、工程单位类专场招聘会等。经过学校与企业前期一系列的对接沟通，参加学校双选会的用人单位，招聘的目的性和针对性强，签约成功率比较高。

（3）通过校友关系推荐。办学历史比较长的学校，一般拥有比较丰富的校友资源。这些分布在全国甚至世界各地，从事着不同行业的校友会对毕业生就业提供无私的帮助和支持。一般学校会通过推荐信、校友会等方式向校友推荐毕业生。

（二）参加社会双选会

党和政府对就业工作非常重视，每年都要组织多次大规模的综合性双选会。比如，济南舜耕国际会展中心几乎每周都有就业双选会。这些双选会的涉及面广泛，从农民工到博士都有相应的招聘单位，专业针对性不强，就业的适配性和稳定性相对较低。

（三）通过网络、报纸等求职

据不完全统计，大学毕业生通过网络求职成功的概率约为20%。众多的高校毕业生通过阅读报纸上刊登的招聘广告获得了大量的企业征才、求才信息，而且由于网络、报纸上的求职信息量多面广，使得毕业生有充分的选择余地和更多的选择机会。

（四）通过人才市场或职业介绍所

部分毕业生是通过人才市场或参加各企事业单位的供需见面会达成意向、获得职业的。这是一种直接而又便捷的求职途径，也完全符合双向选择的理念要求。也有部分学生直接或者间接地通过职业介绍所谋得职位，职业介绍所往往能够提供更多的职位和就业机会。

（五）直接与企业联系等非公开就业途径

大学毕业生主要通过学校推荐，以及凭社会关系的推荐就业。但也有部分学生根据自己的专业特点，了解到目前需要他们的企业后，直接写信、打电话前去应聘，甚至有的学生是通过直接登门拜访企业老总或者人力资源部经理而最终获得工作。

四、求职攻略早掌握

（一）线上招聘会怎么逛

面对海量信息，要想保持冷静，还应多做功课。要有选择性地参加招聘会，不能盲目赶场。通常，首先是选择毕业生专场招聘会，参加这类招聘会的用人单位不会刻意强调毕业生需要有工作经验；其次是选择意向企业主办的专场招聘会，此类招聘会目标性较强；最后是瞄准行业专场招聘会，比如水利企业、建筑企业、机电企业等专场招聘会，这种专场招聘会的针对性强。另外，建议毕业生可以与同专业或求职意向接近的朋友组建小团队，针对各行业分类别采集、汇总招聘信息，调研行业发展形势与企业职位内容，帮助自己分析和锁定合适的求职行业和职业。

（二）参加现场招聘会怎么准备

想要在现场招聘会有所收获，建议一定要事先做好以下几项准备：
（1）准备好你的简历；
（2）练习1分钟自我介绍；
（3）整理出一份意向公司+职位名单；
（4）对意向公司和求职岗位做好调查研究。
准备好以上这些，毕业生就可以放心、大胆地去应聘了。

（三）简历制作攻略

中国青年报社会调查中心联合问卷网曾发布的一项针对1534名受访者的调查显示，97.0%的受访者认同一份好的简历是求职成功的关键，其中，受访大学生认同的比例更高（98.9%）。究竟怎样的简历，才能算得上是一份好简历？八个关键词告诉你，优秀的简历好在哪。

（1）量化：尽可能量化你做过的事，使用数字让简历更有说服力。

（2）简化：不要面面俱到，要抓重点。很多时候，少即是多。应对简历最好的办法应该是敢于取舍，删繁就简。

（3）呈现影响和结果：在简历中表达出在某个活动中作出的贡献，避免平铺直叙的"白开水"式陈述，才能说服人力资源选择你而不是其他人。

（4）针对性：尽量别把同一份简历投给所有公司，一份"万金油"简历看起来省心省力，却只会让你泯然众人。

（5）真实：在制作简历时，不要觉得自己可以通过造假和过度粉饰来获得人力资源的关注。

（6）严谨：简历的性质决定了它只能是一份很正规、很严谨的文件，任何"卖萌搞怪"都可能直接断送你的求职前途。

（7）有记忆点：由于庞大的工作量，人力资源浏览你简历的时间只有短短的1—2分钟。没法让人力资源记住你的简历，就是一份失败的简历。

（8）逻辑性：简历不是日记，不能想到什么说什么，要有一定的逻辑链条。

（四）远离网申中的4个错误动作

由于网申过程往往会持续一个小时以上，因此很多重要的细节容易被忽视。以下是在网申过程中几种易犯的错误，希望大家引以为戒。

错误动作1：为了及时提交申请，打开网页直接申请。

动作纠正：在申请前，应该做好充分准备。比如，看看公司的企业文化，公司强调的方方面面，这样在回答开放题时就可有的放矢，不至于白忙活一场。

错误动作2：细节并不重要，只要差不多就可以了。

动作纠正：千万少犯低级错误，注意拼写、语法等细节问题。一般大公司都比较注重专业精神，像平时写电子邮件一样的个性风格往往不易被接受。网申时，虽然招聘双方不见面，却也别因低级的失误，失去了宝贵的印象分。

错误动作3：感觉网申太麻烦，填了一半就放弃。

动作纠正：网申的过程一般情况下需要很长时间，有的甚至需要三四个小时，所以大家千万不要放弃。不认真填写的唯一结果就是被刷下来。在现在的求职过程中，淘汰率最高的当数网申。

错误动作4：随心所欲，想怎么填就怎么填。

动作纠正：仔细审核，认真填写。

（五）礼仪是面试成功的重要砝码

在人际交往中，得体的礼仪犹如一张形象生动的名片。大学生作为准社会人，在与他人的交往时，应注重自身礼仪修炼，增强自身竞争力，在面试时更好地展示个人形象。具体而言，面试应注意的礼仪有守时，坐姿端正，专注倾听、认真回答，举止大方、忌小动作，选择合适着装，礼貌道别等。有关礼仪的更多知识请参阅本书第八章《大学生礼仪修养》的内容。

五、我校毕业生就业指导手册摘编

每年秋季学期，学校会发布次年毕业生的就业指导手册，其中涉及毕业生的就业方式、就业手续办理流程、就业政策、就业信息收集与处理方式、求职准备材料、相关就业部门的联系方式等。更多详细信息可以通过学校就业信息网（www.scrc.org.cn/jyztw/）查询。

六、毕业生就业质量年度报告摘编

每年秋季学期，学校会发布上一届毕业生的就业质量报告，报告的正文中一般会包括毕业生的基本情况、就业相关分析、就业主要特点、发展趋势研判等内容，为同学们了解各专业的就业状况提供一个较为全面的信息窗口。

以《四川铁道职业学院2021届毕业生就业质量年度报告》为例，该报告对学院毕业去向落实率、分专业毕业去向落实率、毕业去向、就业行业流向等均有详尽的分析，同学们可结合报告对自己所学专业进行全景式了解。

更多详细信息可以通过学校就业信息网（www.scrc.org.cn/jyztw/）查询。

第二节　大学生自主创业

一、创业的内涵

创业，顾名思义就是开创一项全新的事业。有的人自己就是业主，他们勇担风险，善于管理，精于经营，成就了自己的事业，这属于创业。有的人不是业主，属于管理者，但在本职岗位上勤奋努力，兢兢业业，找到了自己的位置，做出了成绩，也属于创业。有的人在实践中提出了新观念、新方法、新技术、新策略，属于认知层面上的创业。有的人把这些新观念、新方法、新技术、新策略付诸实践，转化为现实的生产力，创立企业、生产产品或提供服务，这都属于创业。

二、创业的特点

（一）自主性

创业活动充分发挥了一个人的主动性，强调了创业者的主体地位和自身价值。在创业活动中，创业的项目、计划、人员、资金、场地等相关要素都由创业者自主确定。在体现自主性的同时，也给予创业者更多的责任。

（二）开创性

鲁迅先生曾说："第一次吃螃蟹的人是很令人佩服的，不是勇士谁敢去吃它呢？"创业者想的是前人没有想过的问题，走的是前人没有走过的道路，做的是前人没有从事过的事业，是在前人基础上的创新。这是一个全新的领域，需要创业者具备足够的勇气和胆略。

（三）风险性

创业活动总是具有一定的风险，因为创业是一个创立新价值、开辟新道路的过程。虽然要付出巨大的努力，花费大量的时间、精力、物力和财力，但创业所面对的前景和所获得的回报依然难以预料。一个人无论在什么领域创业，都会面临各种形式的风险，像经济的、精神的、家庭的，等等。

三、学生创业要处理好的关系

（一）创业与学业

近年来，为了鼓励在校学生创业，教育部和许多高校出台了相关政策，允许学生保留学籍、休学开办高科技企业。这些措施给希望创业的学生提供了宽松的发展环境和良好的发展机遇。但是，学生是否都应该休学去创业呢？

客观上讲，在校学生创业主要是参与社会实践的一种方式，是为了更好地将所学知识应用于实践。在校生的主要任务是打好文化知识和技能的基础，为长远发展做好准备。只有对那些学有余力、成绩优秀、创业条件成熟的学生，边读书边创业才是可行的选择。由于读书和创业都需要投入较大的精力，难免顾此失彼，甚至两头落空。所以，休学创业是需要慎重考虑的事情。因为在年轻的时候，如果丢下学业，忽视了自身的提高，从长远来说，可能是得不偿失的。除非创业项目的时效性、创新性特别强，市场前景特别好，投资有保障，学生才可以考虑选择休学创业。否则，学生还是以学业为重比较合适。如果学生在学业上取得了优异的成绩，那么创新、创业也自然会水到渠成。

（二）创业与毕业

在严峻的就业形势面前，学生要改变消极等待或哀叹"毕业即失业"的态度，要积极主动地创造机会，树立毕业就创业的新观念，充分发挥自己的才能，这才是明智的选择。能够顺利地毕业，意味着经过大学几年的学习，学生在知识积累、能力培养、技能提高等方面都有所进步，达到了一个较高的层次，并已经具备了创业者的一些基本条件和素质。创业并不像通常想象的那么神秘，只要敢于尝试，创业之路就在脚下。

（三）创业与就业

从本质上看，创业与就业都是完成自我实现、体现自我价值的方式。两者的差别首先在于两者所从事的工作一个是自己创造出来的，一个是别人提供的。同时，创业者由于还为社会提供了更多的就业机会，因此承担的社会责任也相对比较大。但是无论哪种形式，都需要创业者具有较高的文化素质、熟练的专业技能和很强的工作能力。就业是创业的基础，没有许许多多的从业人员在自己的岗位上努力工作，创业者要取得成功也是难以想象的。创业是就业的提高，通过就业活动锻炼了才干，认识了市场以后，许多人也会在时机成熟的时候走向创业，所以创业和就业不可偏废。只有充分认识就业在创业活动中的基础作用，学生才会以更大的热情、更高的责任心投入平凡的工作中去。只有理解创业对就业的带动作用，学生才会更加积极地工作，开创事业发展的新天地。

四、自主创业的准备

自主创业与一般意义上的就业相比是有风险的、主动的，最能体现自我价值。在创业过程中，要充分估计到创业的困难并做好以下四个方面的准备。

（一）创业知识的储备

一方面，计划自主创业的大学生可以通过参加创业培训和实践等方式，接受普遍的创业教育，系统学习创办企业的知识，完善创业计划，提高企业盈利能力，降低风险，促进创业成功，在知识结构、业务能力、开拓创新等方面增强自身资本；另一方面，计划自主创业的大学生要勇于参与社会实践，进入企业打工或者实习，积累相关的管理和营销经验。

（二）多渠道的资金准备

"巧妇难为无米之炊。"没有资金，再好的创业也难以转化为现实的生产力。在获取资金前，首先得明白自己需要多少资金，如何获得资金，资金的来源渠道如何。作为有想法自主创业的大学生，要开拓思路，多渠道融资，除了银行贷款、自筹资金、民间借贷等传统途径外，还可充分利用风险投资、创业基金等融资渠道。

（三）百折不挠的思想准备

尽管许多地方政府对毕业生自主创业给予了热情鼓励和积极支持，为毕业生自主创业创造了更为有利的条件，但是，创业是艰辛的，创业之路是曲折的，甚至会出现令人痛惜的失败。因此，准备创业的毕业生要有充分的思想准备，即便失败，也会收获宝贵的人生经验。

（四）竞争取胜的业务手段

当今社会充满竞争，现存的企业需要竞争，新创企业更要有过人之处才能立足。首先是行业的选择，创业者对所选的行业、企业的产品、主要客户、产品的市场占有率等都要有一定的把握，这对自身的定位大有好处；其次是对企业所在地、组成人选、企业规模、资金来源、保障体系等的考虑，这些是竞争的基本条件；最后是科技含量，毕业生要根据自己的专业和学识，根据自己的能力，发挥自己的特长。

五、如何选择创业项目

对于学生来说，创业项目的来源是多渠道的。创业项目可以是高校本身或者有关研究机构自主研究开发的成果，也可以是自身的创业构思或创业计划竞赛的作品，还可以是社会上的各种发明专利。把这些项目作为创业的目标，可以加快科技成果的转化，推进教育与生产的联系；可以促进学生创新能力的提高，激发更多的创业灵感；还可以将众多的发明专利应用到实践中，创造更多的社会财富。

虽然可以选择的项目很多，但也并不意味着"捡到篮里都是菜"，创业计划能否顺利实施、能否取得成功和项目本身是否具有市场吸引力、是否能够吸引风险投资有关。因此，在选择项目时，创业者还必须慎重考虑。创业者选择创业项目的原则如下。

（一）必须坚持新颖、独特的原则

创业项目的发展前景和预期收益是决定投资者是否投入资金的关键因素。一个具有较大发展潜力、较高新技术含量的项目不仅能够生产出满足市场需要的产品，而且还能给投资者带来较大的价值。如果选择平常的项目，创业者面对的是遥遥无期的资金回报。如果创业者进入的是已经比较成熟的市场，甚至是开始衰退的市场，面对极低的利润和获利能力，那么，不仅对投资者没有吸引力，创业者本人也会失去创业的兴趣。因此，新兴的产业、独特的项目是创业成功的保证。

（二）必须坚持符合政策导向的原则

创业者想要开创自己的一番事业必须先知道国家目前正在扶持、鼓励哪些行业发展，哪些行业是允许创业的，哪些行业是受限制的。创业者选择国家政策扶持、鼓励的行业，对日后企业的发展将起到不可估量的作用。同时，对于当地政府出台的优惠政策和银行贷款利率，创业者也要核查清楚，确保资金充裕。

（三）必须坚持单一、集中的原则

创业初期，面对激烈的市场竞争，选择专一的发展方向和集中优势资源是十分必要的，这是提高企业竞争力的重要措施。经营项目的选择必须单一化，不要什么钱都想赚，四面开花的结果只会是四面楚歌。要避免企业资源配置过于分散，应该集中优势兵力打好歼灭战，把每一个项目做好，做成功。因为企业只有把资源集中运用到选择的有限的经营范围内，才有可能获得较大优势，同时也增强抵抗风险的能力。

（四）坚持"不熟不做"的原则

创业不同于一般的就业，面临着极大的风险。创业的失败不仅会导致经济的损失，还可能给个人的信心和未来发展造成影响。因此，在创业项目的选择上，创业者必须谨慎行事。一般来说，首次创业就贸然进入一个完全陌生的领域是不妥当的。适合创业者发展的项目应是创业者有一些熟悉和了解的项目。例如，自己曾经有过相关的工作经历，对业务比较了解；或者，自己的专业具有一定的相关性，对技术比较了解；或者，自己对同类项目比较关注，对市场比较熟悉；或者，自己对项目具有比较好的物资、人力资源方面的优势；等等。只有这样，才可能为做好创业项目奠定基础。

六、大学生创业的主要方向

虽然如今的创业市场商机无限，但对资金、能力、经验都有限的大学生创业者来说，并非弯腰就能捡到地上的财富。因此，大学生要想成功创业，必须根据自身特点，眼明手快，才能找准立足之地。

（一）IT领域

身处高新科技前沿阵地的大学生，在这一领域创业有着近水楼台先得月的优势，网易、腾讯等大学生创业企业的成功，就是得益于创业者的技术优势。因此，计算机基础知识扎实且网络技术出类拔萃的大学生在这个领域创业有成功的希望。有意在这一领域创业的大学生，可积极参加各类创业大赛，获得脱颖而出的机会，以期吸引风险投资。推荐的创业项目有软件开发、网络服务、游戏开发等。

（二）智力服务领域

在智力服务领域创业，大学生可能会游刃有余，因为智力是大学生创业最先掌握的资本。靠智力起家的创业项目无须太多成本，一张桌子、一部电话就能开业。推荐的创业项目有家教中心、设计工作室、翻译事务所等。

（三）连锁加盟领域

在相同的经营领域中，借助连锁加盟的品牌、技术、营销、设备优势，相比个人创业，加盟创业可以以较少的投资、较低的门槛实现自主创业。但大学生涉世不深，在选择加盟项目时，更应注意规避风险，适合选择启动资金的要求不高、人手配备要求不高的加盟项目，从小本经营开始为宜。推荐的创业项目有快餐业、家政服务、校园小型超市、数码快印等。

（四）开店当老板

一方面，大学生开店可以利用高校的学生顾客资源；另一方面，由于熟悉同龄人的消费习惯，大学生开店的入门较为容易。因为走学生路线，可以靠物美价廉来吸引顾客。推荐的创业项目有高校内部或周边地区的餐厅、咖啡屋、美发屋、文具店、书店、洗衣店等。

首先，大学生要想创业，必须先培训，掌握创业的基础知识，提高创业能力，才能避免盲目创业并少走弯路；其次，大学生应提倡团队创业，团队创业可以吸收不同专业的人员，发挥不同专业的长处，组成一个人员、知识比较全面的团队，全面发挥团队的优势，创业成功率才会有比较大幅度的提高。

七、就业创业政策指南

大学生是宝贵的人才资源，国家和地方政府高度重视大学生就业创业工作，出台了一系列政策措施。为切实做好大学生就业创业工作，四川省就业工作领导小组办公室会同省级相关部门汇总、编辑了《四川省大学生就业创业促进政策清单（2023年版）》。同学们可以扫一扫下方二维码，了解更多大学生就业创业的促进政策。

政策清单电子版二维码

问题思考

1. 大学生就业的基本途径有哪些?
2. 结合学校近年的毕业生就业质量年度报告,谈一谈你对所学专业的认识。
3. 大学生创业的政策有哪些,对你有什么启发?

参 考 文 献

[1] 王明钦.大学之道：我所认识的大学[M].北京：社会科学文献出版社，2015.

[2] 孙培青.中国教育史[M].上海：华东师范大学出版社，2000.

[3] 徐倩，储召生.昂首阔步迈向高等教育强国——党的十八大以来我国高等教育改革发展述评·高等教育篇[N].中国教育报，2018-09-06（1）.

[4] 史秋衡，季玟希.中华人民共和国成立70年来大学职能的演变与使命的升华[J].江苏高教，2019（6）：1-7.

[5] 陈嵩.建党100年来职业教育发展的主要历程[J].中国民族教育，2021（6）：41-42.

[6] 石伟平等.中国教育改革40年：职业教育[M].北京：科学出版社，2019.

[7] 何平，傅永林，唐福元.普通高等学校军事理论与技能训练教程[M].北京：中国人民解放军国防大学出版社，2016.

[8] 蔡宗坚.新时代高校大学生革命战斗精神的培育研究[J].韶关学院学报，2020，41（8）：29-32.

[9] 马云龙，周琪昆.浅谈新时代高校国防教育现状及对策[J].祖国，2019（20）：189，199.

[10] 张大凯，聂彩林，胥长寿.高职学生入学教育读本[M].北京：航空工业出版社，2018.

[11] 扬.如何高效学习[M].程冕，译.北京：机械工业出版社，2014.

[12] 倪春虎.大学生入学教育读本[M].苏州：苏州大学出版社，2019.

[13] 李建安，齐华.翱翔在大学：西安工业大学新生入学教育[M].陕西：陕西人民出版社，2014.

[14] 朱大卫，马强强.新时代大学生应坚守什么样的理想信念[J].人民论坛，2019（9）：116-117.

[15] 中国法治出版社.新时代共青团基层组织工作手册[M].北京：中国法治出版社，2021.

[16] 林英姿.大学生入学教育[M].北京：科学出版社，2015.

[17] 范礼.大学生礼仪修养[M].北京：中国铁道出版社，2017.

[18] 左攀峰.现代礼仪与实训[M].北京：航空工业出版社，2016.

[19] 马玉海.运动与健康[M].北京：清华大学出版社，2015.

[20] 黄世敬，王阶.艾滋病防治知识[M].北京：金盾出版社，2010.

[21] 彭锐，吴强华.远离危险 珍爱生命：大学生安全教育读本[M].北京：北京体育大学出版社，2009.

[22] 任清华，陈凯.大学生入学指南[M].西安：西安电子科技大学出版社，2020.

[23] 孔晓东.大学生心理健康导引[M].武汉：华中科技大学出版社，2011.

[24] 朱婷婷，姜莉，郑爱明.心理元技能·健康臻幸福[M].南京：南京大学出版社，2017.

[25] 高淑艳.大学生心理健康：走向和谐与成长[M].北京：电子工业出版社，2017.

[26] 葛思华.大学生积极心理教育：大学新生活，携手"心"成长[M].上海：华东师范大学出版社，2016.

[27] 李军雄，熊安锋.大学生职业发展与就业创业指导[M].北京：北京邮电大学出版社，2013.

[28] 李晓红.大学生职业生涯规划[M].北京：北京邮电大学出版社，2012.

[29] 林瑞青.大学生职业规划与职业素养[M].北京：中国人民大学出版社，2014.

[30] 姜韵宜.大学生入学教育[M].北京：北京交通大学出版社，2013.

[31] 万玉青，李运楼，李尊华.新生入学教育与适应训练指导[M].北京：航空工业出版社，2016.